半干旱区
高速公路生态护坡技术

Technologies for Ecological Slope Protection on Expressway in the Semiarid Area

刘甲荣　舒安平　郭建民
苏建明　王广和　袁英杰　编著

方世杰　李振江　审定

人民交通出版社
China Communications Press

内 容 提 要

本书根据半干旱区高速公路路堑边坡的立地条件，依托于地处半干旱区的鲁中腹地的国家G2高速山东济青南线济南至莱芜高速公路生态环保典型示范工程，并以其路堑石质边坡生态恢复工程为主要对象，首先概述生态护坡类型、应用现状及工程与生态稳定性，并对当前几种常见的生态植被护坡技术进行了介绍；在此基础上，重点阐述半干旱区生态护坡的多层次保水涵水技术、长效绿化基质配方技术、多样性植物优化配置技术等三个关键技术，生态护坡工程稳定性评估方法、生态护坡综合效益评估方法等两个评估方法，以及边坡生态防护优化设计指标体系，这 "三个关键技术"、"两个评估方法"和"一个指标体系"构成了本书最大的特色。可供公路交通、水利、铁路、国土资源、能源等部门工程技术人员以及有关高校和科研单位的科研人员参考使用。

图书在版编目（CIP）数据

半干旱区高速公路生态护坡技术 / 刘甲荣等编著．
北京 ：人民交通出版社，2011.8
ISBN 978-7-114-09040-0

Ⅰ．①半… Ⅱ．①刘… Ⅲ．①干旱区－高速公路－植被－护坡 Ⅳ．① U417.1

中国版本图书馆 CIP 数据核字 (2011) 第 070648 号

书　　名：半干旱区高速公路生态护坡技术
著 作 者：刘甲荣 舒安平 郭建民 苏建明 王广和 袁英杰
责任编辑：刘永芬
出版发行：人民交通出版社
地　　址：(100011) 北京市朝阳区安定门外外馆斜街 3 号
网　　址：http://www.ccpress.com.cn
销售电话：59757969 59757973
总 经 销：人民交通出版社发行部
经　　销：各地新华书店
印　　刷：北京盛通印刷股份有限公司
开　　本：880×1230 1/16
印　　张：13.75
字　　数：384 千
版　　次：2011 年 8 月 第 1 版
印　　次：2011 年 8 月 第 1 次印刷
书　　号：ISBN 978-7-114-09040-0
定　　价：68.00 元

preface 序

改革开放30余年来，随着国民经济的快速增长，我国高速公路建设发展迅速，成绩斐然。截至2010年底，我国公路通车总里程达到398.4万公里，其中高速公路通车里程达到7.4万公里，仅次于美国位居世界第二。大规模的高速公路的建成，为国民经济建设和人民工作生活提供了安全、快捷、高效、便利条件，创造了十分可观的经济效益。与此同时，公路建设过程中由于山体开挖、低洼填筑等路基工程形成大量的边坡，使地表生态植被遭到不同程度的破坏，因此边坡生态恢复与防护已成为现代高速公路边坡防护的主要方向，受到我国公路交通界的高度重视。

山东省地处我国北方半干旱半湿润区，由于降水小、蒸发大、干燥多风、土壤贫瘠等自然气候环境因素，高速公路边坡生态恢复一直是一个难题。自20世纪90年代初期山东第一条高速公路——济青高速公路（现为青银高速公路山东段即济青北线）建设以来，山东省公路交通部门一直在尝试研发边坡生态防护技术，尽管取得一些成绩，但并未达到预期效果。经过近20年的探索实践，也正值山东迎来第一条交通运输部生态环保典型示范工程——济青南线建设之机遇，依托于济青南线济莱高速公路建设工程，由山东高速公路股份有限公司主持、并请有关单位参加完成了山东省交通运输厅科技计划项目“半干旱区高速公路路堑边坡生态防护技术研究”。经各有关单位五年多的技术攻关和试验观测研究，最终取得了半干旱区高速公路生态护坡三大关键技术、两个评估方法及一个设计指标体系等一批赋有创新、实用的研究成果，首次在山东省高速公路得到了大面积推广应用，并经2010年底山东省交通运输厅组织的专家技术鉴定会评定达到了国际领先水平，其成果拟申报山东省科技进步奖。

本书以边坡生态防护技术研究项目成果为主编著而成，凝聚了一批科研和工程技术人员的辛勤劳动成果。特此题序，以此为广大高速公路工作者所借鉴，使之在半干旱区高速公路边坡生态恢复中得到进一步推广应用，在我国高速公路生态建设中发挥重要作用。

山东高速集团有限公司
山东高速公路股份有限公司　董事长 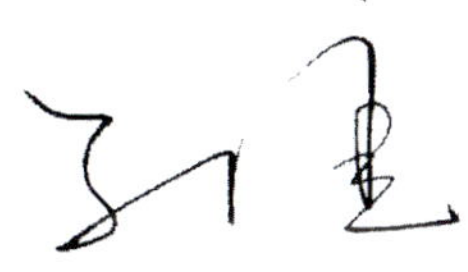

introduction 前言

边坡防护作为高速公路路基工程的重要组成部分，直接关系到高速公路的工程安全与生态环保，一直以来受到了工程界和学术界的普遍关注。而边坡特别是路堑边坡生态防护技术（又称生态护坡技术）作为公路边坡防护的主要技术，既是岩土工程与生态环境工程相结合的产物，同时也兼顾了边坡稳定防护与生态植被恢复的双重功效，是一种行之有效的绿色护坡固坡技术。目前在南方湿润地区已逐步得到较为广泛的应用，但我国北方半干旱地区尚处在探索阶段，特别是石质边坡生态护坡尚存在一些技术难题需要攻克和研究，现实意义重大。

鉴于此，由山东高速公路股份有限公司主持、有关单位参加而共同完成了山东省交通运输厅科技计划项目《半干旱区高速公路路堑边坡生态防护技术研究》。该项目依托于山东省内第一条交通运输部生态环保典型示范工程——地处我国半干旱区的、鲁中腹地山岭重丘区的国家G2（北京—上海）高速济青南线济南—莱芜高速公路（简称济莱高速公路），并以其路堑石质边坡防护为主要对象，自2006年以来经历了生态护坡技术研发、试验工程监测和推广应用三个重要阶段，研发了以山东省为例的半干旱区坡地的立地条件下路堑石质边坡生态防护的"多层次保水涵水技术、长效绿化基质配方技术、多样性植物优化配置技术"等"水、土、生"三大关键技术，提出了"基于生态防护的边坡稳定性评估方法和生态护坡效益评估方法"等二个评估方法，从而构建一个应用层面的"生态护坡优化设计指标体系"，取得了独特的、赋有创新的、实用性的"3-2-1模式"的研究成果。

本书以高速公路边坡生态防护技术研究项目研究成果为主要内容，由山东高速公路股份有限公司组织项目主要人员编著而成，由方世杰高工、李振江教高审定。在编写过程中，得到了清华大学、中勘冶金勘察设计研究院、交通运输部公路科学研究院、山东省交通规划设计院、北京师范大学、北京林业大学、北京清大绿源科技有限公司和北京克劳沃草业技术开发中心等有关高校科研单位及技术研发与应用单位的大力帮助与支持，藉此一并深深致谢！

由于半干旱区立地条件较差，高速公路边坡生态恢复存在相当大的困难性和复杂性，加之作者的水平有限，本书错误之处在所难免，希望各位同仁提出宝贵意见和建议，以便我们在今后高速公路生态环保实践中不断补充和完善，为提高我国高速公路生态环保水平而努力奋斗。

编著者

2011年8月

半干旱区生态护坡保水涵水技术

◎ 客土层外保水涵水技术

1. 水土保持型植生带覆盖养生
2. 2 年后植被恢复效果
3. 草帘生物材料覆盖养生
4. 2 年后植被恢复效果

◎ 客土层内保水涵水技术

1. 高倍短期速放保水剂
2. 高倍长期缓放保水剂

半干旱区长效绿化基质配方技术

◎ 客土喷播绿化护坡结构与配方

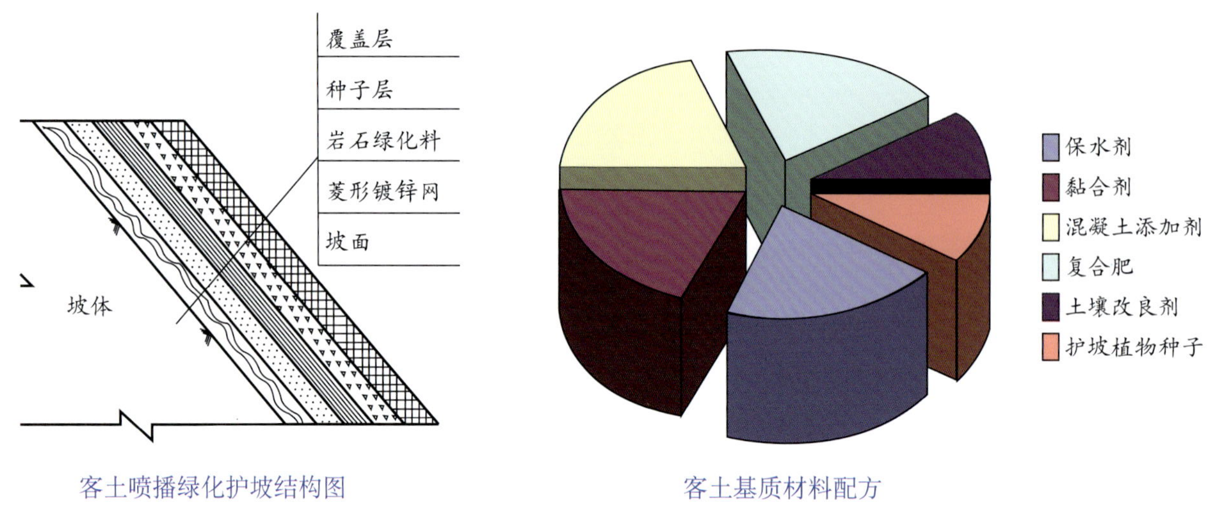

客土喷播绿化护坡结构图　　客土基质材料配方

◎ 客土基质材料

1. 草炭
2. 有机缓释肥
3. 土壤改良剂
4. 5年后植被恢复效果

半干旱区多样性植物优化配置技术

◎ 多样性植被护坡类型

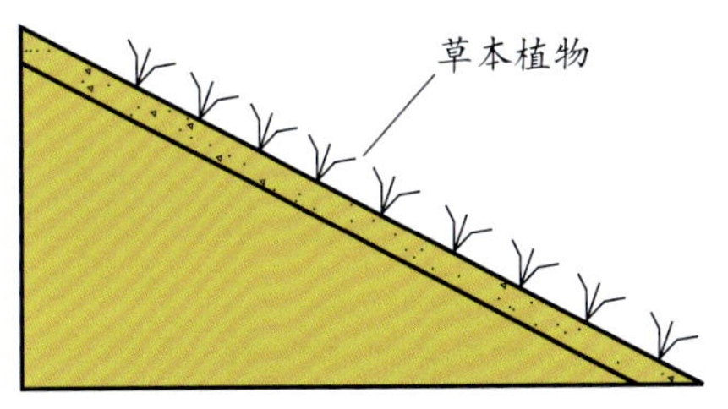

草本植物为主护坡植被

草本植物与灌木植物结合护坡植被

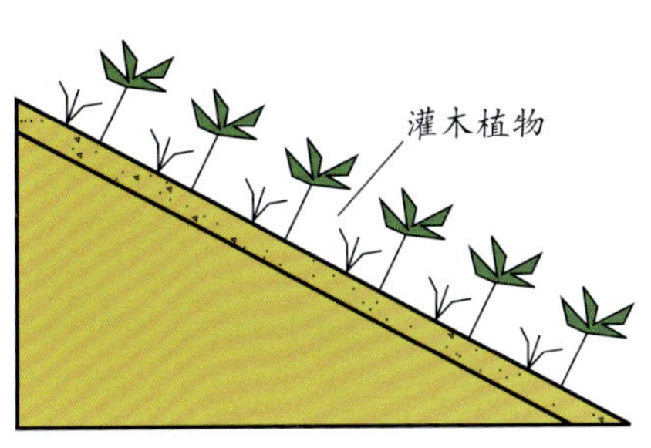

灌木植物为主护坡植被

◎ 优势植物品种

紫穗槐

刺 槐

马 棘

紫花苜蓿

高羊茅

草木樨

风化花岗岩背光面边坡（阴坡）生态护坡植被恢复过程（济莱高速第4标）

施工前

施工中

边坡生态恢复1年效果

边坡生态恢复3年效果

目录 contents

第1章 绪　论

公路边坡防护作为路基工程的重要组成部分,一直受到人们高度关注。自20世纪初至今,许多国内外学者及工程技术人员致力于边坡防护技术研究与应用,取得了大量的研究成果。本章在回顾前人在边坡生态防护技术成果的基础上,将现有边坡防护工程划分为工程防护、生态植被防护和工程与生态植被综合防护三种类型,并简述各种边坡防护形式的特点及其在半干旱区的适用性,以半干旱区(坡地条件下)——山东省中部地区为例,通过典型公路边坡防护工程现场调查,简述半干旱区生态护坡技术应用现状,说明进行生态护坡试验研究的必要性和重要性。

1.1 国内外生态护坡技术现状

1.1.1 国外发达国家现状

公路生态护坡技术的研究与应用在国外发达国家已经历很长的发展历史,如美国于1936年在南加利福尼亚州的Angeles Crest公路边坡治理中就应用生态护坡技术,日本的生态护坡在亚洲国家中起步最早,至今已有半个多世纪的历史,获得了多项生态护坡技术的专利,在世界范围内具有较大的影响。为对现有边坡生态防护技术回顾与分析赋有针对性和借鉴意义,以下以降雨气候类型区即湿润地区、干旱和半干旱区分述国外生态护坡技术现状。

1)湿润地区

在欧美国家,公路边坡生态防护和工程防护研究是同时展开的,并由专门的设计机构和研究人员研发的边坡生态防护技术已达到很高水平,从植被选择、喷播基质配方、施工工艺到养护管理均已经成熟,而且发达国家在公路建设中十分重视生态环境保护和人与自然的和谐统一。美国和加拿大尤其重视湿地的保护,采用多种机制奖励对公路绿化作出贡献的团体。西欧国家非常重视动物的保护问题,为动物修建了动物通道,并把弃土场恢复建成动物栖息地。在澳洲多雨湿润地区,往往通过降低坡率、线路绕行等方式为路堑边坡的生态植被恢复创造条件,尽最大可能实现路域边坡的植被化。

尽管日本与我国北方地区处于同一纬度范围,但日本是四面环海的岛国,空气湿润多雨,属于雨水较为丰润类型。虽然边坡防护技术最早发源于英国和美国,但大规模开发应用应该说是在日本。日本极为重视公路的坡面绿化工作,在20世纪50年代,学者仓田宜二郎首次提出"绿化工程"的概念,产生了诸如喷附绿化、袋筋绿化等坡面绿化工程技术,取得了良好的植被恢复效果。1958年,英国人19世纪50年代初发明的喷射乳化沥青和植物种子喷播技术传入日本,经多次试验日本开发出了实用的喷射绿化技术及沥青乳剂覆盖膜养生绿化技术,并应用于名古屋—神户的高速公路边坡绿化工程中。20世纪60年代初,日本从美国引进了喷播机和喷射专用纤维,将当时先进的液压喷播技术(日本称种子撒布法)也应用在了名古屋—神户高速公路边坡绿化工程中。1965年日本实现了喷射纤维的国产化,1973年日本开发出纤维土绿化方法(Fiber-soil Greening Method)，标志着岩体绿化工程的开始，这也是日本最早开发的厚层基材喷射工法。该方法采用了纤维、沙质土和水泥，并呈台阶形喷射。该方法有较大缺陷，主要是初期 pH 值过高，易侵蚀，喷层保水、保肥性能差。为克服纤维土绿化方法的弊端，日本于 1983 年开发出了高次团粒 SF 绿化方法(Soil Flock Greening Method)，该方法的主要特征是配方中使用了纤维、壤土和乳化沥青，喷层 pH 值呈中性，抗侵蚀性更强。同年，日本的《高等级公路设计规范》使用较大篇幅对护坡的方法、分类、方案设计以及公路园林设计的基本原则，不同物种在本地区的适应性作了详细的规定，具有很强的设计指导性。1987 年，日本从法国引进连续纤维加筋的方法，随后把它与已有的绿化方法结合，开发出了连续纤维绿化方法(TG 绿化方法)。该法使用了连续纤维和沙质土，喷层具备更高的抗侵蚀性，施工体系山绿化基材供给系统、团粒剂供给系统、连续纤维供给系统组成，机械化程度高。TG 绿化法 1988 年开始实用化，已经推广应用到多个国家。

2)半干旱及干旱地区

国外早期的公路边坡绿化大力推崇和倡导植草绿化，实施以草本植物为主体的公路绿化，至今仍在被广泛应用之中。但是，在半干旱区因降雨较少，单一性草皮植被会因土壤养分逐渐衰竭以及植物品种退化等原因造成枯萎、秃斑，甚至出现大面积裸地，给以后的二次绿化造成更大的困难，尤其是不适应半干旱的边坡气候类型。另外，从植物根系的发达程度看，与木本植物相比，草本植物的根系要细弱、短小，对固土能力较差，在持续降雨的季节里，同样会造成坡面坍塌。鉴于此，北美的半干旱地区近年来开始着手引种木本植物，开展草、木结合的立体绿化。花、草、木的多样组合，并采用框架植草护坡、植生袋及开沟钻孔等护坡技术，取得了一定成功，值得借鉴。

中欧、北欧地区，以及美国中西部部分地区，受地形和气候影响，在路堑边坡分布范围内形成了少雨干旱的情况，从而直接影响到路堑边坡生态恢复技术的推广和应用效果。如在中欧地区，早在 20 世纪中叶就对能适应坡面恶劣干旱气候条件生长的当地原生植物进行全面调查，并筛选出较为优势品种进行常规和分子品种培育。自德国早在 1919 年就修建了高速公路的雏形开始，直至 1983 年美国已建成 83 956km 的高速公路期间，始终对分布在各个地区、各种类型的路堑边坡进行了不同的生态恢复方式的尝试和理论研究。从与草坪退化相关的有乡土型植物的调研和分析出发，找出不同气候带土质、土石混合、石质边坡灌草种的最佳组合，并有多年生的习性，与土壤固结能力强，分蘖多，茎叶繁茂的灌草搭配，逐渐形成了护坡植被的分子遗传育种研究，在以乡土型植被群落为主体的情况下，引进少雨干旱区抗旱性强的原生植物基因，从而推动护坡植被的多样化。

综上所述，国外生态护坡技术研究经历近一个世纪的发展历程，并在各种类型气候区得到了一定范围推广应用，值得我国学习借鉴。

1.1.2 我国的现状

我国边坡防护工程始于 20 世纪 50 年代，主要防护形式包括：地表排水、清方减载、填土反压、抗滑挡墙及浆砌片(块)石防护等边坡防护措施。20 世纪 60 年代末期，我国在铁路建设中首次采用抗滑桩技术并获得成功，随后在成昆线、湘黔线、宝成线、川黔线等铁路建设中推广应用，并从 20 世纪 70 年代开始逐步形成以抗滑桩支挡为主、结合清方减载、地表排水的边坡综合防护技术。20 世纪 80 年代末期，由于锚固技术理论研究和凿岩机械突破性的发展，我国开始采用锚喷防护技术。锚喷技术对高边坡提供了一种施工快速、简便、安全的处治防护手段，因此很快得到广泛采用。20 世纪 90 年代，压力注浆加固手段及框架锚固结构越来越多地应用于边坡防护，尤其是应用于高边坡的防护工程中。进入21世纪后，边坡加固措施不断增多，如削坡减载技术、排水与截水措施、锚固措施、混凝土抗剪结构措施、支挡措施、压坡措施以及植物框格护坡、护面等，在边坡防护工程中更强调多种措施综合防护的原则，以加强边坡稳定性及生态性，因此出现了边坡工程防护和生态植被防护相结合的综合护坡措施。

我国高速公路的生态护坡技术研究与应用起步较晚，在高等级公路建设的观念、经验、技术以及投资上都有一定的局限性。在较早时期，边坡防护以工程护坡形式居多，当时的边坡生态恢复工程只不过是采用撒草种、穴播、沟播、铺草皮、片石骨架植草及空心六棱砖等简单的护坡方式。这些措施尽管施工操作简便，但施工效率低下，养护成本较高，而且不能满足植被快速恢复的要求。

20世纪90年代以来，我国在对国外技术引进和消化的基础上，通过二十余年的研究开发与工程实践，高速公路生态恢复的技术日趋成熟。在理论方面，从二十年前的“单一植草模式”发展到目前的“草、灌、乔”结合的模式；从以前完全意义上的“人工建植植被”演变到现在的“尊重自然、恢复自然”。1989年，广东水利水电科学研究所引进液压喷播机开始在华南地区进行液压喷播试验；1990～1991年，中国黄土高原治山技术培训中心与日本合作在黄土高原首次进行了液压喷播试验研究。此后经过十余年的发展完善，液压喷播技术已广泛应用于我国不同地区不同工程的边坡防护。1993年我国引进土工材料植草护坡技术，并开发研制出了各种各样的土工材料产品，如三维植被网、土工格栅、土工网、土工格室等，这些护坡方法结合植草技术在各种边坡工程中陆续获得应用。例如江西上分公路采取的香根草等植物高篱护坡技术、郑洛高速公路护坡工程中的土工合成材料应用等。

目前，我国高速公路的边坡生态防护主要表现在液力喷播技术的普及和客土喷播技术的引进、研发和推广，尤其在我国南方湿润地区，客土喷播作为一种主要生态护坡形式，已经得到一定程度的应用和推广，但在半干旱区尚处于探索和研发阶段。

1）南方湿润区

（1）客土喷播技术的应用

杭甬公路三期拓宽工程路堑边坡设计施工中，对于岩质破碎高路堑边坡下部采用挡墙、砂浆锚杆、预应力锚杆保证了山体稳定性和抗滑力，上部采用SNS主动防护系统和客土喷播绿化措施，使绿化和防护相结合。通过杭甬二期、三期实践，达到很好的生态护坡效果。

宁杭高速公路根据边坡生态环境特征，因地制宜，采用了多种护坡形式。坡面情况稍好的路段采用普通客土喷播技术，石质边坡或土质恶劣、边坡较陡的路段采用挂网客土喷播技术。如果坡面表层局部不稳定，则采用钢筋混凝土骨架＋挂网客土喷播技术。现在整个生态防护系统效果显著，植物成活率达到95%以上，与周围环境和谐一致，已达到了边坡的稳定防护与生态恢复的综合目标。

（2）其他生态防护技术的应用

湖北沪蓉西高速公路宜（昌）长（阳）高速公路石质边坡，采用绿色罩面网结合攀缘植物生态防护技术，在石质边坡上构建了攀缘植物与绿色罩面网相互作用的工程防护与生态防护相结合的立体防护体系。宜长段石质边坡攀缘植物以绿色罩面网为攀缘支架，与罩面网纠缠绞结，已初步形成由攀缘植物建植的石质边坡的立体生态防护系统。

开阳高速公路边坡生态防护，主要应用石质边坡挂镀锌铁丝网喷混植生、土质边坡挂三维网植草、土质低矮边坡直接液力喷播植草3种形式，其中挂铁丝网喷混植生、挂三维网植草及直接液力喷播植草的草籽发芽率均较高，草坪草生长状况良好，草坪草生长高度达8cm以上，覆盖率达90%以上。

惠河高速公路对不稳定的路基边坡采用抗滑桩、挡土墙、锚索、格笼、骨架等防护方式，与喷混植草、客土喷播及三维网植草等生态防护相结合，在施工初期即取得了良好的先锋绿化效果，1个月后，植物已基本成坪，覆盖率达90%以上，草、灌木生长高度达20~40cm。

湖南临长、张常高速公路路基边坡，采用仿原生态植被恢复，结合植生袋防护、藤本生态防护、客土喷播防护、植草皮防护及喷锚防护等多种技术，并经历了多次暴风雨冲刷及7~9月近90天的高温干旱考验，草成活率仍然维持在90%以上，目前已与当地野生灌木及杂草共同形成稳定持久的植被群落。

2)北方半干旱区

由于北方半干旱区，气候干燥、雨水稀少，坡面条件下植物生长所需要的水分条件不足，不利于植被恢复。到目前为止，虽然国内有对这些地区的边坡生态恢复尝试，但生态恢复效果并不显著，表现为多年生植被稳定性不高、部分坡面抗冲刷能力不够，同时也没有出现较为系统地研究总结。

石太高速公路河北段东起石家庄郊区，西至河北、山西两省交界，与太原至旧关高速公路相接，全长68.121km，因穿越太行山脉，地形复杂，山高沟深，最大挖深达32.22m，因此路堑边坡治理和生态恢复工程主要采用了锚喷支护，部分使用包括紫穗槐在内的抗旱植物进行植被恢复试点，稳定性增加的同时，也丰富了路堑边坡植被覆盖的生态效果。北京市的五环、六环、八达岭高速，以及前后三期的京承高速在穿越山区时都出现了大量山体开挖形成的路堑边坡，几年时间里采用了大量的生态恢复技术，如厚层基材喷附技术、植被混凝土技术等，在一定程度上提高了坡面的植被覆盖率，但由于地形土质及坡位的影响，并非所有工程效果都很理想，不足之处主要表现在植被覆盖度不够、植物多样性不足、长效性不好，植被单一化并在演替中逐渐退化或禾草化。沈大高速是中国内地第一条最长的高速公路，也是中国内地第一条八车道高速公路，全长348km，所采用的岩石路堑边坡的快速生态恢复技术主要为喷混植生技术，工程实践中首次考虑到边坡植被恢复区的北方干旱气候和冬季寒冷情况，进行地上植被覆盖和地下根系发育对坡体、土层影响的试验研究，取得了一定的恢复效果，但需要时间考验，而且其研究缺乏系统性，并未形成完整的生态护坡理念。

综上所述，生态护坡技术在我国南方地区应用广泛并取得良好的效果，但对于北方半干旱地区边坡，尤其是石质路堑边坡的生态防护尚处于探索阶段，需要进行深入研究，开发生态护坡关键技术及其实用方案。

1.2 边坡分类及防护体系

1.2.1 边坡及其分类

边坡是自然或人工形成的斜坡，为岩体或土体在自然重力作用或人为作用下形成具有一定倾斜度的临空面，是人类工程活动中最基本的地质环境之一，也是公路工程建设中最常见的路基工程形式之一。

1)边坡基本要素

(1)岩性

岩性因素是影响边坡植被恢复的最重要因素之一，不同岩性条件下土壤生成与附着情况不同，基岩岩性不同，坡面植被自然恢复能力有较大差异。对于山东省高速公路而言，开挖山体的岩性主要为花岗岩、石灰岩等，自然条件下的植被覆盖率一般低于20%。土层的主要成分为

Al_2O_3 和 SiO_2；花岗岩主要成分为 SiO_2 的成土物质，且成土物质丰富，风化后可形成土层的速率快；而碳酸盐岩主要成分为 CaO 及 MgO，成土物质稀少。

(2)坡度

坡度直接影响植被生长，因为地面坡度的大小决定着地表侵蚀作用的强度、水土流失的强度、土层厚度、植物生长适应程度等。一般来说，坡度越大，坡面上的土壤也就越不容易附着，植物就越难生长。坡度为0°～40°时，坡度与土壤冲刷成正比关系，坡度大的地区植物分布少。

(3)坡面粗糙度

坡面粗糙度主要是指在坡面倾斜线上，两点的坡面距离与两点的直线距离的比值乘以坡面上最低点到最高点的距离 d，坡面粗糙度可表达为：

$$k = (w/L) \times d \tag{1-1}$$

式中：k——坡面粗糙度；

w——两点的坡面距离；

L——两点的直线距离；

d——最低点到最高点的距离。

坡面粗糙度是影响坡面植物生长与植被恢复速率的最重要因子之一。节理越多、越密集，粗糙度越大，其附着的土壤就越多，植物也就越容易生长。

2)路堤边坡

路堤边坡是公路工程建设中通过开挖天然地面或回填做成的路基下坡面，通常包括自然路基边坡和填方路基边坡。路堤边坡防护设计主要是确定坡面高度、边坡坡度、岩土成分和填方形式等重要指标。

3)路堑边坡

路堑边坡是公路工程建设中通过开挖山体形成的位于路基上的裸露山体创面。由于路堑边坡处于地壳表层，开挖暴露后，受各种条件与自然因素的作用，容易发生变形和破坏。本书将主要以我国半干旱区高速公路路堑边坡，尤其以山东省济莱高速公路路堑边坡作为典型半干旱区案例进行阐述。

1.2.2 边坡分类

边坡分类具有多样性。公路边坡按其与路面相对位置可分为路堑边坡和路堤边坡，前者位于路面之上，又称上边坡；后者位于路面之上，又称下边坡；按其成因可分为人工边坡和自然边坡；按地层岩性可分为土质边坡和岩质边坡；按岩层结构可分为层状结构边坡、块状结构边坡、网状结构边坡；按岩层倾向与坡向的关系分为顺向边坡、反向边坡、直立边坡；按使用年限可分为永久性边坡和临时性边坡。

由于边坡成因不同，内在结构、外在形状以及所处的立地条件也并不一样。为了便于高速公路路堑边坡防护设计，需首先对其进行分类，通常将边坡岩土类型、坡体创面高度和坡度作为路堑边坡分类的标准，再按岩石类别、风化程度和软硬岩质进一步细分，详见图1-1。

1)按物质组成或岩土类型划分

(1)土质边坡

土质边坡主要由土壤物质构成。对于未扰动或人为扰动较少的土质边坡，往往覆盖着长期生长的原生植被，土壤结构完整，坡体较为稳定。若是开挖扰动后的土质边坡，则往往因为开挖过后裸露的土质成分易被雨水冲刷下滑，创面土质结构多为母质或缺少植物生长的必需养分，需进行必要的客土改良和植被恢复措施对边坡进行生态防护，以实现快速恢复生态植被。

(2)土石边坡

土石边坡主要由土壤、碎石混合物质组成，即通常所指“土夹石”边坡。由于土石边坡开挖后稳定性降低，雨水下渗后易发生滑塌灾害，因此是高速公路路堑边坡治理的重点部位。传统方法通常是采用浆砌石、挡土墙等拦挡工程措施进行防护，稳定性虽然提高了，但造价高、施工困难、景观效果差，目前较为成功的防护措施是主要使用深层稳固的工程防护基础上再进行坡面植被恢复综合防护措施。

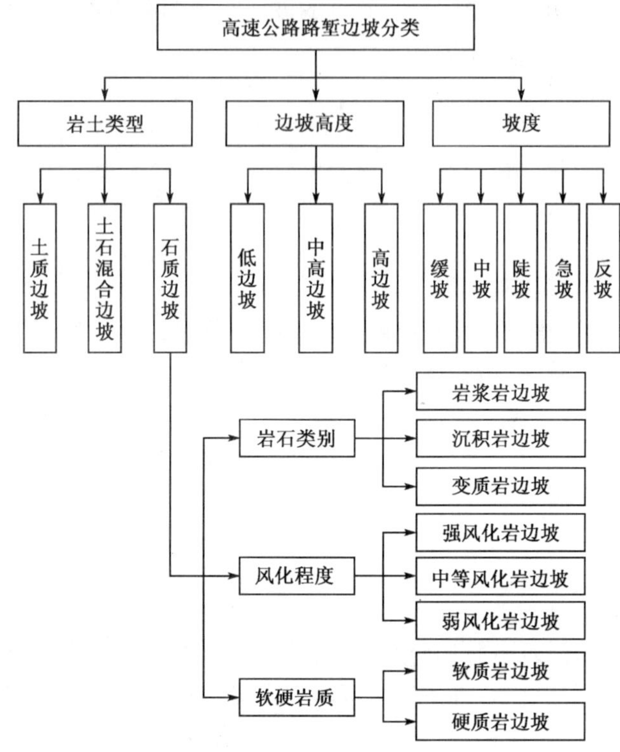

图 1-1 高速公路路堑边坡分类

(3)石质边坡

石质边坡主要由岩石成分构成，是高速公路路堑边坡中常见的一种类型。根据岩石类别又可分为岩浆岩边坡(侵入岩、喷出岩)、沉积岩边坡(碎屑沉积岩、碳酸盐岩，黏土岩，页岩等)、变质岩边坡(正变岩、副变质岩)；按风化程度划分还可分为强风化、中等风化、弱风化三种；按软硬岩质可将石质边坡划分为软质岩边坡和硬质岩边坡。

2)按边坡高度划分

边坡高度以垂直高度为准，划分标准见表 1-1。

路堑边坡高度划分标准 表 1-1

划分类型	土质边坡	土石混合边坡	石质边坡
高边坡(m)	>10	>15	>20
中高边坡(m)	5~10	7~15	10~20
低边坡(m)	<5	<7	<10

3)按坡度划分

按坡度划分标准见表 1-2。

路堑边坡坡度划分标准 表1-2

分 类	标 准	分 类	标 准
缓坡(°)	<15	急坡(°)	60~90
中等坡(°)	15~45	倒坡(°)	>90
陡坡(°)	45~60		

1.2.3 边坡防护体系

一般来说,边坡防护可分为工程防护、生态植被防护、工程与生态植被综合防护三大类。其中工程防护又可划分为坡体防护和坡面防护,生态植被防护属于一种坡面防护形式,而工程与生态植被综合防护是坡体和坡面防护相互结合的综合防护形式,详见图1-2。

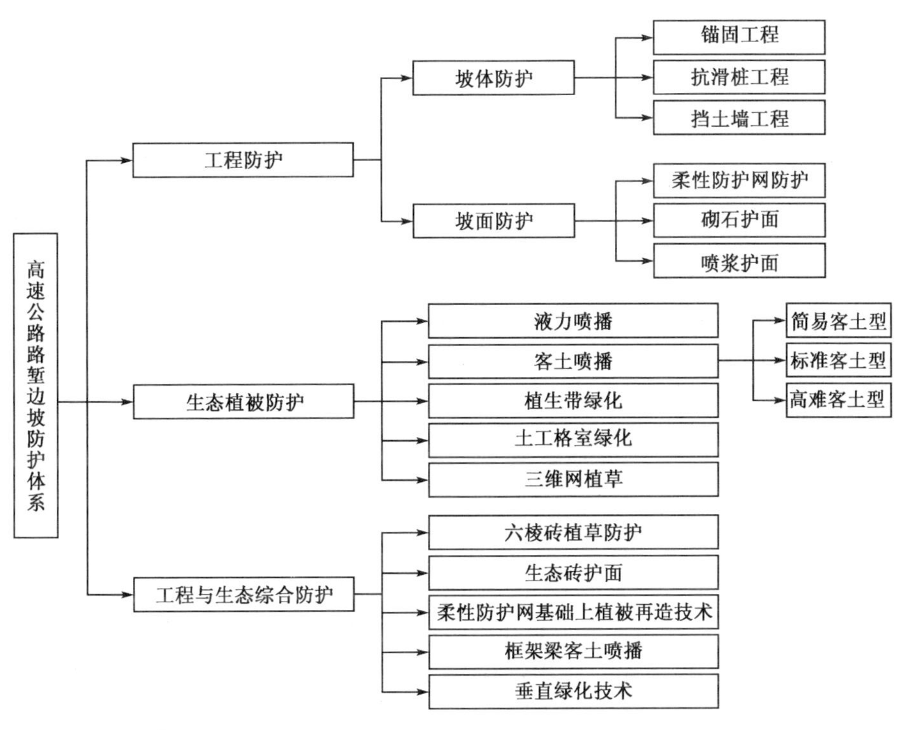

图1-2 高速公路路堑边坡防护体系框图

1.2.3.1 工程防护

1)坡体加固工程

路堑边坡的坡面暴露在大气中,容易遭受到自然因素(水、温、风)的反复干湿、冻融、冲刷和风蚀等作用,坡面有时会出现各种病害,如任其发展,则会影响边坡的稳定性,导致坍塌等严重危害,特别是对于高速公路更应引起重视。考虑到边坡生态防护工程必须以稳定边坡为前提,对于易受自然因素作用而破坏或失稳的各种边坡,尤其是水文地质不良地段的路堑边坡,在生态防护之前必须对坡体进行稳定加固处理。常见边坡加固措施有锚固防护、抗滑桩防护、挡土墙防护以及加筋挡土墙防护等。

(1)锚固工程

岩体和土层的锚固是一种将受力拉杆(索)埋入地层的技术。岩土锚固能充分发挥岩土能量,调用和提高岩土的自身强度和自稳能力,大大减轻结构自重,确保施工安全和工程稳定,适用于破碎的硬质岩石坡面或层状结构的不连续地层、坡面岩石与基岩分离并有下滑可能的路堑边坡，尤其适用于岩层倾角接近坡脚和有裂隙的厚层石质边坡。若边坡岩石破碎、节理发育，则需在锚杆与坡面间同时采用挂网喷浆以提高防护能力，还可用高强度土工格栅代替铁丝网。坡脚和有裂隙的原层岩石，更为适合。

(2)抗滑桩工程

抗滑桩的基本原理是在滑坡中的适当位置设置一系列桩体，并通过其穿过滑面进入下部稳定滑床形成锚固段，以阻止坡体滑动。工程实践表明，抗滑桩能迅速、安全、经济地解决一些比较困难的边坡稳定性问题。抗滑桩施工方法以挖孔灌注桩最为常用，此外还有打入桩、钻孔灌注桩，其结构形式有排式独立单桩，也有将桩体上部以承台连接方式的承台式桩或排架桩等。抗滑桩的突出优点是抗滑能力强，尤其适用于滑坡推力大、滑动带深的滑坡；桩位灵活，可设置在滑坡中最利抗滑的部位；开挖量小，不易恶化滑坡状态；圬工量小，节省材料，设备简单，施工方便。但是，抗滑桩利用桩周土体对桩的钳制作用稳定土体，所以不适用于软塑体滑坡防治。

(3)挡土墙工程

挡土墙是一种能够通过侧向土压力防止土体坍塌和增加其稳定性的防护措施。在公路工程中，可以用以支撑路堤或路堑边坡、隧道洞口、防止水流冲刷路基等。在公路路堑边坡防护工程中，大量的挡土墙工程得到了广泛应用，尤其在山区公路挡土墙的应用更为广泛。挡土墙按断面的几何形状及特点分类，常见的形式有：重力式、锚杆式、土钉墙、悬臂式、扶臂式、柱板式和竖向预应力锚杆式等。各种挡土墙都有其特点及适用范围，在处理实际挡土墙工程时，应对可能提供的挡土墙体系的可行性作出评价，选取合适的挡土墙结构形式，以便安全、经济、可行。

2)坡面防护工程

路堑边坡坡面防护工程形式，主要有柔性防护网防护、砌石防护和喷浆防护等三种类型。

(1)柔性防护网防护

柔性防护网SNS(Safety Netting System)从防护原理和防护目的方面，分为主动防护和被动防护系统两大类。济莱高速公路目前采用的挂网类型都是主动防护系统，即以钢丝绳网或高强度钢丝格栅为主的各类柔性网覆盖或包裹在需防护的斜坡或危石上，以限制坡面岩土体的风化剥落或破坏以及危岩崩塌，起到加固作用，或者将落石控制在一定范围内运动，起到围护作用。被动防护系统是一种能拦截和堆存落石的柔性拦石网，用于边坡旁有缓冲地带的高山峻岭，将岩崩、飞石、雪崩、泥石流拦截在边坡之外，利于边坡防护工程的安全。通常情况下，SNS柔性防护网主动防护系列尤其适用于浅层滑坡体、蠕滑体、崩塌体、落石碎石的边坡防护。

(2)砌石护面

砌石防护包括护面墙、干砌石和浆砌石类型。护面墙是采用浆砌片石结构，覆盖在各种软质岩层和较破碎的挖方边坡，使之免受大气影响而修建的坡面浆砌石墙体，以防止坡面继续风化。对于土质、软岩及易风化、破坏较严重的路堑边坡，宜选干砌片石防护，以防止雨水、雪水冲刷。浆砌片石防护是用水泥砂浆将片石间隙填满，使砌石成为一个整体，以保护坡面不受外界因素的侵蚀，是公路路堑边坡防护中常用的工程防护方法。

(3)喷浆护面

喷浆护面工程多与锚桩挂网结合，靠锚杆、钢筋网和砂浆层共同来提高边坡岩土的结构强度和刚度，减少岩(土)体侧向变形，增强边坡的整体稳定性。主要适用于岩性较差、强度较低、易于风化的石质边坡；或虽为坚硬岩层，但风化严重、节理发育、易受外力影响、导致大面积碎落，以及局部崩塌、落石的岩质边坡。但喷射混凝土封闭坡面，在对岩土体起了连续作用，在岩土体表面产生嵌固效应提高黏结力的同时，却使得坡面无法提供植物的生长条件，从而无法恢复坡面植被景观。

1.2.3.2 生态植被防护

从高速公路路堑边坡防护体系中可看出，生态植被防护技术包括：客土喷播、液力喷播、植生带绿化、土工格室绿化、三维植被网等。其中液力喷播、土工格室绿化、三维植被网都属于常规边坡绿化技术，而客土喷播生态防护（又称厚层基材喷射防护）和水土保持型植生带绿化等作为可适用于半干旱区石质边坡植被生态恢复的综合技术，对此将在第4章详细介绍。

1.2.3.3 工程与生态植被综合防护

工程与生态植被综合防护是一种集边坡稳定加固和生态恢复于一体的综合防护措施，主要包括：柔性防护网基础上植被再造技术和框架梁客土喷播技术两种，前者是在已布设柔性防护网的基础上，采用客土喷播技术中的喷播工艺将种植土、种子等混合基材喷射在坡面上，从而在柔性防护基础上实现边坡植被再造，既可以增强喷播客土的稳定性，也可以取得提高边坡防护安全性能和植被恢复的双重效果；后者则是采用石块或预制的空心砖在人工开挖的非稳定或软质边坡面上，按正方形、菱形、人字形和弧形等格构形式干砌或浆砌形成骨架，骨架中间撒播或喷播植物种子恢复植被，以减少地表水对坡面的冲刷，减少水土流失，从而达到护坡和保护环境的目的，详见本书4.6相关内容。

1.3 生态护坡技术在半干旱区的适用性

1.3.1 半干旱区立地条件

根据我国气候类型分区标准，可将我国划分为湿润区、半湿润区、半干旱区、干旱区四个区域。其中，半干旱区的降水量低于400mm，且降水量远小于蒸发量。

干旱指数是反映气候干旱程度的指标，通常定义为年蒸发量与年降水量的比值，即：

$$r = \frac{E_0}{P} \tag{1-2}$$

式中：r——干旱指数；

E_0——年蒸发量，mm；

P——年降水量，mm。

多年平均年干旱指数 r 与气候分布有密切关系，当 $r<1.0$ 时，表示该区域蒸发量小于降水量，该地区为湿润气候，当 $r>1.0$ 时，即蒸发量超过降水量，说明该地区偏于干旱，r 越大，即蒸发量超过降水量越多，干旱程度就越严重。

在路堑边坡条件下，坡面实际的有效降雨量并不等同于自然降雨量，式(1-2)中 P 应修正为 $P\cos\alpha$，另外，由于路堑边坡风速对坡面土壤水分的蒸发能力影响较大，假设风力改变蒸发能力系数为 k，即有：

$$r = \frac{kE_0}{P\cos\alpha} \tag{1-3}$$

式中：k——风力改变年蒸发能力系数；

E_0——年蒸发量，mm；

P——年降水量,mm;

α——边坡坡度,°。

因此,有效降雨量与路堑边坡的坡度值有关,坡度越大,有效降雨量越小,表1-3为有效降雨量与坡度的关系,由此可将路堑边坡条件下的半干旱区延伸至年降水量500~1 000mm区域,进一步根据全国年平均降雨量的分布情况绘制出半干旱路堑边坡分布图(图1-3)。

有效降雨量比值与坡度之间关系 表1-3

边坡坡度值	30°	35°	40°	45°	50°	55°	60°	65°	70°	75°	80°	85°	90°
有效降雨量与实际降雨量的比值	0.87	0.82	0.77	0.71	0.64	0.57	0.50	0.42	0.34	0.26	0.17	0.09	0

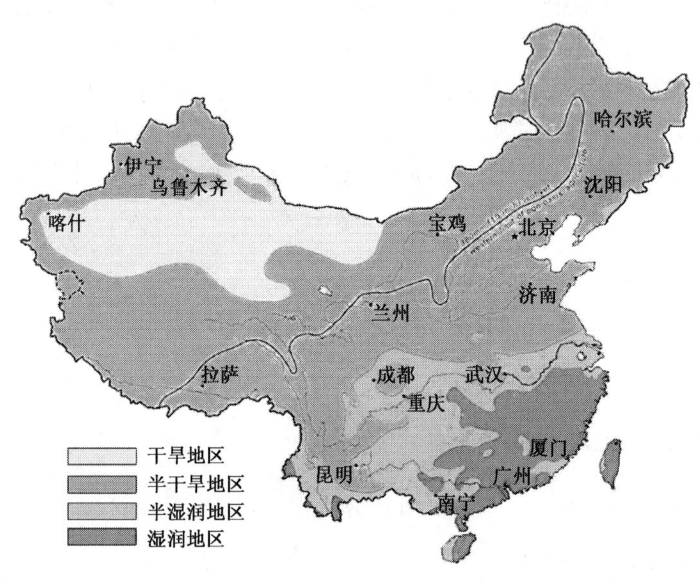

图1-3 我国坡地条件下的半干旱路堑边坡边坡分布

例如,山东省气候类型属暖温带季风气候,降水集中,雨热同季,春秋短暂,冬夏较长,年平均气温11~14℃,年均降水量在550~950mm之间,由东南向西北递减。鲁南鲁东为800~900 mm;鲁西北和黄河三角洲则在600 mm以下。地处鲁中腹地山区的济莱高速公路降雨量600~800mm,边坡有效降雨量不足400mm,且冬、春及晚秋易发生干旱、多风,具有典型的半干旱区气候特征。

1.3.2 生态护坡技术在半干旱区的适用性

路堑边坡作为高速公路项目建设过程中开挖形成具有一定倾斜角度的裸露坡面,虽然有效降水量较少,坡面蒸发速率快,植物生长环境恶劣,但仍存在覆盖较好的原生植被情况,因此生态护坡技术具有一定程度的适用性。

1)气候条件

尽管半干旱区的雨水量较小,坡面条件下的有效降水量更少,但若能提高坡面的土壤保水涵水能力,使坡面的有效降水过程中得以大量入渗、吸收、存储,并满足植物生长需求,可确保坡面植被恢复。

2)地形地质条件

半干旱区高速公路路堑边坡多分布在北方地区,母岩风化较弱,土体结构紧实,山区坡面陡峭,土壤较为干燥,偏弱碱性,土壤养分缺少,但这些只有通过人为干扰进行局部改良,才能满足生态防护的植物生长条件,实现生态护坡目标。

3)植物品种优化选择

半干旱区与南方湿润地区相比,护坡植被种类相对简单,植物多以原生低丛灌木和常绿针叶亚乔木为主,如荆条、构树、榆树、刺槐、胡枝子等,草本植物以冷季型的高羊茅、结缕草、黑麦草等为主。虽然种类不如南方丰富,但抗旱性、越冬性强,能适应半干旱区路堑边坡的生长条件,并且多以优势物种存在,与其他护坡物种配合使用,如紫穗槐、马棘、沙棘等,可形成较好的植被护坡效果,并经多年恢复演替后逐步恢复近自然生态植被。

总之,在气候、地质地形、土壤、水分条件下,半干旱区高速公路路堑边坡生态护坡具备技术可行性。但就目前的技术层面上有必要对客土配方、土壤保水涵水、植物品种选择与配比等关键问题进行全面系统技术攻关。

1.4 山东省高速公路边坡防护现状调查

2007 年 10 月至 2009 年 7 月期间,作者对山东省京沪高速(山东段)、青银高速(山东段)、莱新高速、济泰高速等几条典型高速公路护坡形式及防护效果进行现场调研,对山东省环境内高速公路边坡防护有一定认识。

1.4.1 京沪高速公路(山东段)

北京—上海高速公路(简称京沪高速)是我国第一条全线建成高速公路的国道主干线,京沪高速山东段起始于冀鲁交界的德州市梁庄,终止于鲁苏交界的临沂市红花埠,全长 431.82km。京沪高速山东段采用的护坡技术主要有:浆砌石护坡、锚杆护坡、攀援植物护坡工程。由于修建时间较早,京沪高速山东段大部分坡面采用了浆砌石护坡,深挖高填的欠稳岩石路堑边坡进行了锚杆(索)加固坡面喷浆工程,以提高坡体的稳定性,这些防护类型使坡面稳定性较好,但工程痕迹明显,景观效果较差。坡脚平台处部分栽植了攀援植物,生长较好的已攀升至 5m 以上,在夏秋两季可形成较好的坡面覆盖效果,但冬春两季仍以裸露的形式存在。

京沪高速(山东段)路堑边坡防护主要形式如图 1-4 所示。

1.4.2 山东其他高速公路

1)青岛—银川高速公路(山东段)

青岛—银川高速公路(简称青银高速)(山东段,含济青高速公路北线)全长 419km,东起青岛,经潍坊、淄博、济南,从夏津出境与河北相连。青银高速(山东段)设置了较宽的路基平台,平台内植草种树绿化后可对路堑裸露边坡进行遮挡,也在路堑边坡基部进行了六棱砖植草和浆砌片石 + 攀援植物等防护形式。六棱砖植草边坡稳定性较好,但因为植物种类只能限制在草本植物范围内,绿期短,单一植被群落不稳定,易发生退化或野生草种大量入侵,或引起水土流失,景观效果较差。浆砌片石 + 攀援植物可对低边坡进行防护,对高陡边坡防护的稳定性和绿化效果均不理想。

a)浆砌石护坡　b)锚杆护坡
c)藤本植物护脚　d)藤本植物护坡

图 1-4　京沪高速(山东段)路堑边坡防护主要形式

青银高速(山东段)路堑边坡防护主要形式如图 1-5 所示。

a)六棱砖植草

b)浆砌片石+攀援植物

图 1-5　青银高速(山东段)路堑边坡防护主要形式

2)莱芜—新泰高速公路

莱芜—新泰高速公路(简称莱新高速)北接博莱高速,南连京沪高速,全长 60.8km,将京沪高速、泰莱高速、济青高速连接在一起,进一步改善了山东中部地区的交通状况。土夹石路堑边坡使用了浆砌片石 + 攀援植物的防护方式,稳定性明显提高,但由于植物生长缓慢,绿期有限,导致景观效果不佳;高陡石质边坡使用了预应力锚杆加固处理,并将锚头封闭,使坡体整体稳定性能好,但视觉效果不佳;单一的水泥喷浆护面使坡面水土流失减少,但缺少了植物生长条件,不能进行植物生态恢复。

莱新高速路堑边坡防护主要形式如图 1-6 所示。

通过对路堑边坡防护技术的研究现状及现场调查分析说明，在半干旱区路堑边坡实现生态恢复具有技术可行性，但由于常规生态护坡技术在半干旱区存在技术难点和应用局限。为配合半干旱区高速公路路堑边坡生态防护技术的相关研究，检验和保证研究成果的可靠性和可推广性，在济莱高速公路相关区段选定试验区域实施路堑边坡生态防护试验工程，并进行跟踪监测分析，期望通过现场试验、技术开发研究及工程实践有效解决半干旱区存在的技术难点和应用局限。

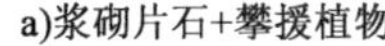

a)浆砌片石+攀援植物

b)水泥喷浆护面+攀援植物

图1-6　莱新高速路堑边坡防护主要形式

1.5 济莱高速公路生态护坡试验工程概况及监测方法

1.5.1 试验工程概况

试验工程位于鲁中腹地济莱高速公路，路线起始于济南港沟南，终至莱芜市杨家庄，全长75.493km。项目区多为山岭重丘区，年降水量为600～800mm，路堑边坡因受坡度影响，其有效降雨量往往不足400mm，具有典型的半干旱区降雨特征。

试验工程采用以客土喷播为主的施工工艺。施工前，需首先对土壤进行测定、针对不良土壤进行改良和施工前对种子进行预处理，同时准备各种基材、植物和施工机械。施工流程主要为：边坡清理──→锚杆施工──→挂网施工──→喷射种植基质──→喷射表层绿化基层──→覆盖草帘或水保型植生带。

自2007年3月至11月，分别实施土石混合路堑边坡客土喷播试验工程、石灰岩路堑边坡客土喷播试验工程、花岗岩边坡柔性防护网基础上植被再造工程、风化花岗岩边坡客土喷播生态护坡试验工程等四种路堑边坡生态防护试验工程共计近4万平方米，取得良好的边坡植被恢复工程经验和绿化效果。

1.5.2 试验工程监测方法

1.5.2.1 监测点位的布设及频次

1）监测点位的布设

（1）第四合同试验路段

根据济莱高速公路路堑边坡生态防护第四合同试验路段的特点，在K18+075至K18+375

路段的左侧和右侧路堑边坡分别实施了客土喷播试验工程技术，并分别在左侧和右侧各设定4个监测点。每个监测点位于距离底部浆砌石块1m位置处，见图1-7。

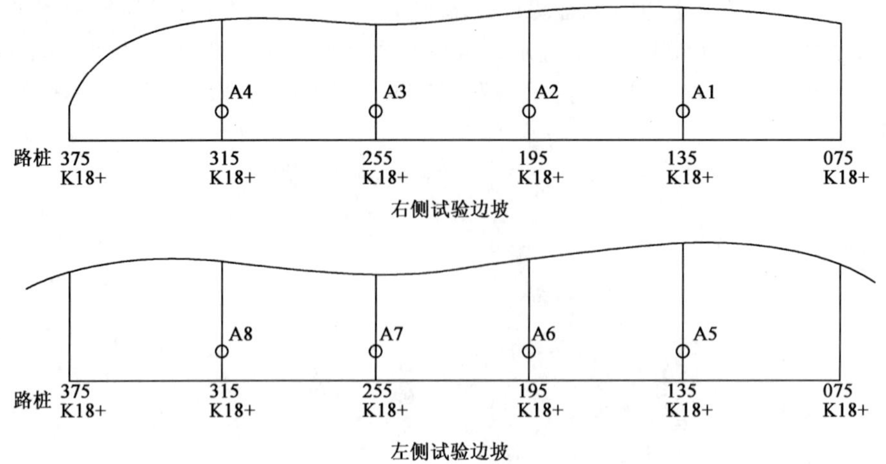

图1-7 济莱高速第四合同试验段监测点位置示意图

(2)第七合同试验路段

根据济莱高速公路路堑边坡生态防护第七试验段的特点，对第七合同段的左右两侧7个边坡进行同步监测，在每个边坡中部且距离底部浆砌石块1m位置处分别设置一个监测点，统称为“A区”，另外在右侧4个相邻边坡的连接处并与A区监测点水平线处增设立了监测点，统称为“B区”。因此第七试验段共设置10个监测点，同时记录了桩号，以便于取样和记录，进行定时定点监测，监测点位置如图1-8所示。此外，在客土来源的种植土增加一个土样，以了解原生土壤的组成特点。

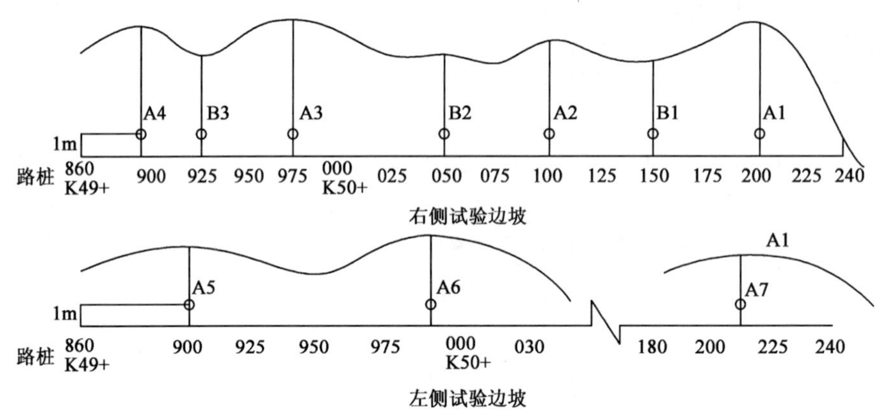

图1-8 济莱高速第七合同试验段监测点位置示意图

根据监测点的相对位置划分的两个区域中，A区位于两侧7个边坡中部，相当于有个分水作用，包括右侧4号、右侧3号、右侧2号、右侧1号和左侧1号、左侧2号、左侧3号，共七个监测点；B区位于两侧A区的夹点处，会同时受到一定程度的水肥等养分冲刷和汇集过程，相对较为复杂，包含右侧3-4号凹陷、2-3号凹陷、1-2号凹陷处三个监测点。

(3)第九合同试验路段

根据济莱高速公路路堑边坡生态防护第九试验段的特点，阳坡实施了客土喷播技术，阴坡实施了植生带绿化技术，并取得良好效果，分别在阳坡和阴坡各设定2个监测点。每个监测点位于距离底部浆砌石块1m位置处，见图1-9。

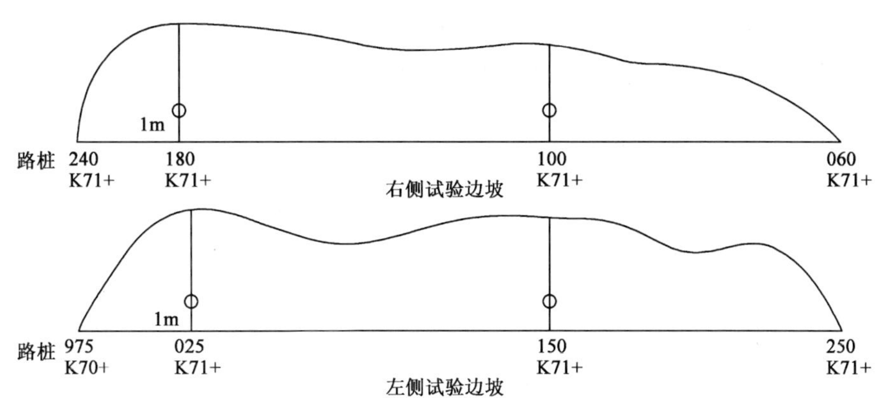

图 1-9 济莱高速第九合同试验段监测点位置示意图

2)监测频次及时间

对山东省济莱高速公路路堑边坡客土喷播试验工程的第四、七、九合同路段试验边坡进行土壤养分测定,测定时间分别为2007年5月30日、6月27日、7月19日、8月9日、9月6日、10月3日、10月31日。2008年和2009年除冬季外每间隔两月测定一次(2月、4月、6月、8月、10月),2010年2月、4月、6月分别测定三次,共计20组次。

1.5.2.2 土壤养分监测

1)土壤及植物根系检测指标

为尽量减少对路堑边坡及坡面植被的破坏,降低对土体的扰动和局部破坏,测量地下根系生物量时,用环刀法进行取样,并将采集的土壤,带回实验室进行相关测定。各指标测定方法均采用常规方法进行测定。

土壤测定指标主要包括物理指标和化学指标。

物理指标:土壤含水率、容重、孔隙度、渗透系数、粒径分析。

化学指标:有机质、pH值、碱解氮、速效磷、速效钾。

土壤有机质中含有大量营养元素,分解后可满足植物生长发育的需要,是植物养分的重要来源。有机质分解后形成的腐殖质,能把土粒黏结成团粒结构。这种结构保水、保肥能力强,类似储存水肥的小仓库,随时供给植物吸收利用。有机质是微生物的食物,土壤有机质丰富而其他条件又适宜时,就能促进微生物的旺盛活动。有机质的含量是决定土壤持久性肥力的重要标志,因此测定土壤有机质的含量具有重要意义。

土壤里含有许多有机酸、无机酸、碱以及盐类等物质,各种物质的含量不同,使土壤显示出不同的酸碱性。土壤的酸碱度会影响作物生长,各种作物对土壤酸碱性的要求也是不同的,通常用酸度即pH值表示土壤的酸碱性。

路堑边坡生态恢复过程中,初期植物的快速生长对土壤中的易吸收氮素要求较高。土壤碱解氮也称土壤水解性氮或土壤有效性氮,它包括无机态氮和部分有机物质中易分解的比较简单的有机态氮,是铵态氮、硝态氮、氨基氮、酰胺和易水解的蛋白质氮的总合。碱解氮的含量与有机质含量有关,有机质含量高,熟化程度高,有效性氮含量也高,反之,有机质含量低,熟化程度低,有效性氮含量也低。碱解氮含量作为植物氮素营养较无机氮有更好的相关性,所以测定碱解氮比测定铵态氮和硝态氮更能确切的反映出近期内土壤的供氮水平。

磷素是植物生长必需的大量营养元素,土壤速效磷是指土壤中在短期内能被作物所吸收利用的一部分磷。不同作物、不同土壤性质、不同土壤的反应,其速效磷变化很大。测定速效磷的方法很多。一般情况下,酸性土壤采用酸性氟化铵,或氢氧化钠—草酸钠提取剂测定;中性和石灰性土壤采用碳酸氢钠提取剂测定，其测定结果与植物对磷肥效应有着较好的相关性。观测土壤速效磷含量水平，对合理配比基质磷肥用量具有重要的意义。

根据钾存在状态和吸收利用的情况，可分为水溶性钾、交换性钾和黏土矿物种固定的钾三类，前两类可被作为吸收利用，统称为“速效性钾”。土壤中全钾的含量只能说明土壤中钾储量的丰缺，不能说明对坡面植物的供钾情况。一般土壤中的全钾并不少，但速效钾则仅 20 ~ 200mg/kg，不到全钾量的 1% ~2%。观测基质中速效性钾的含量水平和钾肥供求丰缺，有利于判断基质配比时钾肥的使用量。

2)客土养分测定方法

(1)采样方法

因为土壤检测包括物理性质和化学性质两方面的研究，物理性质的试验需采用环刀取样，尽量不能使土样受挤压变形；化学性质试验直接使用取样袋取样。

取样袋取样：土样选定后，除去表面的枯枝落叶层和其他杂物，用小土铲挖出部分土样放入取袋，并记录即可，一般取样鲜土重约 100 ~200g。

环刀取样：土样选定后，除去表面的枯枝落叶层和其他杂物，平整土样表面，将环刀刀刃端正放在土样，使用手柄将其压入土中，使其填满土样，再用土铲将其轻轻取出，并用削面刀平整环刀两面后放入铝盒，再削平，用纸和橡皮筋捆扎，记录。

(2)土样预处理

风干：将土样放在阴凉干燥通风处，经常翻动，加速干燥，切忌阳光直接曝晒或烘烤。在土样半干时，须将大土块捏碎(尤其是黏性土壤)，以免完全干后结成硬块，难以磨细。

去杂：拣出风干土样中的枯枝落叶、根、残茬等，若含有其他石子，应细心拣出称重并记录。

(3)养分测定

土壤有机质测定：测定土壤里有机质的含量有多种方法，其中较多使用的方法是用重铬酸钾作氧化剂，跟土壤里的有机质发生氧化还原反应，再用滴定法测定的方法。氧化性强的重铬酸钾在酸性溶液里跟土壤中有机质的碳发生氧化还原反应，它们之间存在定量关系，再用标准还原剂(如硫酸亚铁铵)滴定多余的氧化剂($K_2Cr_2O_7$)，经换算后可求得有机质含量。

土壤 pH 值测定：以电位法测定，用 pH 玻璃电极为指示电极，甘汞电极为参比电极。此二电极插入待测液时构成一电池反应，其间产生一电位差，因参比电极的电位是固定的，故此电位差之大小取决于待测液的 H^+ 离子活度或其负对数 pH。因此可用电位计测定电动势，再换算成 pH，通用的酸度计可直接测读 pH 值。

土壤碱解氮测定：一般采用碱解扩散法，即用稀碱水解土壤样品，使土壤有效态氮碱解转化为氨，并不断扩散逸出由硼酸吸收，再用标准酸滴定，计算出碱解氮含量。其中旱地土壤因 NO_3^- 含量较高，一般需加还原剂($FeSO_4$)将其还原为 NH_4^+。碱解氮含量作为植物氮素营养较无机氮有更好的相关性，所以测定碱解氮比测定铵态氮和硝态氮更能确切的反映出近期内土壤的供氮水平。

土壤速效 P 测定：济莱高速公路路堑边坡土壤以中性和碱性土壤为主，这两类土壤中的速效磷，多以磷酸一钙和磷酸二钙的状态存在，用 0.5mol/L 碳酸氢钠提取到溶液中，使浸提液中钙离子形成碳酸钙沉淀，然后将待测液用钼锑抗混合显色剂在常温下进行还原是黄色的锑磷钼杂多酸还原为磷钼蓝，进行比色和计算即可得出速效磷的含量。

土壤速效 K 测定：本次监测的土壤速效钾使用 1mol/LCH_3COONH_4(醋酸铵)浸提—火焰光度法。该方法的试验原理是用中性的 1mol/LCH_3COOH 溶液浸提溶液时，NH_4^+ 与土壤胶体表面的 K^+ 进行交换，连同水溶的 K^+ 一同进入溶液，浸出液中的 K 可直接用火焰光度法测定。

1.5.2.3　植物样方监测

1）灌木植物调查观测指标

株高：指灌木植株的垂直高度，测量时以植株的基部与顶部的垂直距离为准，单位为厘米（cm）。

基径：指灌木植株主干离地面0.1m处的直径，断面畸形时，取最大值和最小值的平均值，单位为毫米（mm）。

冠幅：指灌木树冠外缘垂直投影最宽处的距离，一般分为东西冠幅、南北冠幅，测量取值以最大冠幅为准，单位为米（m）。

枝下高：指灌木主干的第一个分枝距离地表的垂直高度，单位为米（m）。

盖度：指灌木植株地上部分的垂直投影面积占样地面积的百分比，即投影盖度（%）。

2）草本植物调查观测指标

生物量：指单位面积内草本植物的总体有机物质（干重）总量，测定时以鲜重以准，单位（kg/m^2）。

频度、密度和多度：频度指样方调查中某种草本植物出现的次数，测定时，如10个样方中该植物出现5次，则记为5，转换为频率后则为50%。密度是指某一样方中单位面积内的某种草本植物的数目。多度是指单位面积内所有样方中的某种草本植物的数目。（多度A与频率F及密度D之间有着这样的关系：$A=100\times D\cdot F$。另外，多度A与频率F之比即A/F比率是分散系数之一。）

3）调查方法

样方调查和土壤采样必须根据天气状况、边坡情况和试验制定的进度要求完成。通常要求天气晴朗，土壤和植被湿度不宜过干或过湿，尤其是采土时，最好在不黏铲的情况下进行。理论上调查和采土位置应在研究区域内随机选取，实际操作时可根据边坡条件适当调整，通常在研究区域的中部附近选点。调查样方大小为1m×1m或2m×2m，采土土层厚度不得低于8cm。

根据调查内容和边坡情况确定样方大小，以1m×1m为例。首先划定样方，用预先制好的样方模型（或确定四个角后将木棍插入土中，用绳子绕其外围形成四边形）固定位置。确定样方内的植物种类，从灌木植物到草本植物顺序排列，然后逐一对各种类植物进行详细调查。

灌木植物调查包括株数（株）、株高（cm）、胸径（mm）、冠幅（m）、枝下高（m）、盖度（%）。其中，株数、株高、冠幅、枝下高均可直接测得；胸径可用绳测其周长后近似换算得出；盖度为目测值，可分为十个级，即10%、20%…90%、100%。草本植物调查包括苗数（株）、最大苗高（cm）、最大胸径（mm）、最大冠幅（m）、盖度（%），以上数据都是直接测得。频度、密度、多度可通过计算得出。

第2章 边坡工程防护稳定性与评估方法

边坡工程防护是指对处于不稳定的边坡进行工程加固和布设防护措施的工程类型，其稳定性主要与工程性质、水文性质和地面排水条件有关，地貌、气候等因素也有很大影响，其稳定状态是这些因素综合作用的反映。边坡稳定性和各种因素构成一个相互联系、相互影响的整体，任何一个因素的改变往往会导致其他因素发生改变，进而引起边坡稳定状态发生改变。因此，在分析人工开挖对边坡工程稳定性的影响时，必须将任一因素的变化和其他因素联系起来，作为一个统一的整体来考察和分析。

2.1 边坡稳定性分类

边坡防护措施的采取，应根据边坡稳定性分析和预测，破坏的危险性及风险性评估的基础上确定。通常情况下，高速公路路堑边坡稳定性可分为四种类型，见表2-1。设计的边坡必须达到稳定状态，不稳定、欠稳定，基本稳定三种类型应进行处理。

边坡稳定性分类　　表2-1

安全系数	<1	1～1.1	1.1～1.25	>1.25
类别	不稳定 I	欠稳定 II	基本稳定 III	稳定 IV

I类不稳定的边坡：边坡稳定性差、抗雨水冲刷能力差，在雨季长时间作用下强度降低，易失稳发展成滑坡、形成灾害。

II类欠稳定边坡：稳定性较差、抗雨水冲刷能力差，在雨季一般降雨条件下不会失稳，但在长时间大雨或暴雨的情况下，边坡可能失稳。

III类基本稳定边坡：稳定性较好，抗雨水冲刷能力强，在一般降雨或长时间大雨情况下，一般不会失稳，但在长期风化作用下，稳定性逐步降低，再遇到超常大雨或暴雨，也可能局部失稳。

IV类稳定边坡：稳定性好，抗雨水冲刷能力强，边坡不会失稳。

表2-1中前三类边坡需要加固措施处理，后一类边坡可直接进行坡面防护。在边坡坡比及防护设计时，应对边坡的稳定性、经济性、可操作性、观赏性和养护管理等因素进行综合分析，确保稳定，重视美观。在可能情况下使边坡放缓到基本稳定坡比，减少支挡处理，直接进行边坡生态防护。

边坡破坏可分为：边坡失稳破坏和边坡坡面冲刷破坏。因此，边坡防护可相应分为：边坡稳定支护和边坡坡面防护。根据边坡防护的目的，分为预防型和补救整治型。在公路施工中，应以预防为主，避免边坡发生破坏后再采取补救整治。

边坡防护依据是通过调查和分析实体边坡的物理力学性质，判别其可能产生的破坏模式，评价其危险性等级，在自然状态和防护措施下进行边坡稳定性计算、分析和预测，确定边坡在使用过程中所承担的风险值。

提高边坡稳定性的方法可归纳为两种基本类型。

1）控制工程

控制工程是改变边坡或滑坡体内在的物理力学及几何性质的工程措施。主要包括：

①地面排水、地下排水，以改善边坡外部或内部排水条件，控制水渗透对边坡的不利影响；

②改变边坡几何要素，如清方放缓边坡以减少下滑力，或坡脚加载以增加边坡抗滑力。

2）抑制工程

抑制工程是提供支挡防护，增加抗滑力，主要包括桩、锚杆锚索及支挡结构。

从能量观点分析，抑制工程是用人造物去被动吸收边坡或滑坡变形释放出的能量，使边坡或滑坡通过抑制工程重新回到能量稳定平衡状态。而控制工程则是通过人工的方法去主动释放边坡或滑坡的能量，能量释放以后，边坡或滑坡处在低能量平衡或超稳定状态。在公路边坡支护和滑坡治理中，应广泛采用控制工程，对于大型边坡与滑坡，试图通过抑制工程，有时是不可能的，即使技术上可行，经济上也未必合理。但使用控制工程，改变滑体的物理力学与几何特性，从而减少下滑推力，达到稳定边坡的目的。采用控制工程能成功防护边坡时，应尽量采用控制工程，如不能时，则应采用综合处治措施，同时采用控制工程与抑制工程。

2.2 边坡工程防护技术原理

2.2.1 常见的支挡防护结构

边坡支挡结构类型很多，一般按结构形式和支挡材料进行划分。表2-2为挡土墙支挡结构适用条件表。

（1）按结构形式划分

重力式挡土墙；

悬臂式挡土墙和扶壁式挡土墙；

锚定板挡土墙；

加筋土挡土墙及加筋陡坡；

锚杆挡土墙；

抗滑桩及桩板墙；

锚固（预应力锚杆（索）、非预应力锚杆（系统锚杆））；

土钉墙；

棚洞与明洞。

（2）按支挡材料划分

浆砌片石支挡结构（如浆砌片石挡土墙）；

混凝土支挡结构（如混凝土挡土墙、抗滑桩及桩板墙、棚洞与明洞）；

土工合成材料支挡结构（如包裹式加筋土挡土墙）；

复合型支挡结构（如托盘式、卸荷板式及桩基托梁式挡土墙，土钉墙，预应力锚索，锚索桩等）。

挡土墙支挡结构适用条件表　　表 2-2

挡墙类型	适用条件
重力式挡土墙	适用于一般地区、浸水地区和地震地区的路肩、路堤和路堑等支挡工程。墙高不宜超过 12m，干砌挡土墙的高度不宜超过 6m。高速公路、一级公路不应采用干砌挡土墙
半重力式挡土墙	适用于不宜采用重力式挡土墙的地下水位较高或较软弱的地基上，墙高不宜超过 8m
悬臂式挡土墙	宜在石料缺乏、地基承载力较低的填方路段采用，墙高不宜超过 5m
扶壁式挡土墙	宜在石料缺乏、地基承载力较低的填方路段采用，墙高不宜超过 15m
锚杆挡土墙	宜用于墙高较大的岩质路堑地段，可用作抗滑挡土墙。可采用肋柱式或板壁式单级墙或多级墙。每级墙高不宜大于 8m，多级墙的上、下级墙体之间应设置宽度不小于 2m 的平台
锚定板挡土墙	宜使用在缺少石料地区的路肩墙或路堤式挡土墙，但不应建筑于滑坡、坍塌、软土及膨胀土地区。可采用肋柱式或板壁式，墙高不宜超过 10m。肋柱式锚定板挡土墙可采用单级墙或双级墙，每级墙高不宜大于 6m，上、下级墙体之间应设置宽度不小于 2m 的平台。上下两级墙的肋柱宜交错布置
加筋土挡土墙	用于一般地区的路肩式挡土墙、路堤式挡土墙。但不应修建在滑坡、水流冲刷、崩塌等不良地质地段。高速公路、一级公路墙高不宜大于 12m，二级及二级以下公路不宜大于 20m。当采用多级墙时，每级墙高不宜大于 10m，上、下级墙体之间应设置宽度不小于 2m 的平台
桩板式挡土墙	用于表土及强风化层较薄的均质岩石地基、挡土墙高度可较大，也可用于地震区的路堑或路堤支挡或滑坡等特殊地段的治理
棚洞与明洞	为了减少边坡的开挖，保护自然环境，利用棚洞与明洞提供支挡

2.2.2　土质边坡防护

土质边坡类型很多，按颗粒级配和塑性指数可分为碎石土、砂土、粉土和黏性土。土质边坡破坏类型很多，如冲刷、坍塌和滑坡，主要由边坡的稳定性和地质情况决定。土质边坡受雨水作用容易发生冲刷破坏，产生严重的水土流失，使公路设施、邻近土地及水系遭到破坏，成为生态环境和工程条件脆弱区，给公路的正常运营和当地环境造成严重影响。

2.2.2.1　冲刷破坏机理

1）边坡冲刷类型

土质边坡坡面上风化物颗粒受薄层水流或地表径流作用常发生非常严重的冲蚀，冲蚀的能力取决于土的特性及雨水的流速和流量，而流速和流量又取决于降雨特征、坡面土颗粒特性、坡度、坡长、坡面形态特征、坡面表层的渗透率、坡面对水流的阻力等。一般情况下，降雨强度越大、坡面土壤抗冲蚀性越差；坡度越大、渗透率越低，冲蚀就越强烈。常见的土质边坡冲蚀类型有：

①细沟冲蚀：水流从细小的、轮廓清楚的小沟槽或地表径流作用形成的坡面冲蚀；

②浅沟冲蚀：在一般线状径流作用下的冲蚀，形成具有一定深度和宽度的冲蚀沟槽；

③冲沟冲蚀：浅沟在横向联合和纵向进一步发展就形成冲沟冲蚀，是冲蚀发展到后期的一种高强度冲蚀形式；

④坍塌：当冲蚀发展到一定程度，坡面就会产生局部坍塌，包括沟槽两侧的掉块和小坍塌。它不是由坡面流水作用直接产生的，但与冲蚀有很大关系。当沟蚀发展到一定程度，冲槽两侧变陡，加上土质边坡水稳性差，在重力作用下发生崩塌，崩塌物随后被水流冲走。这种模式是冲沟发展到后期的一种表现，由此大大加剧冲沟发育，一般宽度1～2m，深度1～2m，有明显的崩塌痕迹，坡面破碎，隐患大。

2）冲蚀发育特征

由线状水流产生的沟蚀是土质路堑边坡冲蚀的主要形式，在边坡中下部普遍发育，其冲蚀能力远大于溅蚀和面蚀。降雨后，坡面径流逐步汇集于局部相对低洼地带或边坡剥离处，并把坡面切割成规模不等的沟槽，由细沟线逐步发展为浅沟和冲沟。与岩溶发育的差异性类似，呈现出差异性冲蚀和径流集中的趋势。坡面的中下部，坡面流基本以线状股流形式沿沟槽流动。在一定条件下，沟槽中的水流不仅搬运上游带来的松散风化物，也表现为对沟槽的继续下切、横向冲蚀沟槽两侧、沟头溯源等。

3）冲蚀发生发展过程

高速公路路堑边坡由于开挖剥离了原有坡面，不仅直接剥离了抗冲蚀性较强的土壤层和其下的土层，而且破坏了原有的周边环境。原生的岩土条件和生态环境一旦破坏，便不易恢复，使冲蚀从天然状态下的缓慢自然侵蚀过程，在极短的时间内迅速转变为强烈的工程性加速侵蚀过程。

土质路堑边坡冲蚀的发生发展过程同样表现为不同冲蚀类型相继出现并进一步发育的过程，即溅蚀→面蚀→细沟冲蚀→浅沟冲蚀→冲沟冲蚀→崩塌→滑坡。从初期低强度的片蚀到中期高强度的沟蚀，最后发展成为崩塌、滑坡等多种方式综合作用的终极阶段。对花岗岩残积层边坡，坍塌是冲蚀的继承和进一步发展，当冲蚀的发展到一定程度，冲沟深切，边坡变陡，雨水更易下渗坡体深部，下伏散砂土层和碎屑层容易在水和重力作用下发展成坍塌。

4）抗冲蚀性分析

坡面流的冲蚀作用，首先是使土粒脱离母体，然后是水力冲刷搬运。从土粒角度看，一是抗水蚀性，即遇水后，在水流作用下脱离母体的难易程度；二是抗冲刷性，即在坡面流水力作用下的稳定性，主要指土粒抵抗坡面径流机械破坏、推移、悬移的能力。

对土粒的抗冲蚀性可用库仑抗剪强度进行简单示意性分析。从式(2-1)可以得到，土粒的抗冲蚀能力相当于黏聚力 c 项，由于砂土层有机质含量少，胶结物以次生矿物黏土为主，结构松散，分散性高，水稳性差，c 值较小。

$$\tau = c + \sigma \cdot \tan\varphi \tag{2-1}$$

土粒抗冲刷能力相当于 $\sigma\tan\varphi$ 项，以散粒的抗剪能力进行说明。正应力 σ 取决于颗粒重量和接触面积，即与颗粒大小和颗粒形状的点状接触最容易滑动，粒越小，磨圆度好，呈圆球状点状接触或其他形式的点状接触最容易滑动，抗冲蚀性最弱。内摩擦角取决于颗粒表面粗糙程度和硬度，并与颗粒形状有关。对单个散粒，表面越粗糙，棱角越多，矿物硬度越大，其内摩擦角越大，抗剪强度越高，抗冲刷性越强。

通过以上分析可以看出，土粒的抗冲蚀能力主要与土的结构性、水稳性和颗粒组成有关。砂土层结构松散，浸水即崩解成散粒以及以砂砾为主的颗粒组成，抗水蚀性和抗冲刷性都比较差，为冲蚀提供了良好的物质条件。一旦其直接出露地表，就会发生严重的坡面冲蚀。

坡度对冲刷的影响是多方面的。一方面，随坡度增加，坡面流速增大，冲刷能力增强，而且，由于坡度增加，土壤颗粒稳定性降低，抗水力冲刷能力减弱。另一方面，随着坡度增大，受雨面积减少。这两方面的影响此增彼减，也必然存在一个临界值，坡面冲刷强度最大时的边坡坡度称为临界坡度。

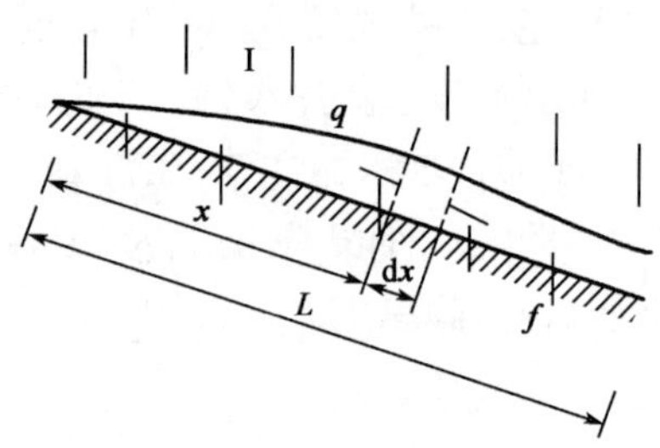

图 2-1　坡面流拖曳力法分析示意图

采用坡面流拖曳力法来分析，取一断面，如图 2-1 所示，单宽流量为 q，沿坡面向下经过 $\mathrm{d}x$ 后单宽流量为 $q+\frac{\partial q}{\partial x}\mathrm{d}x$，根据质量守恒定律，降雨量与入渗量之差为径流增加量，得：

$$\left(q+\frac{\partial q}{\partial x}\mathrm{d}x\right)q = (I-f)\,\mathrm{d}x\cos\theta \tag{2-2}$$

即

$$\frac{\partial q}{\partial x}\mathrm{d}x = \frac{(I-f)\,\mathrm{d}x\cos\theta - q^2}{q} \tag{2-3}$$

式中：I——降雨强度；

f——降雨入渗强度。

坡面流从坡顶往下，沿途不断有水流补给，径流加强，冲刷能力增加，挟沙量增多，能量消耗也增加，设坡面流在距坡顶 L 处达到平衡，水流冲刷能力最强。此时，L 处的单宽流量：

$$q = \int_0^L \frac{\partial q}{\partial x}\mathrm{d}x = \int_0^L (I-f)\cos\theta\,\mathrm{d}x \tag{2-4}$$

即

$$q = (I-f)L\cos\theta \tag{2-5}$$

运用曼宁流速公式，得：

$$q = uh = \frac{1}{n}h^{5/3}(\sin\theta)^{1/2} = (I-f)L\cos\theta \tag{2-6}$$

有

$$h = [n(I-f)L]^{3/5}(\cos\theta)^{3/5}(\sin\theta)^{3/10} \tag{2-7}$$

那么，L 处水流拖曳力与颗粒水下重量沿坡面分量之和，即土颗粒向下方运动的合力为：

$$\tau = \gamma[n(I-f)L]^{3/5}(\cos\theta)^{3/5}(\sin\theta)^{7/10} + (\gamma_s-\gamma)\frac{\pi D^3}{6}(\sin\theta) \tag{2-8}$$

令 $\frac{\partial\tau}{\partial\theta}=0$，根据土质情况，$(\gamma_s-\gamma)\frac{\pi}{6}\approx 0.864$，$n>0.02$，$(I-f)$，即径流深度和 L 都远大于 D。可求得 $\theta\approx 46°$。即由此分析得临界坡度为 46°。可见，坡面冲刷临界坡度与坡面流对水流的阻力（糙率）、入渗情况、径流达到平衡时的坡长等有关。

坡面起始冲刷长度分析：

若 $\tau>\tau_s=c+\sigma\tan\varphi$，则坡面冲刷时残积物开始发生冲蚀，现 $\sigma=(r_s-r)\pi D^3/6\cos\theta$，$r_s=2.65\times 10^4\,\mathrm{N/m^3}$，$r=1.0\times 10^4\ \mathrm{N/m^3}$。

则

$$(r_s-r)\pi/6=0.864$$

$$L > \frac{c^{5/3}}{n(I-f)\gamma^{5/3}\cos\theta(\sin\theta)^{7/6}} \tag{2-9}$$

式中：θ——边坡角；

L——边坡距坡顶长度；

n——曼宁柔数；

r_s——颗粒密度，$\mathrm{kg/m^3}$；

r——水密度；

$c = 30.0\text{kPa}$；

$I - f = 150\text{m}^3/\text{m}^2$；

$n = 0.02$；

取坡比 1∶1，即 $\theta = 45°$。

则得：$L \geqslant 5.9\text{m} \approx 6.0\text{m}$。

可见，边坡坡面长度超过 6m 时开始发生冲蚀，在边坡采用骨架防护时，骨架长度应小于 6m。

2.2.2.2　冲蚀防护方法

1）施工中边坡临时治理

（1）临时结构性措施

草包：干草包或稻草包用线绳、塑料或金属丝绑紧，拦阻携带沉积物的径流从扰动土的小排水区流出，每个草包埋入地下至少 10cm 深并用金属杆或木桩锚住，草包可降低层流或浅集中水流的径流速度，导致泥砂沉积。

排水沟：挖沟筑成临时土沟并沿施工现场或扰动区周边设置，在设置永久控制措施之前，这种结构疏导施工现场未扰动区的水流。坡面水流从施工现场疏导流向较低处，径流通过土护道可导向排水沟。坡顶和护道水沟，沿坡顶修筑水沟，防止附近区域表面水流入边坡，有几种类型的水沟可以采用，如预制混凝土 U 形沟槽、砌石水沟等。当预计径流小时，可不设水沟或将水沟设在距边缘足够远处，以免成为边坡的一个附加的不稳定因素。在护道水沟内汇集的水可采用垂直排水或用可避免出现侵蚀问题的其他方法排流到坡脚处。

（2）坡面植被防护

临时植草：在清理天然植被的区域，采取临时植被以控制侵蚀。临时植被一般为一年生草，预计裸露少于 1 个月的地区以及已有其他侵蚀控制措施时，则不需临时植草。

草皮：在潮湿气候条件下，通过铺筑草皮，可使暴露土壤立即得到植物防护。

树木剪枝和席垫：在暴露土表面铺盖植物残枝或其他适用材料，以保持水分，防止土表面增密或硬结，控制杂草，减少径流和促进植被形成。

2）公路使用寿命期中的侵蚀和沉积治理

公路建成后，如采取的临时措施不适于作为长期防护方法或采取的方法不正确，则侵蚀和沉积问题仍可能继续发生，即使当时程度较轻，但在公路使用寿命期中有逐渐显现并日益恶化的危险。

永久防护措施分为两类。第一类为植被措施，从生态学和景观的观点看，这是一种最适宜的方法；人工构造物与植物相结合的防护方法。

生物防护措施的目的在于保证尽可能完善地表植被以增加抗侵蚀能力。植物地毯的这种综合作用接受并缓冲高速落下的暴雨，茎秆、树根和植物残梗起到抑制表面径流作用，防止土粒被冲走。土中含水量的调节也可对坡面产生的稳定效果。采用植被作为公路裸露边坡的适宜处理措施同时可消除景观上的不良痕迹，并使公路沿线具有与自然更协调的绿化景观，保护当地的生态环境。

2.2.2.3　土质边坡防护

1）边坡防护方案的选择

一般土质边坡防护较简单，如对于风化花岗岩边坡，其防护可采用：

①挖方边坡高度 $H \leqslant 5\text{m}$，直接采用植草防护；

②挖方边坡高度 $5\text{m} \leqslant H \leqslant 10\text{m}$，采用浆砌片石骨架，骨架内植草；

③挖方边坡高度 10m < H ≤20m,采用浆砌片石骨架,骨架内植草,坡脚处设护脚墙;

④挖方边坡高度 H > 20m,边坡分三个台阶,坡脚设挡土墙,一、二级平台为浆砌片石骨架护坡,顶部挂土工格网植草。

但对于特殊性土质,如红黏土、膨胀性土等,边坡如防护不当或不及时,边坡将容易发生病害甚至破坏。红黏土、膨胀性土等边坡,应以柔性防护为主,采用骨架、土工合成材料、排水以及生态防护等综合性防护措施,并根据具体情况具体分析。

2)坡脚挡墙

路堑边坡受雨水冲刷,坡脚是受冲刷最严重的部位。根据对边坡应力状态的多方面分析,边坡应力集中部位为坡脚及坡顶,在坡脚处最大主应力显著增高,而最小主应力显著降低,坡脚处剪应力较大,形成一个剪应力增高带,故在坡脚处易产生剪切破坏。因此,在边坡坡脚增设一挡墙,可减少应力集中,提高边坡坡脚抗冲刷能力。

3)排水设施

①在路堑边坡顶设置截水沟,截水沟到坡顶部位应平顺封闭。

②设置排水明沟,坡面设置急流槽,骨架防护时骨架与排水设施相结合,边坡平台设排水沟。

③支撑渗沟,它既可稳定边坡又可疏排坡面出露的局部水流。主渗沟之间由支撑渗沟连接构成坡面支护与排水系统。利用渗沟疏排裂隙水,其主次骨架间坡面表层回填耕植土植草可防止大气降雨入渗,对边坡内部土体进行"保湿防渗",有效地支撑边坡防止滑塌。

4)骨架护坡

土质边坡可广泛使用骨架护坡,风化花岗岩边坡使用骨架护坡时,必须注意:

①骨架应与排水结合起来,骨架设计成排水沟形式;

②根据土中原生及次生裂隙的多少,主肋适当加粗到 60 ~ 100cm(深) × 60cm(宽),间距 4m;

③骨架形状可为拱形(拱高 4m)或菱形、方格(间距 3m)、人字(间距 3m),骨架嵌入坡面深度 40cm;

④根据临界冲刷长度 L < 6m,则骨架的间距应以 6m 为主。

5)边坡挂网生态植被防护

挂主动柔性防护网、钢丝网或土工网后可直接客土喷播,形成以草灌为主的多样性植被,防护效果较好。缓坡也可采用土工格栅或土工网垫、挂网与植草结合等方式增加其整体性,减缓边坡受雨水冲刷和剥蚀。

2.2.3 石质边坡防护

2.2.3.1 软质岩边坡防护

根据对大量边坡的调查分析,软质岩边坡的病害主要是边坡表面的风化剥落和边坡崩塌及滑坡破坏。因此,软质岩边坡的防护应从边坡的可能性破坏方面进行,其重点是防护边坡坡面,以使边坡不进一步风化。对不稳定边坡需要进行加固支护等,常用的支护处理方法有:

①合适的边坡坡比设计;

②排水技术:常采用渗透式支撑肋、深层排水管排除地表与地下水;

③边坡支挡结构:适用的主要有重力式挡土墙、悬臂式挡土墙和扶壁式挡土墙、锚杆挡土墙、抗滑桩及桩板墙、锚固[预应力锚杆(索)、非预应力锚杆(系统锚杆)]、土钉墙。

软质岩边坡的危害主要是边坡表面的风化剥落和边坡崩坍。因此,边坡防护的重点是防护边坡受雨水等外在因素的影响。前面介绍的植物防护、骨架植物防护、圬工防护等防护处理方法,均可用于软质岩边坡防护。目前普遍提倡的是生态护坡,水泥混凝土喷浆防护和护面墙护坡由于外观与效果不是很理想,在高速公路上使用较少,用得比较成功并普遍采用的是植物防护、骨架植物防护,考虑到软质岩边坡较破碎,常采用锚杆骨架护坡,边坡防护与边坡加固相结合。在边坡不稳定的情况下,锚杆长度与间距根据计算分析确定;在边坡稳定的情况下,考虑到软质岩的风化深度,常采用3~6m的锚杆长度。软质岩风化严重,边坡节理裂隙发育、岩体破碎,锚杆骨架梁护坡方法的最大优点是锚杆主要起支撑混凝土骨架的作用,用锚杆加固后可使锚杆骨架梁与边坡岩体成为一整体,骨架可采用混凝土或浆砌块片石,并与排水相结合以减少雨水对边坡的冲刷。

2.2.3.2　硬质岩边坡防护

硬质岩边坡的主要破坏类型是边坡崩塌落石,形成崩塌落石的条件包括地形、地貌、岩性及地质构造等。地形条件是陡峻的斜坡地形,地貌条件是陡峻的峡谷岸坡、山区河曲凹岸、冲沟岸坡和山坡陡崖处,岩性对崩塌落石起控制作用。岩性对岩质边坡的崩塌落石的控制作用非常明显,花岗岩、灰岩、砾岩、砂岩、辉长岩、辉绿岩、厚板岩等属于块状的或厚层状的、坚硬的或较坚硬的脆性岩石,可以构成较陡峻的边坡,且其构造节理较发育,适于崩塌落石发生;相反,属于较软的柔性岩石,千枚岩和页岩的崩塌较少。影响崩塌发生的因素包括降雨、地下水、地震、风化、植物及人为因素。

崩塌落石的防护,主要采用:

①防崩遮挡:明洞和棚洞等;

②防崩支撑:高支墙、明洞式支墙、柱式支墙、支撑挡土墙和支护墙;

③防崩拦截:主被动柔性防护网、落石平台、落石槽、拦石堤、拦石墙;

④加固措施:嵌补、锚杆锚索、灌浆等;

⑤清除措施;

⑥排水措施。

2.3　边坡稳定性基本模型

2.3.1　费伦纽斯(Fellenius)法

费伦纽斯法是边坡稳定分析条分法中的最简单的一种方法,由于此法最先在瑞典使用,又称为瑞典条分法。该方法首先由彼特森(K. E. Petterson)提出,而后费伦纽斯、泰勒(Taylor D. W)进一步发展了这种方法。一般来说,条分法在实际计算中要作一定的假设,其具体假设条件如下。

①假定问题为平面应变问题;

②假定危险滑动面(即剪切面)为圆弧面;

③假定抗剪强度全部得到发挥;

④不考虑各分条之间的作用力。

费伦纽斯法采用力矩平衡的方法,即安全系数K,可用式(2-10)表示。

$$K = \frac{M_r}{M_s} \tag{2-10}$$

式中：M_r——剪切面所能提供的抗滑力矩；

M_s——滑动力矩，滑动中心为圆弧面的圆心。

在计算之前将土坡滑动部分划分为若干土条，一般来说划分 8 根土条即可满足计算精度要求，考虑简单受力情况，作用在第 $i(i=1,2,\cdots,n)$ 根土条上的力有重力 W_i，土条底面的支撑力 N_i，剪切力 S_i，如图 2-2 所示。在后面讲述的普遍条分法中，除了前述这些力之外，还有作用在土条侧面的剪切力 T_i 和推力 E_i。

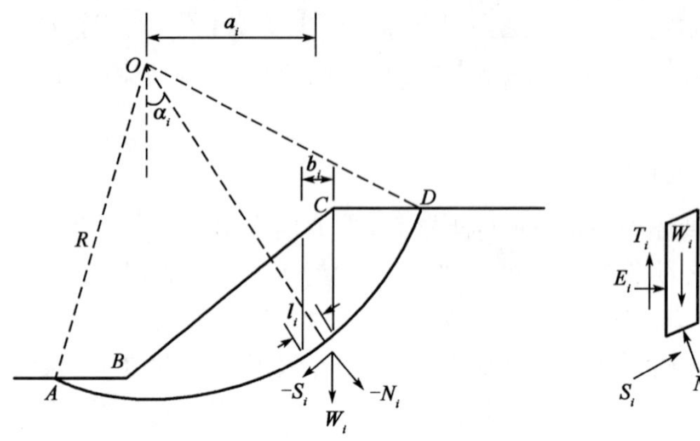

图 2-2　土条受力情况

根据力平衡条件，可得 $N_i=W_i\cos\alpha_i$，$S_i=W_i\sin\alpha_i$。

于是滑动面上的抗剪强度为

$$\tau_{fi}=\sigma_i\tan\varphi_i+c_i=\frac{1}{l_i}(N_i\tan\varphi_i+c_il_i)=\frac{1}{l_i}(W_i\cos\alpha_i\tan\varphi_i+c_il_i) \tag{2-11}$$

式中：l_i——土条底面的长度，$l_i=b_i/\cos\alpha_i$。

进一步可得抗滑力矩：

$$M_{ri}=\tau_{fi}l_iR=(W_i\cos\alpha_i\tan\varphi_i+c_il_i)R \tag{2-12}$$

滑动力矩：

$$M_{si}=T_iR=W_i\sin\alpha_iR=W_ix \tag{2-13}$$

土坡安全系数：

$$K=\frac{\sum M_{ri}}{\sum M_{si}}=\frac{\sum(W_i\cos\alpha_i\tan\varphi_i+c_il_i)}{\sum W_i\sin\alpha_i} \tag{2-14}$$

由此可见，在最后的计算公式中，圆弧滑动面半径被约掉。

对于均质土坡有：

$$K=\frac{\tan\varphi\sum W_i\cos\alpha_i+cl}{\sum W_i\sin\alpha_i} \tag{2-15}$$

式中：l——滑动面长度。

费伦纽斯法在计算时首先需要确定滑动面，然后确定滑动体，接着对滑动体进行条分。对每根分条按所处土层计算其重量 W_i，土条底面倾角 α_i，土条底面长度 l_i，根据土条底面所在土层确定其强度参数指标，最后利用计算公式(2-15)计算安全系数，由于事先不知道危险滑动面的位置(实际上这也是边坡稳定分析的关键问题)，需要试算多个滑动面。

2.3.2 毕晓普(Bishop)法

毕晓普法在分析土坡稳定时认为土条之间的作用力不可忽略,土条之间的相互作用力包括土条两侧的竖向剪切力和土条之间的推力,并作如下假设:

①滑动面为圆弧面;

②滑动面上的剪切力做了具体规定;

③土条之间的剪切力忽略不计(简化毕晓普法)。

取第 i 根土条进行分析,在土条受力中不考虑土条之间的竖向剪切力。根据土条 i 的竖向力平衡条件可得:

$$W_i - X_i + X_{i+1} - S_i \sin\alpha_i - N_i \cos\alpha_i = 0 \tag{2-16}$$

于是可以得到:

$$N_i \cos\alpha_i = W_i - (X_i - X_{i+1}) - S_i \sin\alpha_i \tag{2-17}$$

假定土坡稳定安全系数为 K,则土条底面的极限抗剪强度只发挥了一部分,即切向力:

$$S_i = \tau_{fi} l_i = \frac{1}{K}(\sigma_i \tan\varphi_i + c_i) l_i = \frac{1}{K}(N_i \tan\varphi_i + c_i l_i) \tag{2-18}$$

从而可知:

$$N_i = \frac{W_i - (X_i - X_{i+1}) - \dfrac{1}{K} c_i l_i \sin\alpha_i}{\cos\alpha_i + \dfrac{1}{K}\tan\varphi_i \sin\alpha_i} \tag{2-19}$$

于是得出土坡稳定的安全系数:

$$K = \frac{\sum M_{ri}}{\sum M_{si}} = \frac{\sum (N_i \tan\varphi_i + c_i l_i)}{\sum W_i \sin\alpha_i} = \frac{\sum \dfrac{[W_i - (X_i - X_{i+1})]\tan\varphi_i + c_i l_i \cos\alpha_i}{\cos\alpha_i + \dfrac{1}{K}\tan\varphi_i \sin\alpha_i}}{\sum W_i \sin\alpha_i} \tag{2-20}$$

若令 $m_\alpha = \cos_{\alpha i} + \frac{1}{K}\tan\varphi_i \sin\alpha_i$,并忽略土条两侧的剪切力,可得安全系数 K 的新形式:

$$K = \frac{\dfrac{\sum W_i \tan\varphi_i + c_i l_i \cos\alpha_i}{m_{\alpha i}}}{\sum W_i \sin\alpha_i} \tag{2-21}$$

与费伦纽斯方法一样,对于给定的滑动面对滑动体进行分条,确定土条参数(含几何尺寸、物理参数等)。首先假定一个安全系数 K_0,代入计算公式(2-21)得出安全系数 K,若 K 与假设的 K_0 很相近,说明得出的即为合理的安全系数,若两者差别较大,即用得出的新安全系数再进行计算,又得出另一安全系数,再进行比较,一般经过 3 ~ 4 次循环之后即可求得合理安全系数。

2.3.3 简布(Janbu)法

简布法的主要特点在于:其并不假定土条竖直分界面上剪切力 T 的大小、分布形式,而是假定土条分界面上推力作用点的位置,认为大致在土条侧面高度的下 1/3 位置处,具体位置的变化与土体强度特性和土条所处位置有关:当黏聚力 $c = 0$ 时,可取 E 的作用点位于土条侧面高度的下 1/3 位置处；若 $c>0$，则在被动区，位置稍高于 1/3 位置处，主动区则稍低于 1/3 位置处，从而可得推力线分布图。在简布条分法中，可以完全考虑土条的力学平衡条件，因此又可将其称为普遍条分法，取滑动体中的一个分条进行分析，如图 2-3 所示。根据图 2-3 所示土条，建立土条两个方向的力平衡条件，以土条底面并建立力矩平衡方程。

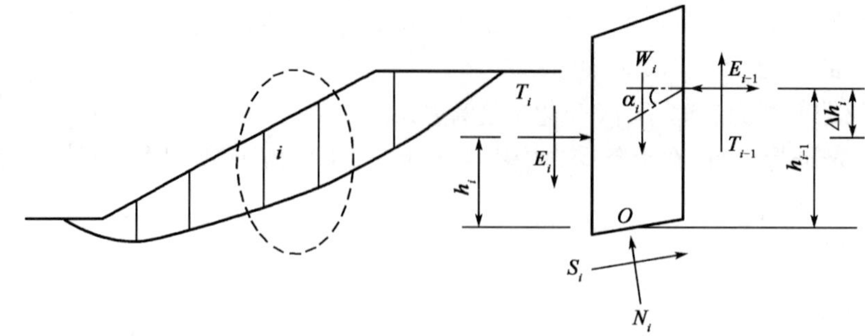

图 2-3 简布条分法分析

$$\sum F_x=0:E_i-E_{i-1}+N_i\sin\alpha_i-S_i\cos\alpha_i=0 \tag{2-22}$$

$$\sum F_y=0:W_i+T_i-T_{i-1}-N_i\cos\alpha_i-S_i\sin\alpha_i=0 \tag{2-23}$$

并记：$\Delta E_i=E_{i-1}-E_i,\Delta T_i=T_{i-1}-T_i$，于是可得

$$\Delta E_i = N_i\sin\alpha_i - S_i\cos\alpha_i \tag{2-24}$$

$$N_i = (W_i+\Delta T_i)\sec\alpha_i - S_i\tan\alpha_i \tag{2-25}$$

从而可得

$$\Delta E_i = (W_i+\Delta T_i)\tan\alpha_i - S_i\sec\alpha_i \tag{2-26}$$

根据简布法的假设，可知：

$$S_i = \frac{1}{K}(N_i\tan\varphi_i + c_il_i) \tag{2-27}$$

从而

$$S_i = \frac{1}{K}[(W_i+\Delta T_i)\tan\varphi_i + c_ib_i]\frac{1}{m_{\alpha_i}} \tag{2-28}$$

式中，$m_{\alpha_i}=\cos\alpha_i+\frac{1}{K}\tan\varphi_i\sin\alpha_i$；

从而有：

$$\Delta E_i = (W_i+\Delta T_i)\tan\alpha_i - \frac{1}{K}[(W_i+\Delta T_i)\tan\varphi_i + c_ib_i]\frac{1}{m_{\alpha_i}\cos\alpha_i} \tag{2-29}$$

令

$$A_i = [(W_i+\Delta T_i)\tan\varphi_i + c_ib_i]\frac{1}{m_{\alpha_i}\cos\alpha_i} \tag{2-30}$$

$$B_i = (W_i+\Delta T_i)\tan\alpha_i \tag{2-31}$$

对于整个土坡来说，有 $\sum\Delta E_i=0$，于是有 $K=\frac{\sum A_i}{\sum B_i}$。

该式中安全系数 K 和土条两侧剪切力的差值 ΔT_i 未知，其中安全系数 K 可以通过迭代方式求得，关键在于确定剪切力 ΔT_i。

取土条底面中心为矩轴进行力矩平衡分析，可知 $\sum M=0$，计算时假设土条重心通过土条底面中点，于是有：

$$T_i \frac{1}{2} b_i + (T_i + \Delta T_i) \frac{1}{2} b_i + E_{i-1} h_{i-1} - E_i h_i = 0 \tag{2-32}$$

经过变换可得：

$$T_i = \Delta E_i \frac{h_i}{b_i} - E_i \tan\alpha_i \tag{2-33}$$

式中：$\tan\alpha_i = \dfrac{\Delta h_i}{b_i}$，$\alpha_i$ 为推力（压力）线倾角。

式（2-33）中：E_i 和 ΔE_i 未知，实际上 ΔE_i 可由 E_i 求出，此时问题归结到求解推力 E_i，由前述可知，E_i 和 T_i 存在互相耦合的关系，在计算时需要解耦。显然水平推力存在明显的规律性，在滑坡入口处和出口处均为0。在计算时，首先假定 T_i 为0，计算出安全系数 K 后，然后得出 ΔE_i，从而计算出 ΔT_i，再计算安全系数，该过程只能通过迭代完成。

简布法在计算时，首先假设土条间竖向剪切力为0，此时安全系数计算公式变为：

$$K = \frac{A_i}{B_i} = \frac{\sum_{i=1}^{n} [(W_i + \Delta T_i)\tan\varphi_i + c_i b_i] \frac{1}{m_{\alpha_i}\cos\alpha_i}}{\sum_{i=1}^{n} (W_i + \Delta T_i)\tan\alpha_i} \tag{2-34}$$

与毕晓普法公式类似。然后考虑土条间的竖向剪切力进行计算，首先用不考虑剪切力时得出的安全系数 K_0 求出 ΔE_i 和 E_i 值（此时 A_i 和 B_i 用不考虑竖向剪切力的情况下得出的值计算），然后求出 ΔT_i 和 T_i 值，并假定一个试算安全系数 K_0 计算 $m_{\alpha i}$（为计算方便起见，可采用按毕晓普法得出的安全系数），考虑 ΔT_i 影响求得 A_i 和 B_i，从而求得新的安全系数 K_1，若 K_1 和 K_0 相差不大，可停止试算，从而得出最终的安全系数，否则进行下一次迭代。

2.4 边坡稳定性评估方法

2.4.1 赤平投影方法

采用赤平投影分析路堑边坡稳定性，主要用来表示线、面的方位，相互间的角距关系及其运动轨迹，把物体三维空间的几何要素反映在投影平面上进行研究处理。运用赤平投影解决边坡稳定性分析时，将边坡坡面、岩层及结构面按其形状投影到赤平投影图上，可直接在图上读出各组结构面与坡面的交切关系以及结构面间的组合切割关系，了解边坡上可能产生不稳定块体状况。

参照《岩土工程勘察规范》（GB 50021—94），确定赤平投影分析的原则为：

①当结构面（包括节理和层理）或结构面交线的倾向与坡面倾向相反时，边坡为稳定结构。

②当结构面或结构面交线的倾向与坡面倾向一致但倾角大于坡角时，边坡为基本稳定结构。

③当结构面或结构面交线的倾向与坡面倾向之间夹角小于45°，且倾角小于坡角时，边坡为不稳定结构。

例如,某高速公路调查边坡的赤平投影稳定性分析(图2-4)如下:

该地段左线岩层顺层,左线边坡坡面产状334°∠40°,岩层产状315°∠24°,为顺层边坡。岩性为灰绿、灰黄、紫红色砂质页岩及泥质砂岩,夹灰色灰岩,坡顶有一水渠由线路左侧通过人行天桥水槽向线路右侧方向送水。利用赤平投影及模糊综合评判对该边坡稳定性进行分析结果表明,该边坡是不稳定的。工程在开挖过程中由于坡顶后侧水渠渗漏,水进入边坡,使边坡岩体抗剪强度降低,引起顺层滑动。通过对水渠进行整治、坡面进行防护处理等工程措施后,有效防止水进入边坡,边坡已基本稳定。

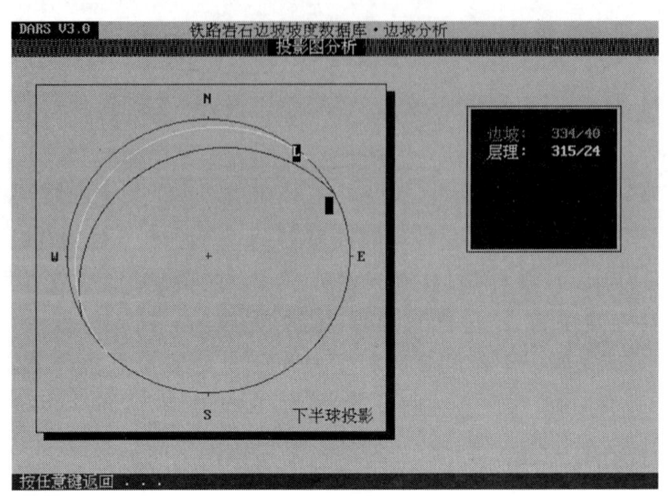

图2-4 赤平投影分析

2.4.2 极限平衡方法

在实际工程中,目前普遍采用到的仍然是极限平衡法。根据不同的假设,已提出了费伦纽斯法、毕晓普法、简布法等多种极限平衡法。极限平衡法是在已知滑移面上对边坡进行静力平衡计算,从而求出边坡稳定系数,因此,必须事先知道滑移面的位置与形状。当滑面为一简单平面时,可采用解析法计算,获得解析。当滑面为圆弧、对数螺线、折线或任意曲线时,无法获得解析解,通常要采用条分法求解。由于条间力假定的不同,产生了十几种不同的极限平衡条分法,其假定可概括为表2-3。

常用极限平衡条分法及其假定　　表2-3

编号	方法	假定					条块形状
		滑动面	多余未知量	平衡条件			
				垂直力	水平力	力矩	
1	费伦纽斯法	圆弧滑动面	Eq			考虑	垂直条块
2	简化毕晓普法	圆弧滑动面	Eq	满足		考虑	垂直条块
3	简化简布法	任意滑动面	Eq	满足	满足		垂直条块
4	陆军工程师团法	任意滑动面	Eq	满足	满足		垂直条块
5	罗厄法	任意滑动面	Eq	满足	满足		垂直条块
6	不平衡推力法	任意滑动面	Eq	满足	满足		垂直条块
7	Sarma 法(I)	任意滑动面	Eq	满足	满足		非垂直条块

续上表

编号	方法	假定					条块形状
		滑动面	多余未知量	平衡条件			
				垂直力	水平力	力矩	
8	Spencer 法	任意滑动面	Eq	满足	满足	满足	垂直条块
9	Morgenstern-Price 法	任意滑动面	Eq	满足	满足	满足	垂直条块
10	Sarma 法(Ⅱ)	任意滑动面	Eq	满足	满足	满足	垂直条块
11	Sarma 法(Ⅲ)	任意滑动面	Eq	满足	满足	满足	垂直条块
12	Correia 法	任意滑动面	Eq	满足	满足	满足	垂直条块
13	严格 Janbu 法	任意滑动面	Eq	满足	满足	自动满足	垂直条块

每种方法都有各自的传统求解格式，根据所满足的平衡条件，可将现有极限平衡条分法分为四类：

①考虑所有平衡条件（简称 HVM 组合）。即水平、垂直方向力的平衡和对任意点的力矩平衡。此类方法有：Spencer 法、Morgenstern-Price 法、Sarma 法(Ⅱ)、Sarma 法(Ⅲ)、Correia 法。

②考虑垂直方向力的平衡和对选定的求矩中心的力矩平衡（简称 VM 组合）。简化毕晓普法属于此类。

③考虑水平方向力的平衡和垂直方向力的平衡（简称 HV 组合）。此类方法有：简化简布法、罗厄法、陆军工程师团法、不平衡推力法和 Sarma 法(Ⅰ)。严格简布法在假设推力线位置时就已自动考虑了力矩平衡，但在求解过程中只利用了两个方向力的平衡，因此，该法从求解格式上属于 HV 组合，性质上却属于 HVM 组合。

④仅考虑对选定求矩中心的力矩平衡（简称 M 组合）。费伦纽斯法属于此类。

其中，第一类方法和严格简布法统称为严格的条分法，其他三类方法统称为非严格条分法。

2.4.3 数值积分方法

按照变分法对边坡安全系数 k 的定义，可以写出：

$$k = \frac{\int F(x,y,y')\mathrm{d}x}{\int G(x,y,y')\mathrm{d}x} \tag{2-35}$$

函数 F、G 是边坡的几何参数和滑动的力学参数的函数，k 是这些几何、力学参数的泛函数。

设有如图 2-5 所示的任意形态的边坡面函数 $f(x)$，滑动面函数 $y(x)$，在不计地震力和地下水水压力的情况下，据 Mohr-Coulomb 破坏准则可以写出：

$$k = \frac{\int \mu \mathrm{d}\sigma + \int c \mathrm{d}l}{\int \mathrm{d}\tau} \tag{2-36}$$

式中：$\mu = \tan\varphi$，（φ 为内摩擦角）；

c——单位黏结力；

l——滑动面弧长。

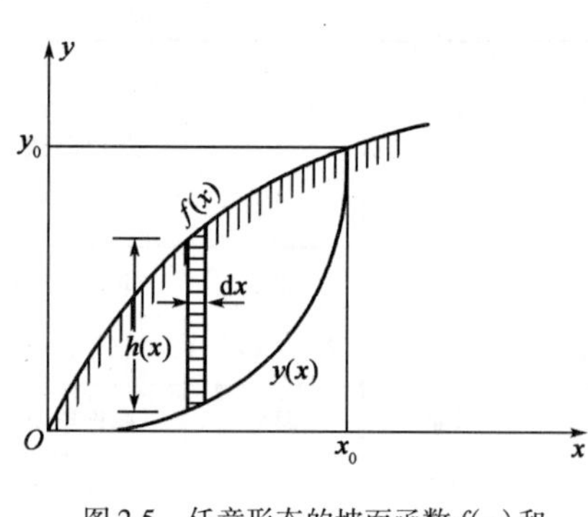

图 2-5　任意形态的坡面函数 $f(x)$ 和滑动面函数 $y(x)$

由图 2-5 可知：

将式(2-36)的值代入式(2-35)后可得到：

$$\left.\begin{aligned} d\sigma &= \gamma h(x)\cos\beta x \\ d\tau &= \gamma h(x)\sin\beta x \\ h(x) &= f(x) - y(x) \\ \sin\beta &= \frac{dy}{dl}\cos\beta = \frac{dx}{dl} \\ dl &= \sqrt{1 + y'^2(x)} \end{aligned}\right\}$$

$$k = \frac{\int_o^{x_0} \gamma\mu[f(x) - y(x)]\dfrac{dx}{\sqrt{1 + y'^2(x)}} + \int_o^{x_0} c\sqrt{1 + y'^2(x)dx}}{\int_o^{x_0} \gamma[f(x) - y(x)]\dfrac{y'(x)}{\sqrt{1 + y'^2(x)}}dx} \tag{2-37}$$

式中：γ——土体重度，N/cm^3。

用共轭梯度法求临界滑动面与计算最小安全系数的步骤可分为：引入参量 θ，θ 的数值等于滑面与坡顶线的夹角，采用共轭梯度法中的 F-R 法求解：

$$k = \min\{k(X_0, \theta)\} \tag{2-38}$$

2.5　边坡防护工程稳定性分析方法

2.5.1　滑坡推力

对于不同的边坡滑动形式的滑坡推力计算，一般应与其稳定性分析方法保持一致，计算得到的滑坡推力和相应的稳定系数才能对应。在用极限平衡法分析滑坡或边坡的稳定性时，根据条块间力的不同假定有各种不同的稳定性计算方法，相应也就有计算滑坡推力的各种假定和算法。根据常见的滑动面(带)形式，将其分为如下 5 种并提出相应的滑坡推力计算方法。

①滑面为单一平面，这种滑动形式的稳定性计算方法较为简单；

②滑面为圆弧面或可近似为圆弧面，在这种类型的滑动中，考虑到其整体的力矩平衡起主要作用和计算的简便性，其滑坡推力计算可采用简化毕晓普法；

③滑面为连续的曲面或滑面由不规则折线段组成时，可采用简布法计算滑坡推力；

④对于滑面由一些倾角较缓、相互间变化不大的折线段组成，滑坡推力的计算则可采用计算方便的传递系数法；

⑤滑面倾角较陡且滑动时滑体有明显的分块、各分块之间发生错动，与相应的稳定性分析方法相适应，可采用分块极限平衡法计算其滑坡推力。

每一种滑坡推力的计算方法均与相应的坡体稳定性计算方法相对应。因此，计算原理、假定均与各相应稳定性分析方法相同，有关这方面的文献说明较多，在下面的滑坡推力计算中不再做出说明。

1)滑面(带)为单一平面或可概化成单一平面的计算

一般产生于松散体地段(或破碎岩层组成的坡体上)的滑坡,或顺层岩石由于人工切割坡角而产生的顺层面的滑动。由于土中黏聚力较小(可采用滑面上的抗剪强度为综合中值)而经常出现单一平面型的滑面。其安全系数 k:

$$k = \frac{\tan\varphi}{\tan\alpha} \tag{2-39}$$

式中:φ——滑面(带)岩土的综合内摩擦角;

α——滑面(带)的倾角。

2)简化毕晓普法计算滑坡推力

对于滑面为圆弧(或接近于圆弧形)的滑坡或边坡失稳类型,主要计算稳定性的条件应是整体的力矩平衡,宜采用分析圆弧形滑面的稳定性计算方法来计算滑坡推力。下面用简化毕晓普法推导滑坡推力的计算表达式。

(1)简化毕晓普法简介

条块受力如图 2-6 所示。E_i,E_{i+1} 表示法向条间力,T_i,T_{i+1},表示条间切向力,W_i 为条块自重,Q_i 为水平作用力,N_i,S_i 分别为条块底部的总法向力(包括有效法向力及孔隙压力)和切向力。

根据每一条块竖向力的平衡,可得

$$W_i + T_i - T_{i+1} - N_i\cos\alpha - S_i\sin\alpha = 0 \tag{2-40}$$

根据 Mohr-Coulomb 准则,

$$S_i = \frac{N_i - u_i l_i}{k} f_i + \frac{c_i l_i}{k} \tag{2-41}$$

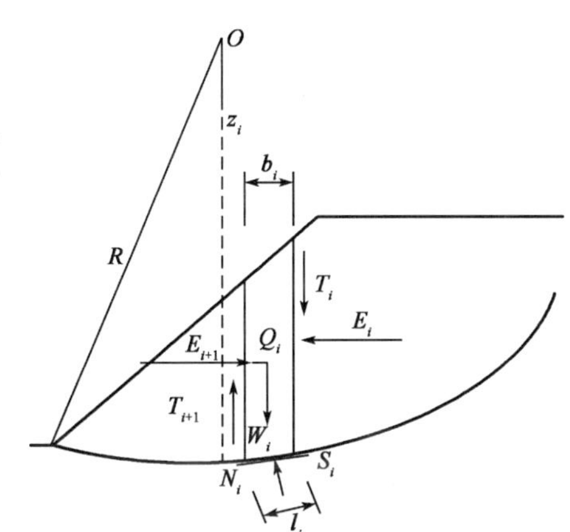

图 2-6　简化毕晓普法中条块受力图

其中 $f_i = \tan\varphi_i'$,$c_i = c_i'$ 均代表有效内摩擦系数和有效黏聚力。

将式(2-40)代入式(2-41)可得底部总法向力为

$$N_i = \left[W_i + (T_i - T_{i+1}) - \frac{c_i l_i \sin\alpha_i}{k} + \frac{u_i l_i f_i \sin\alpha_i}{k} \right] \frac{1}{m_{ai}} \tag{2-42}$$

式中:$m_{ai} = \cos\alpha_i + \dfrac{f_i \sin\alpha_i}{k}$。

在极限平衡时,各条块对转动圆心力矩之和应为零,可得此时条块间的作用力

$$\sum W_i R \sin\alpha_i - \sum S_i R + \sum Q_i z_i = 0 \tag{2-43}$$

将式(2-41)、式(2-42)代入式(2-43),可得安全系数 k 的表达式为:

$$K = \frac{\sum \frac{1}{m_{ai}} \{ c_i b_i + [W_i - u_i b_i + (T_i - T_{i+1})] f_i \}}{\sum W_i \sin\alpha_i + \sum Q_i \frac{z_i}{R}} \tag{2-44}$$

若设$(T_i - T_{i+1})$为零,可得简化的毕晓普法计算公式为:

$$k=\frac{\sum\frac{1}{m_{ai}}[c_ib_i+(W_i-u_ib_i)f_i]}{\sum W_i\sin\alpha_i+\sum Q_i\frac{z_i}{R}} \tag{2-45}$$

(2)滑坡推力计算

用简化毕晓普法分析加桩后坡体的稳定性时,考虑桩在滑面处剪力使坡体增加的抗滑力矩,稳定性表达式可推导如下。在式(2-45)式中加入桩底切向力对坡体的稳定力矩作用,可知

$$\sum W_iR\sin\alpha_i-\sum S_iR-Q_p\cos\alpha_pR+\sum Q_iz_i=0 \tag{2-46}$$

由此得安全系数表达式(不记条间水平力作用)

$$k=\frac{\sum\frac{1}{m_{ai}}[c_ib_i+(W_i-u_ib_i)f_i]}{\sum W_i\sin\alpha_i+\sum Q_i\frac{z_i}{R}-Q_p\cos\alpha_p} \tag{2-47}$$

以上两式中:Q_p——桩在滑面处的水平剪力;

α_p——桩位处滑面的倾角。

$$Q_p=\frac{k\left(\sum W_i\sin\alpha_i+\sum Q_i\frac{z_i}{R}\right)-\sum\frac{1}{m_{ai}}[c_ib_i+(W_i-u_ib_i)f_i]}{k\cos\alpha_p} \tag{2-48}$$

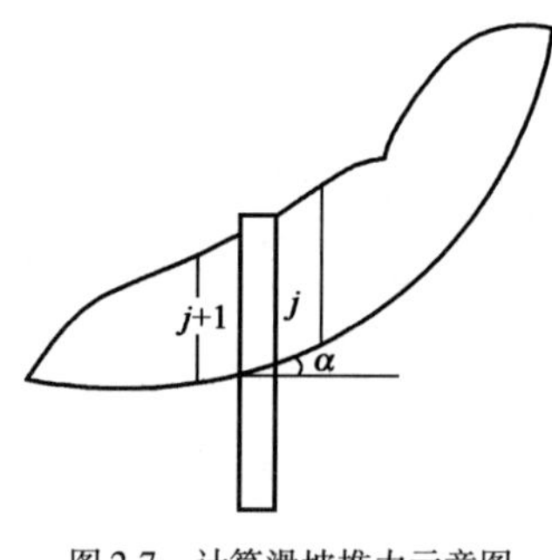

图 2-7 计算滑坡推力示意图

式中,k 取为所需的安全系数。

通过式(2-48)的计算得到坡体达到所需的安全系数 k 时桩在滑面处需提供的剪力值 Q_p,并不是作用于桩上的滑坡推力荷载。为了确保坡体能达到所需的稳定安全系数,此时,按下述方法计算圆弧形滑面滑坡对桩的滑坡推力。如图 2-7 所示,桩后的条块号为 j,桩前的分条块号为 $j+1$,设桩给 $j+1$ 条块的作用力为 F_B,作用点为其中点,且方向与桩位处滑面平行,则可计算出桩前滑体的稳定系数为 k 时 F_B 的值,求法如下。

$$\sum_{i=j+1}^{n}W_iR\sin\alpha_i+\sum_{i=j+1}^{n}Q_iz_i+F_BR_1=\sum_{i=j+1}^{n}S_iR \tag{2-49}$$

式中:R——F_B 作用点到圆心的旋转半径;

其余符号如前所述。

整理式(2-49)可得

$$k\left[\sum_{i=j+1}^{n}W_iR\sin\alpha_i+\sum_{i=j+1}^{n}Q_i\frac{z_i}{R}\right]+kF_B\cdot\frac{R_f}{R}=\sum_{i=j+1}^{n}(Nf_i-u_il_if_i+c_il_i) \tag{2-50}$$

$$F_B=\frac{-k\sum_{i=j+1}^{n}\left(W_i\sin\alpha_i+Q_i\frac{z_i}{R}\right)+\sum_{i=j+1}^{n}\frac{1}{m_{\alpha i}}[c_ib_i+(W_i-u_ib_i)f_i]}{k\frac{R_1}{R}} \tag{2-51}$$

因为桩所受的滑坡推力(即桩后荷载)与桩前坡体抗力和桩在滑面处的水平向内力应保持力的平衡,所以水平向滑坡推力 P,可计算为

$$P_p = Q_p + F_B\cos\alpha_p \quad (2\text{-}52)$$

式中，Q_p 如式(2-48)所示，F_B 如式(2-51)所示，α_p 为桩位处滑面倾角。

关于滑坡推力的计算公式(2-52)做以下两点说明：第一，桩前抗力作用点取为桩前条块的1/2处，也可根据实际情况（如岩土岩性等）进行调整，一般其作用点距滑面不应小于1/2，这样偏于安全；第二，F_B 取的是桩前滑体所能承受的最大抗力，但实际受力中桩前滑体抗力未必会达到此最大值，此处取为最大值可能会使所计算滑坡推力偏大，但这样偏于安全，所以按上述方法求得的滑坡推力 P_P，设计的抗滑桩其内力可能大于 Q_P，桩前坡体抗力可能会小于 F_B。

(3)法计算滑坡推力

当滑面为连续的曲面或滑面由不规则（较陡）折线段组成且滑体间无明显错动时，可采用简布法计算滑坡推力，具体公式如下。

条块的受力如图2-8所示，列出力和力矩的平衡条件为：

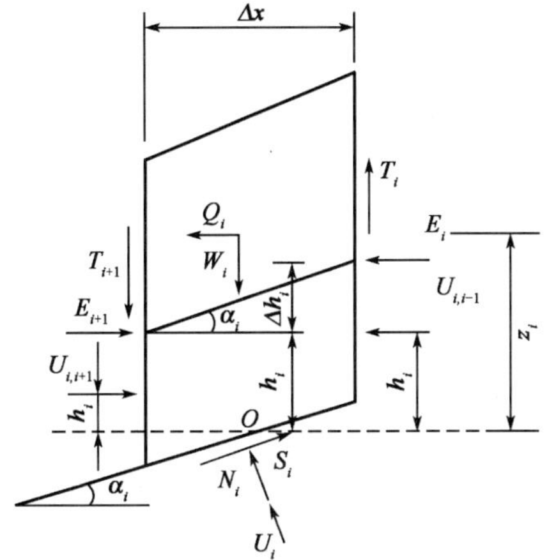

图2-8 简布法计算滑坡推力简图

水平向 $$E_{i+1} = E_i + U_{i,i-1} + Q_i + N_i\sin\alpha_i + U_i\sin\alpha_i - U_{i,i+1} - S_i\cos\alpha_i \quad (2\text{-}53)$$

竖向 $$T_{i+1} = T_i - W_i + S_i\sin\alpha_i + U_i\cos\alpha_i + N_i\cos\alpha_i \quad (2\text{-}54)$$

对底面中点O的力矩平衡（设重力和底面作用力均通过此点）

$$T_{i+1}\frac{\Delta x}{2} + T_i\frac{\Delta x}{2} + Q_iZ_i + E_i(\Delta h_i + h_i) + U_{i,j-1}h_i' = E_{i+1}h_i + U_{i,j+1}h_i'' \quad (2\text{-}55)$$

注意到 $\Delta h_i/\Delta x_i = \tan\overline{\alpha_i}$，则整理式(2-55)得：

$$T_{i+1} + T_i + 2Q_i\frac{z_i}{\Delta x_i} + 2E_i\left(\tan\overline{\alpha_i} + \frac{h_i}{\Delta x_i}\right) + 2U_{i,j-1}\frac{h'_i}{\Delta x_i} = 2E_{i+1}\frac{h_i}{\Delta x_i} + 2U_{i,j+1}\frac{h''_i}{\Delta x_i} \quad (2\text{-}56)$$

底面的极限平衡条件（Mohr-Couloumb准则）为

$$S_i = \frac{N_if_i}{K} + \frac{c_il_i}{K} \quad (2\text{-}57)$$

式中：$f_i = \tan\varphi$；

$l_i = \Delta x_i/\cos\alpha_i$；

Q_i——除渗透压力外的其他水平荷载；

c_i——滑面上的黏聚力。

将式(2-57)代入式(2-53)、式(2-54)整理得：

$$E_{i+1} = E_i + B_i + N_i\left(\sin\alpha_i - \frac{f_i}{K}\cos\alpha_i\right) \quad (2\text{-}58)$$

$$T_{i+1} = T_i + A_i + N_i\left(\cos\alpha_i + \frac{f_i}{K}\sin\alpha_i\right) \quad (2\text{-}59)$$

$$A_i = U_i\cos\alpha_i - W_i + \frac{c_il_i}{K}\sin\alpha_i$$

$$B_i = U_{i,j-1} + Q_i - U_{i,j+1} + U_i\sin\alpha_i - \frac{c_il_i}{K}\cos\alpha_i$$

另有 N_i 的表达式：

$$N_i = \frac{D_i C_i}{G_i} \tag{2-60}$$

其中：

$$C_i = 2T_i + A_i + 2Q_i \frac{z_i}{\Delta x_i} + 2E_i\left(\tan\overline{\alpha_i} + \frac{h_i}{\Delta x_i}\right) + 2U_{i,j-1}\frac{h'_i}{\Delta x_i}$$

$$D_i = 2(E_i + B_i)\frac{h_i}{\Delta x_i} + 2U_{i,j+1}\frac{h''_i}{\Delta x_i}$$

$$G_i = \cos\alpha_i + \frac{f_i}{k}\sin\alpha_i - 2\left(\sin\alpha_i - \frac{f_i}{k}\cos\alpha_i\right)\frac{h'_i}{\Delta x_i}$$

将式(2-59)代入式(2-57)、式(2-58)，可得条间水平向力和竖向力的递推公式为

$$E_{i+1} = E_i + B_i + \frac{D_i - C_i}{G_i}\left(\sin\alpha_i - \frac{f_i}{K}\cos\alpha_i\right) \tag{2-61}$$

$$T_{i+1} = T_i + A_i + \frac{D_i - C_i}{G_i}\left(\cos\alpha_i + \frac{f_i}{K}\sin\alpha_i\right) \tag{2-62}$$

其中各符号的表达式见前述。

从式(2-61)、式(2-62)可知各条块间的作用力(即滑坡推力为) $P_{i+1} = \sqrt{E_{i+1}^2 + T_{i+1}^2}$；方向为 $\tan\theta_{i+1} = \frac{T_{i+1}}{E_{i+1}}$。

(4)传递系数法计算滑坡推力

对于滑面由一些倾角较缓、相互间变化不大的折线段组成的滑坡，其滑坡推力的计算可采用计算方便的传递系数法，又称不平衡推力传递法。该法在工程设计中最为常用，在相关的规范中也将其作为计算作用于抗滑桩上的滑坡推力的方法。

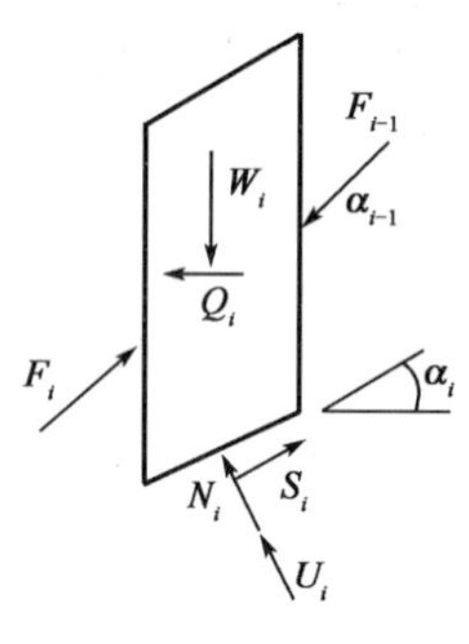

图 2-9　传递系数法计算简图

在用传递系数法计算边坡(滑坡)稳定性时，条块受力如图 2-9 所示。该法假定条块间的合力平行于上一条块的底面，不考虑力矩的平衡，所以对条块间力的作用点位置不予考虑，而只是根据力的平衡条件，逐条向下推求，直至最后一条块的推力为零。由于其计算稳定性时直接利用了条块间的合力(推力)，所以，若用该法计算条块间的滑坡推力时较为简便。

如图 2-9 所示，作用有垂直荷载 w_i 和水平荷载 Q_i(均指合成值)。右侧面承受上一分条的不平衡下滑力 $P_{i,i-1} = F_{i-1}$，倾角为 α_{i-1}；为本条的不平衡下滑力 $P_{i,i+1} = F_i$，倾角为 α_i，底部为法向反力 N_i。左侧面上孔隙压力 U_i 及切向反力 S_i。将各力投影在底面上，用平衡方程写出：

$$F_i = (W_i\sin\alpha_i + Q_i\cos\alpha_i) - \left(\frac{c_i l_i}{k} + \frac{(W_i\cos\alpha_i - U_i - Q_i\sin\alpha_i)f_i}{k}\right) + F_{i-1}\cdot\psi_{i-1} \tag{2-63}$$

式中

$$\psi_{i-1} = \cos(\alpha_{i-1} - \alpha_i) - \frac{f_i}{k}\sin(\alpha_{i-1} - \alpha_i)$$

式(2-63)即为条块间作用力(推力)的计算公式，其中 k 为所需的安全系数。式(2-63)亦为用传递系数法分析滑坡稳定性时所用的递推式，当用于稳定性分析时由于需用试算法确定安全系数，计算工作量稍大，为了简化计算，工程中一般采用下述较为近似而迅捷的办法，即对于每一分条用下式计算其不平衡下滑力。

不平衡下滑力 = 下滑力 × k − 抗滑力

这样式(2-63)就改为

$$F_i = k(W_i\sin\alpha_i + Q_i\cos\alpha_i) - (c_i l_i + (W_i\cos\alpha_i - U_i - Q_i\sin\alpha_i)f_i) + F_{i-1}\cdot\psi_{i-1} \quad (2\text{-}64)$$

而

$$\psi_{i-1} = \cos(\alpha_{i-1} - \alpha_i) - f_i\sin(\alpha_{i-1} - \alpha_i) \quad (2\text{-}65)$$

应用式(2-64)作为递推式计算坡体稳定性时较简便,式(2-64)相应的也将其作为条块间的推力计算公式。无论是用式(2-64)还是式(2-63)来计算条间作用力,当得出的某一条块的 $F_i<0$ 时,将其视为0。尽管式(2-65)式用于滑坡推力计算被广泛应用,但由于它是由计算滑坡稳定性的近似计算方法而求得,所以,其力学意义不是很明确,用式(2-63)来计算滑坡推力较式(2-64)似乎更合理些,因此,在用传递系数法计算滑坡推力时,推荐使用式(2-63)来计算。

(5)分块极限平衡法计算滑坡推力

滑面倾角较陡且滑动时滑体有明显的分块、各分块之间发生错动,则此时采用分块极限平衡法计算其滑坡推力较为合适。分块极限平衡法分析滑坡稳定性时,假定在失稳时各分条之间发生错动,从而在分界面也达到极限剪切状态,求出的安全系数将为上限。如果不拟将分界面上的潜力挖掘过多,也可以在这些界面上取较高的安全系数。

①各分条间的分界面垂直时(即各分条为竖向分条)

各条块的受力如图2-10所示,其中的各个 U_{ij} 和 U_i 均指孔隙水压力,分析第一块的受力,可知:

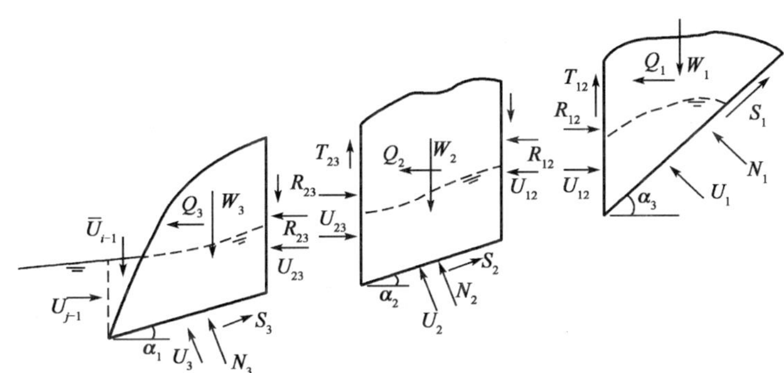

图2-10 条块间分界面垂直时分块极限平衡法计算滑坡推力示意图

$$R_{12} = \frac{B_1 - A_1}{C_1} \quad (2\text{-}66)$$

$$T_{12} = \frac{f_{12}R_{12} + c_{12}l_{12}}{K} \quad (2\text{-}67)$$

其中

$$B_1 = \left(-Q_1 + U_{12} - U_1\sin\alpha_1 + \frac{c_1 l_1}{k}\cos\alpha_1\right)\left(\cos\alpha_1 + \frac{f_1}{k}\sin\alpha_1\right)$$

$$A_1 = \left(-W_1 + U_1\cos\alpha_1 + \frac{c_1 l_1}{k}\sin\alpha_1 + \frac{c_{12}l_{12}}{k}\right)\left(\frac{f_1}{k}\cos\alpha_1 - \sin\alpha_1\right)$$

$$C_1 = \frac{f_{12}}{k}\left(\frac{f_1}{k}\cos\alpha_1 - \sin\alpha_1\right) - \left(\cos\alpha_1 + \frac{f_1}{k}\sin\alpha_1\right)$$

从第二块受力可知：

$$R_{23} = \frac{B_2' - A_2'}{C_2'} \tag{2-68}$$

$$T_{23} = \frac{f_{23}R_{23} + c_{23}l_{23}}{K} \tag{2-69}$$

其中 $B_2' = \left(-Q_2 + U_{23} - U_2\sin\alpha_2 + \frac{c_2 l_2}{k}\cos\alpha_2 - U_{12} - R_{12}\right)\left(\cos\alpha_2 + \frac{f_2}{k}\sin\alpha_2\right)$

$$A_2' = \left(-W_2 + U_2\cos\alpha_2 + \frac{c_2 l_2}{k}\sin\alpha_2 + \frac{c_{23}l_{23}}{k} - \frac{f_{12}R_{12} + c_{12}l_{12}}{k}\right)\left(\frac{f_2}{k}\cos\alpha_2 - \sin\alpha_2\right)$$

$$C_2' = \frac{f_{23}}{k}\left(\frac{f_2}{k}\cos\alpha_2 - \sin\alpha_2\right) - \left(\cos\alpha_2 + \frac{f_2}{k}\sin\alpha_2\right)$$

对比 B_1、A_1、C_1 和 B_2'、A_2'、C_2'，可知

$$B_2' = B_2 - (U_{12} + R_{12})\left(\cos\alpha_2 + \frac{f_2}{k}\sin\alpha_2\right)$$

$$A_2' = A_2 - \frac{f_{12}R_{12} + c_{12}l_{12}}{k}\left(\frac{f_2}{k}\cos\alpha_2 - \sin\alpha_2\right) = A_2 - T_{12}\left(\frac{f_2}{k}\cos\alpha_2 - \sin\alpha_2\right)$$

$$C_2' = C_2$$

所以有

$$R_{23} = \frac{B_2 - A_2}{C_2} + F_{12} \tag{2-70}$$

其中 $F_{12} = \dfrac{T_{12}\left(\frac{f_2}{k}\cos\alpha_2 - \sin\alpha_2\right) - (U_{12} + R_{12})\left(\cos\alpha_2 + \frac{f_2}{k}\sin\alpha_2\right)}{C_2}$

依此可知，第 i 块对第 $i+1$ 块的作用力分别为

水平向力

$$R_{i,j+1} = \frac{B_i - A_i}{C_i} + F_{i-1,j} \tag{2-71}$$

切向力

$$T_{i,j+1} = \frac{f_{i,j+1}R_{i,j+1} + c_{i,j+1}l_{i,j+1}}{K} \tag{2-72}$$

其中 $B_i = \left(-Q_i + U_{i,i+1} - U_i\sin\alpha_i + \frac{c_i l_i}{k}\cos\alpha_i\right)\left(\cos\alpha_i + \frac{f_i}{k}\sin\alpha_i\right)$

$$A_i = \left(-W_i + U_i\cos\alpha_i + \frac{c_i l_i}{k}\sin\alpha_i + \frac{c_{i,j+1}l_{i,j+1}}{k}\right)\left(\frac{f_i}{k}\cos\alpha_i - \sin\alpha_i\right)$$

$$C_i = \frac{f_{i,j+1}}{k}\left(\frac{f_i}{k}\cos\alpha_i - \sin\alpha_i\right) - \left(\cos\alpha_i + \frac{f_i}{k}\sin\alpha_i\right)$$

$$F_{i-1,i} = \frac{T_{i-1,i}\left(\frac{f_i}{k}\cos\alpha_i - \sin\alpha_i\right) - (U_{i-1,i} + R_{i-1,i})\left(\cos\alpha_i + \frac{f_i}{k}\sin\alpha_i\right)}{C_i}$$

显然对于第 1 个条块,当边界没有外力作用时,$F_{i-1,j}=0$。

条间作用力合力为:

$$P_{i,j+1}=\sqrt{R_{i,j+1}^{2}+T_{i,j+1}^{2}} \tag{2-73}$$

合力的方向为:

$$\theta=\arctan\frac{T_{i,j+1}}{R_{i,j+1}} \tag{2-74}$$

②各条块间的分界面不垂直时

如图 2-11 所示,X_i、Y_i 分别为作用于 i 块滑体上的各种外荷载在水平和竖直方向的合力,方向如图所示,$\beta_{i,j+1}$可以是本块滑体分界面与下一块滑体的分界面与水平方向轴的夹角;$R_{i,j+1}$、$T_{i,j+1}$分别为 i 与 $i+1$ 块体交界面的内力,方向如图 2-11 所示。

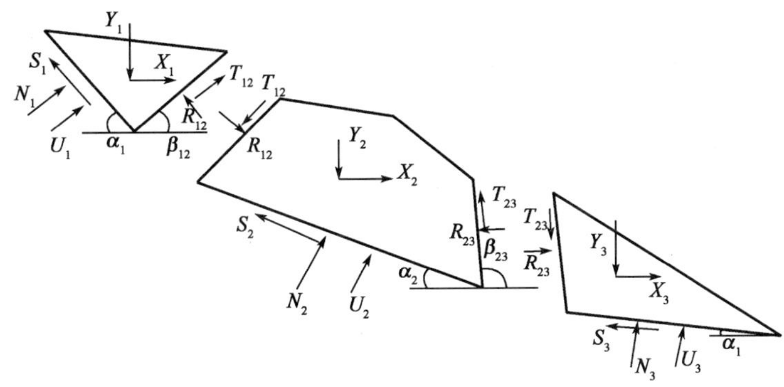

图 2-11　条块间分界面不垂直时分块极限平衡法计算滑坡推力示意图

分析第一块受力,可知

$$R_{12}=\frac{B_1-A_1}{C_1} \tag{2-75}$$

$$T_{12}=\frac{f_{12}R_{12}+c_{12}l_{12}}{K} \tag{2-76}$$

其中

$$C_1=\left(\sin\beta_{12}-\frac{f_{12}}{k}\cos\beta_{12}\right)\left(\cos\alpha_2+\frac{f_1}{k}\sin\alpha_1\right)-\left(\cos\beta_{12}+\frac{f_{12}}{k}\sin\beta_{12}\right)\left(\frac{f_1}{k}\cos\alpha_1-\sin\alpha_1\right)$$

$$B_1=\left(X_1-\frac{c_1l_1}{k}\cos\alpha_1+\frac{c_{12}l_{12}}{k}\cos\beta_{12}+U_1\sin\alpha_1\right)\left(\cos\alpha_1+\frac{f_1}{k}\sin\alpha_1\right)$$

$$A_1=\left(Y_1-\frac{c_1l_1}{k}\sin\alpha_1-\frac{c_{12}l_{12}}{k}\sin\beta_{12}-U_1\cos\alpha_1\right)\left(\frac{f_1}{k}\cos\alpha_1-\sin\alpha_1\right)$$

分析第二块受力可知

$$R_{23}=\frac{B_2-A_2}{C_2} \tag{2-77}$$

$$T_{23}=\frac{f_{23}R_{23}+c_{23}l_{23}}{K} \tag{2-78}$$

式中

$$f_{12}=\frac{(R_{12}\sin\beta_{12}-T_{12}\cos\beta_{12})\left(\cos\alpha_2+\frac{f_2}{k}\sin\alpha_2\right)-(R_{12}\cos\beta_{12}+T_{12}\sin\beta_{12})\left(\frac{f_2}{k}\cos\alpha_2-\sin\alpha_2\right)}{C_2}$$

C_2、B_2、A_2 的表达式同 C_1、B_1、A_1 的表达式，只是将相应的下标1换为2，12换为23即可。以此类推可知，第 i 块传给第 $i+1$ 块的力为

垂直分界面的力 $$R_{i,i+1}=\frac{B_i-A_i}{C_i}+F_{i-1,i} \tag{2-79}$$

平行分界面的力 $$T_{i,i+1}=\frac{f_{i,i+1}R_{i,i+1}+c_{i,i+1}l_{i,i+1}}{K} \tag{2-80}$$

式中：

$$C_i=\left(\sin\beta_{i,i+1}-\frac{f_{i,i+1}}{k}\cos\beta_{i,i+1}\right)\left(\cos\alpha_i+\frac{f_i}{k}\sin\alpha_i\right)-\left(\cos\beta_{i,i+1}+\frac{f_{i,i+1}}{k}\sin\beta_{i,i+1}\right)\left(\frac{f_i}{k}\cos\alpha_i-\sin\alpha_i\right);$$

$$B_i=\left(X_i-\frac{c_il_i}{k}\cos\alpha_i+\frac{c_{i,i+1}l_{i,i+1}}{k}\cos\beta_{i,i+1}+U_i\sin\alpha_i\right)\left(\cos\alpha_i+\frac{f_i}{k}\sin\alpha_i\right);$$

$$A_i=\left(Y_i-\frac{c_il_i}{k}\sin\alpha_i-\frac{c_{i,i+1}l_{i,i+1}}{k}\sin\beta_{i,i+1}-U_i\cos\alpha_i\right)\left(\frac{f_i}{k}\cos\alpha_i-\sin\alpha_i\right);$$

$$F_{i-1,i}=\frac{(R_{i-1,i}\sin\beta_{i-1,i}-T_{i-1,i}\cos\beta_{i-1,i})\left(\cos\alpha_i+\frac{f_i}{k}\sin\alpha_i\right)-(R_{i-1,i}\cos\beta_{i-1,i}+T_{i-1,i}\sin\beta_{i-1,i})\left(\frac{f_i}{k}\cos\alpha_i-\sin\alpha_i\right)}{C_i}。$$

(6)滑坡推力计算中其他需要注意的问题

由于滑坡推力计算时其他各种因素的影响，确定滑坡推力是一项较为复杂的工作，除了上述的具体定量计算外，其他因素的考虑对计算结果也有较大的影响，包括：滑坡外形及可能的变化、滑带的层数及每层可能的变化、各段滑带的应力和抗剪强度以及两者可能的变化与组合、抗滑工程未产生作用前最不利组合下的推力、抗滑措施产生作用后最不利组合下的推力、最不利的外力变化及其可能的组合、对各级与各层滑坡安全系数的选择、设计推力计算结果的校核、滑坡推力的分布形式等问题。

关于滑坡推力计算时安全系数计算中有以下几种考虑方法。一种是在分析稳定性时，将以后可能遇到的一切不利因素都考虑进去，而把安全系数定为1；另一种是以目前的安全状态为准，要求在设置抗滑桩后，将安全系数提高到某一倍数(例如，达到目前的1.05倍)，还有一种方法是综合上述两种方法，既考虑到今后可能遇到的各种不利因素的组合，又根据具体情况设定一安全系数以使施加抗滑工程后的坡体达到此值。建议在具体工程设计中，对于重要工程可采取第三种考虑方案，对于一般工程，可按第一、二种方案考虑，第二种方案由于其实施起来较为方便而采用较多。

2.5.2 支护后稳定性

对各种加固治理的边坡，采用经典的极限平衡分析，分析边坡支护前后安全系数大小，使所采用的加固手段合理。采用极限平衡分析，有加固构件的安全系数值用解析法求出。

(1)平面剪切型滑动锚杆支护(图2-12)

对用锚杆加固的平面剪切型滑动(图2-12),设滑面倾角为α,锚杆受力为P,安装角为θ,已知滑体质量为G,若P为施加的锚杆预应力,则加锚杆后的边坡安全系数k为:

$$k = \frac{\{G\cos\alpha + P\sin(\alpha + \theta)\}\tan\varphi + cl}{G\sin\alpha - P\cos(\alpha + \theta)} \tag{2-81}$$

若不加预应力,则被动式砂浆锚杆所受剪力P,仅当加固体有变形时才有可能发生,式(2-81)变成:

$$k = \frac{\{G\cos\alpha + P\sin(\alpha + \theta)\}\tan\varphi + P\cos(\alpha + \theta) + cl}{G\sin\alpha} \tag{2-82}$$

(2)圆弧形滑动锚杆支护

对于圆弧形滑动(图2-13),边坡安全系数由两部分组成:

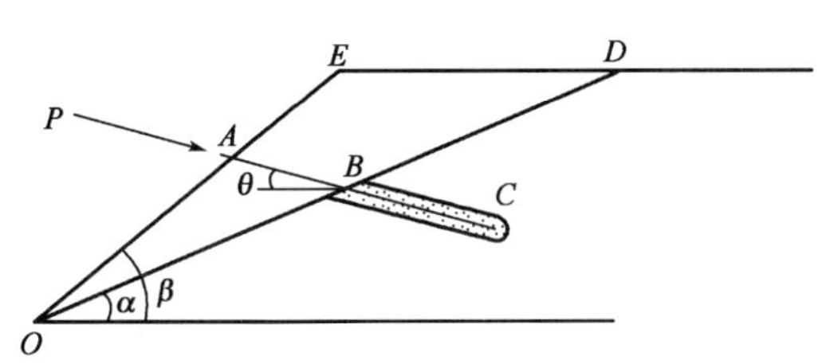

图2-12　平面型滑动体的预应力锚杆加固

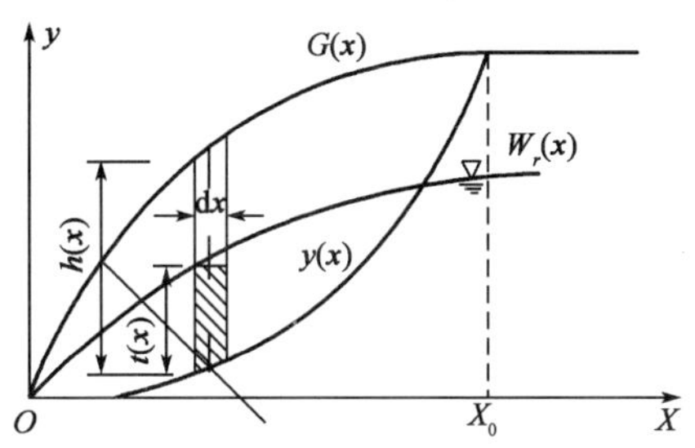

图2-13　边坡形态示意图

$$k = k_f + k_r \tag{2-83}$$

式中:k_f——未加固前的边坡安全系数;

k_r——有加固构件后边坡滑体增加的安全系数。

且

$$k_f = \frac{\int \mu \mathrm{d}\sigma + \int c\mathrm{d}l}{\int \mathrm{d}\tau} \tag{2-84}$$

$$k_r = \frac{\int \mathrm{d}\tau_r}{\int \mathrm{d}\tau} = \frac{\int \mathrm{d}\tau_r}{Q} \tag{2-85}$$

当将圆弧滑体划分为几个垂直分条时

$$Q = \int \mathrm{d}\tau = \sum_{i=1}^{n} r \int_{x_{i0}}^{x_{i1}} (\tan\alpha_i x + b) \frac{y'_{(x)}}{\sqrt{1 + y'^2_{(x)}}} \mathrm{d}x \tag{2-86}$$

$$\int \mathrm{d}\tau_r = \sum_{i=1}^{n} F_{Ri} = \sum_{i=1}^{n} T_{Ri}\{\sin(\alpha_i + \theta_i)\tan\varphi + \cos(\alpha_i + \theta_i)\} \tag{2-87}$$

式中:T_{Ri}——为第i根锚杆在安装角为θi时所受拉力。

(3)加固构件作用下的折线型滑动

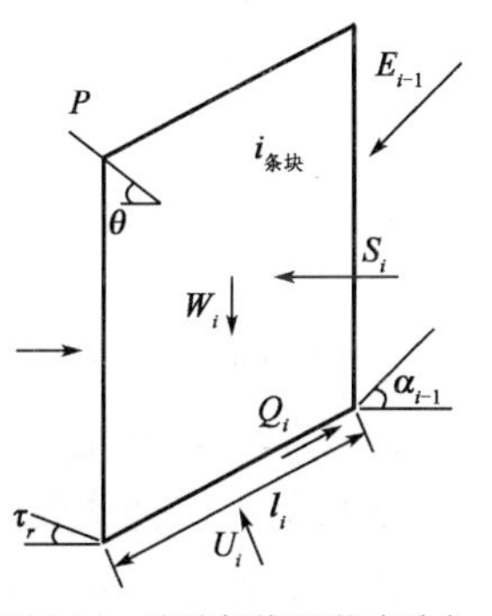

图2-14　边坡折线型滑动受力

在考虑了锚杆,抗滑桩、挡墙等加固构件(图2-14)后,沿第i条块的滑面方向的平衡方程为:

$$E_i - a_1 E_{i-1} + A_2 S_i + a_3 W_i - a_4 P_i + TT_i = 0 \tag{2-88}$$

式中：E_i, E_{i-1}——i 条块中作用于下侧面及上侧面的剩余下滑力；

S_i——地震力；

W_i——条块重量；

P_i——锚固力。

a_1、a_2、a_3、a_4、TT_i 为方程系数：

$$a_1 = \cos(\alpha_{i-1} - \alpha_i) - \frac{\sin(\alpha_{i-1} - \alpha_i)\tan\varphi_i}{K}$$

$$a_2 = \cos\alpha_i + \frac{\sin\alpha_i \tan\varphi_i}{K}$$

$$a_3 = \sin\alpha_i - \frac{\cos\alpha_i \tan\varphi_i}{K}$$

$$a_4 = \cos(\alpha_i + \theta_i) + \frac{\sin\alpha_i \tan\varphi_i}{K}$$

$$TT_i = TQ_i - \frac{c_i l_i}{K} + \frac{u_i l_i \tan\varphi_i}{K}$$

式中：α_i, α_{i-1}——第 i 块与 $i-1$ 块滑面倾角；

c_i, φ_i——第 i 块滑面上的抗剪强度指标；

TQ_i——作用于滑面上由支挡结构提供的抗剪力；

u_i——i 条块滑面上水的浮托力；

l_i——i 条块滑面面积；

K——边坡安全系数。

边坡安全系数 K 用牛顿切线法逐次逼近求解。

2.5.3 安全系数取值

边坡防护稳定安全系数的确定主要取决于三类因素：一是边坡的失稳概率。由于坡顶加载、岩土遇水强度降低、坡脚切坡等额外影响，都会导致边坡失稳。这种偶然因素对不同工程不同地点都是不同的，很难有一致的规律，一般只能依据设计者的经验，事故的统计数据来定。二是边坡工程的重要性和危害性。越是重要的工程和危害性大的工程所取的安全系数越高，例如土石坝的稳定安全系数取1.5，《建筑边坡工程技术规范》(GB 50330—2002)中推荐的边坡安全系数值，一级边坡为1.30~1.35，二级边坡为1.25~1.30，三级边坡为1.20~1.25，可见，边坡稳定安全系数的确定与边坡工程的重要性与危害性密切相关。三是边坡的破坏类型、滑裂面的形状和位置。

边(滑)坡稳定安全系数的取值在边坡工程中具有重要的技术经济意义。当前国内各行业采用的边(滑)坡稳定安全系数及其所采用的计算方法列于表2-4中。

从目前的安全系数取值情况看，由于工程重要性不同、规范制定者的经验与看法不同以及所采用的计算方法不同，当前国内各行业以及不同地区所采用的安全系数值是有所差别的。但是它们却具有以下共同特点：

边坡稳定安全系数及稳定分析方法　　表 2-4

部门	工程名称		安全系数	分析方法	备注
建筑	地基边坡		1.2	费伦纽斯法	《建筑地基基础设计规范》(GB 50007—2002)
	自然边坡	甲级建筑物	1.25	不平衡推力法	《建筑地基基础设计规范》(GB 50007—2002)
		乙级建筑物	1.15		
		丙级建筑物	1.05		
	重庆市自然边坡	一级边坡	1.25	不平衡推力法	《建筑边坡支护技术规范》(GB 50330—2002)
		二级边坡	1.15		
		三级边坡	1.05		
公路	路堤边坡		1.25	费伦纽斯法	《公路路基设计规范》(JTG D30—2004)
	软基路堤		1.1	费伦纽斯法、快剪	《公路软土地基路堤设计与施工技术规范》(JTG 017—1996)
			1.4	毕晓普法、有效剪	
铁路	路堤边坡		1.15～1.25		《铁路路基设计规范》(TB 10001—2005)
	铁路边坡	一级边坡	1.25	不平衡推方法	
		二级边坡	1.15		
		三级边坡	1.05		
水利	堤防工程土质边坡	一级	1.3	费伦纽斯法	《堤防工程设计规范》(GB 50286—1998)
		二级	1.25		
		三级	1.20		
		四级	1.15		
		五级	1.10		
	土石坝边坡		1.5	严格条分法与简化毕晓普法	
	库区自然边坡		1.3	严格条分法与简化毕晓普法	初步设想
港口	土坡		1.0～1.2	费伦纽斯法、快剪	
			1.1～1.3	费伦纽斯法、固快	
			1.3～1.5	毕晓普法、有效剪	

①除重要工程滑坡外，边坡的安全系数一般高于滑坡的安全系数，这是因为滑坡规模大，治理费用高；

②建筑边坡安全系数要高于道路边坡的安全系数；

③重要性高和危害性大的边坡(即对生命财产危害程度大的一级边坡)安全系数要高于重要性低的二、三级边坡安全系数;

④建筑边坡中对不同的边坡稳定分析方法采用不同的安全系数,对费伦纽斯法采用较低的安全系数。

由于公路等级不同,边坡失稳造成的生命财产危害程度不同,危害程度大的边坡也就是重要性高的边坡,按其重要性可将公路边坡划为三级:

一级边坡——高速公路及一级公路路堑边坡。

二级边坡——二级公路路堑边坡。

三级边坡——三、四级公路路堑边坡。

根据《公路路基设计规范》(JTG D30—2004),边坡稳定安全系数取值如表2-5所示。

路堑边坡稳定安全系数取值 表2-5

公路等级	路堑边坡稳定安全系数		公路等级	路堑边坡稳定安全系数	
高速公路、一级公路	正常工况	1.20~1.30	二级及三级以下公路	正常工况	1.15~1.25
	非正常工况 I	1.10~1.20		非正常工况 I	1.05~1.15
	非正常工况 II	1.05~1.10		非正常工况 II	1.02~1.05

第3章　边坡生态防护稳定性与评估方法

路堑边坡地质构造条件的差异决定其坡体的稳定状况，对不稳定边坡需采用前述的坡体加固防护技术和坡面防护措施。其中，坡面防护措施包括生态与工程两种防护形式，一般认为生态防护主要是解决边坡的浅层稳定性问题。生态防护的外在生态植被形式可以明显减弱雨水对浅层表土溅蚀、径流冲刷、减少水土流失，而植物根系则是生态防护形式的内在关键，对增加坡面浅层土体的稳定性起着重要的作用，并能保证坡面浅层土体一直保持适宜植物生长的壤性土，为坡面的生态恢复创造可能。与边坡生态防护对应的各种新技术在南方地区的推广应用已证明生态防护为大势所趋，但涉及生态护坡的稳定性计算和评估方面的研究和成果并不多见，本书将在此进行探讨与完善。

3.1　生态防护技术原理

所谓边坡生态防护是指在开挖山体形成的边坡上种植生态植被，利用植物与坡体的相互作用对边坡表层进行防护、加固，使之既能满足设计中对边坡表层稳定的要求，又能恢复被破坏的自然生态环境的一种边坡防护工程技术。它是岩土工程与生态环境工程相结合的产物，同时兼顾了边坡防护与生态环保的双重功效，是一种行之有效的绿色护坡固坡方法，其最基本原理和功能起源于植被护坡。

3.1.1　水土保持功能

植被护坡的水土保持功能主要体现在植物对坡面径流侵蚀力和土壤抗蚀性的影响。对坡面径流侵蚀力的影响，主要表现在削弱雨滴动能、防止击溅、减少地表径流量、阻延流速等方面；对土壤抗蚀性的影响，主要是改善土壤渗透性、抗冲性等特性。

(1)植被对径流侵蚀力的影响

水蚀包括击溅、面蚀和沟蚀，实质是降雨侵蚀能力大于土体抵抗力的结果。降雨到达地面时，雨滴击打地面，造成土壤分散和溅蚀。因此裸露的坡面在具有一定降雨动能的雨滴击打下，土壤结构特别是团粒结构和水稳性结构遭到严重破坏，土壤抗蚀力急剧下降。击溅的土壤细小颗粒，堵塞土壤孔隙，形成表面结皮，降低了土壤入渗性能，降雨就会形成坡面径流或细小股流，面蚀和细沟也就产生了。

坡面的水流在运动过程中，随着流程的增加和集中，逐渐由击溅向面蚀、沟蚀发展，侵蚀搬运能力急剧增加。径流侵蚀表现在对土壤颗粒的推移、悬移、摩擦几个方面，这些作用常常是同时存在并共同作用的。因此暴雨径流对土壤侵蚀力的影响主要表现在三个方面：

第一，推移作用。即当土粒抵抗力小于径流推力时，土粒随径流产生推移运动；

第二，悬移作用。即水流在土粒上下产生压力差具有向上的分速度时，使土粒悬浮在径流中；

第三,摩擦作用。即不仅径流中的沙粒与地面摩擦可带动地面沙粒一起运动,且径流本身对地面也存在极大的剪切力使地面发生剥蚀,在陡坡上侵蚀力大大加强。

从径流对土壤侵蚀的机理、过程看,径流侵蚀力的大小主要决定于径流的流量和流速。植被能否减少径流和降低流速,是能否控制径流侵蚀的关键。实践证明:植被通过地被截流,增加水分入渗及滞留贮存等功能减少了径流;同时,增加地面糙率和局部改变坡度降低了流速,从而达到很好的保持水土的效果。

(2)植被对土壤抗蚀力的影响

植被对土壤抗蚀性能的影响主要表现在增强土壤抗蚀和抗冲两个方面。土壤抗蚀性是指土壤抵抗径流对他们的分散和悬浮的能力,它与土壤的物理性质有很大的关系,而且与地形、土壤利用方式很多方面有关系。土壤抗冲性指土壤抵抗径流的机械破坏和搬运作用的能力。土壤抗蚀性主要取决于土粒和水分的亲和力,亲和力愈大,土壤愈易分散悬浮,团粒结构受到破坏,土壤透水性变小,土壤变得泥泞。在这种情况下,即使流速很小,也会由于悬浮作用而发生侵蚀。土壤抗蚀性指标很多,主要有土壤腐殖的含量、水稳性团粒结构、土壤分散性和土壤侵蚀系数。土壤抗冲性能的强弱,与土壤的质地、结构等有关系,对它的评价指标也比较混乱。

从对已有的生态防护工程土壤结构分析来看,土壤可形成大量的稳定性团聚体,增加土壤的抗蚀力。土壤抗蚀力增加能使土壤容许流速和容许切应力提高,在径流条件相同的情况下,土壤流失量比裸地小。随着恢复年限的增加,土壤抗蚀性也增强,其与土壤腐殖质和毛根数量关系密切。

(3)植被控制土壤侵蚀的效果

植被恢复对引起土壤侵蚀的各种因素都起了积极作用,降低了各种土壤侵蚀的危险性。实践证明,土壤侵蚀总量与植被覆盖度有关。恢复良好的边坡径流和土壤侵蚀都较少,分别不到裸地的5%和10%,若植被覆盖率小于70%,径流和侵蚀量会迅速增加。只要达到一定的植被覆盖率且分布合理,就可以把土壤侵蚀强度控制在容许侵蚀度以下。

3.1.2 稳定坡体功能

植物的稳定坡体功能主要是通过根系固土来实现的。

1)根系固土作用

根系通过加筋、锚固等作用,提高土体的黏聚强度及根系与土体之间的摩擦力,增强土体摩擦强度,进而提高土体的抗剪强度和稳定性,这就是根系固土的基本理论依据。

植物根系可分为垂直根和侧根,垂直根主要起锚固作用,而侧根主要起到加筋的作用。

(1)加筋作用

根系在土体中盘根错节,使土体成为土与树根的复合体,根系成为带预应力的三维加筋材料,不仅提高根土复合体的黏聚力、还增大内摩擦角,改良土体力学性质。根土复合体可以看作是各异性复合材料,由于树木根系的弹性模量远大于土体,在这种情况下,根系与土的共同作用,包括土的抗剪力,土与根系的摩擦阻力及根系的抗拉力,使得带有根系的土体强度明显提高。

(2)锚固作用

垂直根穿过坡体浅层的松散分化层,锚固到深处较稳定的土层上,起到锚固体系的作用。垂直根具有一定的刚性,周围覆盖土体具有移动趋势时,将产生一定的摩擦力,此时深粗根系类似于锚杆系统,锚固在土层中的根系可起到抗滑桩和扶壁的作用,以抵抗坡体产生的剪应力。

垂直根的锚固作用使得不稳定的表层与深层土体形成整体，把坡面推力传递到稳定地层，利用稳定地层的锚固作用和被动抗力，使坡面得到稳定。

此外，边坡稳定与土体孔隙水压力大小有密切关系，植物通过吸收和蒸腾土体内水分，降低土体孔隙水压力，提高土体的抗剪强度，从而有利于边坡稳定。

2）影响根系固土作用的因素

植物根系有助于提高斜坡稳定性、防止浅层滑坡，但其作用的发挥受到很多因素影响，总的看来有植被本身的因素和环境因素两个方面。

（1）植被本身的因素

根系特性：从根型对固土的作用看，垂直根型 > 散生根型 > 水平根型。从根系本身的抗拉强度看，不同植被根系的抗拉力不同。

穿过剪切面的根量：根系固土的作用是通过穿越剪切面的根系来实现。通常可以用根的截面积率表达，即穿越剪切面的根的总截面积，占剪切面积的比率。穿越剪切面的根量越大，根的截面积率越大，根系与土之间的摩擦力也就越大，抵抗拉脱的能力就越强。

植被种类：植物种类不同，其根系抗拉力也不同，固持力就不同。根的抗拉力是影响植物根系固土能力的重要因素。影响植物根系抗拉力强度的又一重要因素是根系的直通性，直通性小的根系分支角度小，纤维组织好，具较大抗拉力。

此外，立地条件对根系抗拉力也有很大影响。疏松土壤，根系能自如伸展，较通直有较大抗拉力；坚硬土壤、砾石地上情况则相反。

（2）环境因素

坡度：根系固坡的作用与坡度有关，坡度越大，斜坡稳定系数越小。随着坡度增大，根系的作用减少。

土壤性状：土壤质地不同，根系固土的能力亦不同。土壤黏性越大，内聚力越大，根系与土之间黏结在一起，使得根与土之间的摩擦阻力增加，根系固土的作用得以充分体现；砂性土则由于根系与土之间的摩擦阻力小，固土能力受到很大限制。

3.1.3　生态平衡原理

边坡绿化和生态防护主要涉及基础生态学、恢复生态学和景观生态学的技术理论。恢复生态学（restoration ecology）是研究生态系统退化的过程和原因、退化生态系统恢复和重建的技术和方法、生态学过程和机理的科学，因而恢复生态学可作为生态恢复实践的理论，同时还为坡面绿化和生态防护提供模式和方法。恢复生态学的主要理论包括：自然演替理论、集合规则理论、自我设计理论等。景观生态学的研究对象是作为复合生态系统的景观，景观是自然和人文系统的载体。景观是地球表层自然的、生物的和智能的因素相互作用形成的复合生态系统。景观生态学在研究景观生态系统自身发生、发展和演化的规律特征的同时，强调合理利用、保护和管理景观的途径与措施。目前，景观生态学的系统整体优化、循环再生和区域分异的原则，为合理开发利用自然资源、不断提高生产力水平、保护与建设生态环境提供理论方法和科学依据。

1）生态因子及其限制性作用

生态因子是指环境中对植物生长、发育、生殖、行为和分布有直接或间接影响的环境因子。在研究植物与环境的相互关系中，通常根据生态因子的性质，可把生态因子分为非生物因子与生物因子两大类。非生物因子包括气候因子、土壤因子和地形因子，生物因子包括植物因子、动物因子和人为因子。

环境中各种生态因子不是孤立存在的,而是彼此联系、互相促进、互相制约的。任何一个单因子的变化,都必将引起其他因子不同程度的变化及其反作用,这种关系称之为综合作用。但是在诸多环境因子中,它们对生物的作用是不相同的,其中有一个生态因子对生物起决定性的作用,则称这一因子为主导因子。例如,光合作用时,光强是主导因子,温度和二氧化碳为次要因子;春化作用时,温度为主导因子,湿度和通气条件是次要因子。另外,生态因子对生物的作用还有直接作用和间接作用之分,由于生物生长发育不同阶段对生态因子的需求不同,因此生态因子对生物的作用也具有阶段性。环境中各种生态因子对生物的作用虽然不尽相同,但都各具重要性,尤其是缺少主导作用的因子,会影响生物的正常发育,甚至死亡。因此从总体上来讲,生态因子是不可替代的。

(1)最小因子法则(Liebig)

1840 年,德国化学家 Liebig B J 指出“植物的生长取决于处在最小量状况的生态因子”,称为“Liebig 最小因子法则”(law of the minimum)。Liebig 最小因子法则不仅适用于土壤营养元素对作物产量的影响,光和温度等其他生态因子也具有这种限制作用。Odum(1983)对最小因子法则的概念作了两个方面的补充:一是最小因子法则只能严格用于稳态条件下,即物质和能量的输入与输出平衡。如果不处于动态平衡,那么植物对于各种营养物质的需要量就会发生变化,在这种情况下,Liebig 最小因子法则就不能应用。二是应用最小因子法则时必须考虑到各因子之间的相互关系。如果有一种营养物质的数量很多或容易被吸收,它就会影响到数量短缺的那种营养物质的利用率。另外,生物可以利用所谓的代用元素,意指两种元素属于近亲元素的话,它们之间常常可互相代用,即生态因子作用的互补性。

(2)限制因子(limiting factors)

Liebig 在提出最小因子法则的时候,只研究了营养物质对植物生存、生长和繁殖的影响,并没有考虑到能否应用于其他生态因子。经过多年研究,Blackman F F 通过光合作用实验发现,植物的生存与繁殖依赖各种生态因子的综合作用。其中限制植物生长和繁殖的关键性生态因子就称为限制因子(limiting factors)。任何一种生态因子只要接近或超过植物所能忍受的最低限度,就成为这种植物生长的限制因子。

如水分是干旱地区的限制因子,坡度是坡面绿化和生态防护中的限制因子。主导因子不一定是限制因子,但限制因子一定是主导因子。一旦环境变化,植物对主导因子的需要得不到满足,主导因子便很快成为限制因子。限制性因子的分析有利于在边坡绿化和生态防护中能够抓住矛盾的主要方面,采取针对性的措施予以解决,保证工程实施的成功率。

(3)耐性定律(Shelford)

1913 年美国生态学家 Shelford V E 在 Liebig 最小因子法则的基础上又提出了耐受性法则或称 Shelford 耐性定律(Law of tolerance)。即生物对每一种生态因子都有其耐受的上限和下限,上下限之间为耐性范围,即生态幅。在这个生态因子作用范围内,生物能生长、发育、生殖并能很好地适应;若生态因子作用强度超出这个范围,该生物种就不能生存甚至灭绝。

Shelford 耐性定律在很大程度上进一步扩充和完善了限制因子的概念。任何接近或超过植物耐性范围的生态因子都可以成为限制因子,但不同生态因子成为限制因子的可能性不同。一般植物对某一生态因子的耐性范围越宽,生态因子的稳定性越强,那么该生态因子越不容易成为限制因子。

2)空间格局原理

(1)种群密度制约原理

根据经典的阿利氏原理(Allee′s principle),种群密度太高或太低,都可能成为种群发展的限制因子。另外,在某些情况下,对于每个个体的可利用空间而言,如果高于或等于最适宜的空间,那么就可以产生有利影响,而如果空间太小,则会产生不利影响。

种群密度制约原理有助于在边坡生态防护中加强对生物种群密度配置的研究,选用合理的物种密度,并通过加强管理来人工调控,使植物群落生物种的密度趋于合理。

(2)种群的空间分布格局原理

种群的空间分布格局在总体上有随机、均匀和集群分布格局的方式。种群的空间分布格局原理在指导边坡生态防护的植物配制避免过于规则化、均匀化的现象,按照近自然的原则进行自然式布置。

(3)生态位原理

生态位是指"生态系统中各种生态因子具有明显的变化梯度,这种变化梯度中能被某种生物占据利用或适应的部分"。不同种生物在生态系统中占有资源和空间,其生态位的大小反映了种群的遗传学、生物学和生态学特征。一个生物种群在生态系统中所处的状态是空间生态位、时间生态位和营养生态位的统一。对于退化生态系统的恢复与重建均应考虑各物种在水平空间、垂直空间和地下根系的生态位分化。使物种在分布、形态、生理、营养、年龄、时间、高度等方面有适当的差异并分别占领相应的生态位。

根据生态位原理,要避免引进生态位相同的物种,尽可能使各物种的生态位错开,使各种群中具有各自的生态位,避免种群之间的直接竞争,保证群落的稳定。合理运用生态位原理,构建一个具有多样化种群的稳定而高效的生态系统。

3)生态演替原理

演替是一个植物群落为另一个植物群落所取代的过程,它是植物群落动态的一个最重要的特征,演替导向稳定性,是植被生态学的一个首要和共同的法则。演替顶级或称为顶级群落,则是演替最终的成熟群落,顶级群落的种类彼此间在发展起来的环境中能很好地配合,能够在群落之内繁殖、更新。顶级群落无论在区系植物上和结构上,以及它们相互之间的关系和与环境相互间的关系都趋于稳定。同一地段顺序出现的生物群落都要经过迁徙、定居、群聚、竞争、反应和稳定的阶段而达到与生境相应的稳定群落阶段。

4)生物多样性原理

生物多样性一般的定义是"生命有机体及其赖以生存的生态综合体的多样性化和变异性"。生物多样性有着丰富的内容,包括多个层次,主要是:遗传多样性、物种多样性、生态系统多样性和景观多样性。

遗传多样性又称基因多样性,指广泛在于生物体内、物种内以及物种间的基因多样性。物种多样性是指物种水平的生物多样性。生态系统多样性是指生境的多样性、生物群落多样性和生态过程的多样性。景观多样性是指不同类型的景观在空间结构、功能机制和时间动态方面的多样化和变异性。

MacArthur在进行群落学研究时发现自然群落的稳定性归结为取决于两个方面的因素,一是物种的多少,二是物种间相互作用的大小,而物种的多少对稳定性的作用是最基本的。一个物种较多的群落就可能保持稳定。退化生态系统的恢复过程,毫无例外地增加了生态系统的物种多样性,最终生态系统的演替趋向于稳定的地带性顶级类型。

5)自生原理

自生原理包括自我组织、自我优化、自我调节、自我再生、自我繁殖和自我设计等一系列机制。自生作用是以生物为主要和最活跃组成成分的生态系统与机械系统的主要区别之一。生态系统的自生作用能维护系统结构和动能的相对稳定、动态稳定及可持续发展。

(1)自我设计与人为设计原理

自我设计理论与人为设计理论都是生态系统恢复的理论观点。自我设计理论认为,退化生态系统会根据环境条件改变系统内部组分,合理调整系统结构,只要有足够的时间,随着时间的延续,会形成稳定的生态系统。人为设计理论认为,通过工程和生物方法可直接恢复退化生态,可以根据需要选择或引导恢复生态系统的类型,并认为通过调整物质生活史的方法即可加快植被的恢复。自我设计理论把恢复放在生态系统层次考虑,最终决定群落类型的是群落的环境;而人为设计理论的恢复,考虑的是生态系统内的个体或种群的生活和发育,因此人为因素决定了恢复的结果可能是多样的。

(2)自我维持原理

生态系统是直接或间接地依赖太阳的系统,因而是一个自我维持系统。一旦一个系统被设计并开始运作,它就能不断地自我维持,其间仅靠适量的外界投入。如果该系统不能自我维持,说明在系统和环境间的联结不畅。

(3)自我调节原理

自我调节是属于自我组织的稳态机制,其目的在于完善生态系统整体的结构与功能,而不仅是其中某些成分的量的增减。在一个稳态的生态系统中负反馈常较正反馈占优势。自我调节能在有利的条件和时期加速生态的发展,同时在不利时也可受害,得到最大限度的自我保护,即它们对环境变化有强的适应能力。生态系统的自我调节主要表现在同种生物种群间密度的自我调节、异种生物种群之间数量调节、生物与环境之间的相互适应调节三个方面。

6)缀块—廊道—基底理论

景观的结构单元为:缀块、廊道和基底。缀块泛指与周围环境在外貌和性质上不同,并具有一定内部均质性的空间单元。具体地讲,缀块可以是植物群落、湖泊、草原、农田或居民区等。廊道是指景观中与相邻两边环境不同的线性或带状结构,如本书所谈论的高速公路就是一种最为常见的廊道。基底则是指景观中分布最广、连续性最大的背景结构。常见的有森林基底、草原基底、农田基底、城市基底等等。景观中缀块面积的大小、形状以及数目,对生物多样性和各种生态学过程都会有影响。景观生态学理论核心集中表现为空间异质性和生态整体性两方面。

3.2 生态护坡稳定系数公式的推求

3.2.1 影响因子遴选分析

1)基岩面和滑动面形状

基岩面定义为"判断为未曾滑动过,今后也几乎不会滑动的地下层面"。换句话说即"判断滑动面只能与它相贴接或相切而不能穿过它的面"。具体地说,根据用管状应变测定仪等量测的结果,其下无累计位移量,钻孔岩芯呈柱状,加上构成作为地层的连续面,构成地下水的隔水层等情况作出判断的面。实际上,这些条件并不是总能得到充分确认和观察的,有时不得不依据其中的若干条件来推定。

稳定性分析一般以滑坡主轴断面为对象。稳定性分析公式也随滑动面形状的不同(圆弧形或复合形)而异,因而所得的结果也不同。因此,正确确定滑动面是一项重要工作,与前项基岩面一样,多数场合都存在推定因素。在推定作用于滑动面的孔隙水压力以前,必须推定滑动面。

2）黏着力和内摩擦力

稳定性分析所需的三个土质参数为滑体的容重 γ 和抗剪强度参数 c、φ，特别是 c 和 φ 很难确定。

土质参数可由土工试验求得，但存在以下问题：

①需求取的、为沿整个滑面的平均值；

②不同位置土的强度参数差异很大，不能用某一个位置的土样试验值代表整个滑面；

③试验中不扰动土样是不可能的；

④土的强度参数受取样时的扰动影响很大。

3）根系类型及分布

大量已有的研究表明，植物在厚层土体环境下，根系通常有足够的空间可以伸展，无论是宽度和深度都得以正常生长和伸长，根系在土中分布的密度自地表向下逐渐减小，逐渐细弱。

在客土喷播生态护坡条件下，根系的延伸空间会受到极大的限制，主要表现为三种情况（图3-1）。在土质边坡情形下，根系可以在较深的土体环境下均匀下扎，延伸空间的限制因子小，因而仍然表现为上层土壤根系分布比下层根系分布密集。在土石边坡情形下，当根系伸长时，遇到局部岩石则会绕行，最终形成不规则的根系分布，表现为局部稀疏和密实的情况。在石质边坡条件下，当根系在有限厚度的土体内延长后，只有少数甚至没有根系可以扎进坚硬的岩石层，而由于继续的伸长必须使根系沿坡面方向继续斜向下延伸，最终形成生态护坡条件下特有的根系分布特征，即有限厚度土层中，下部根系分布比上部根系分布密集，交错程度复杂。

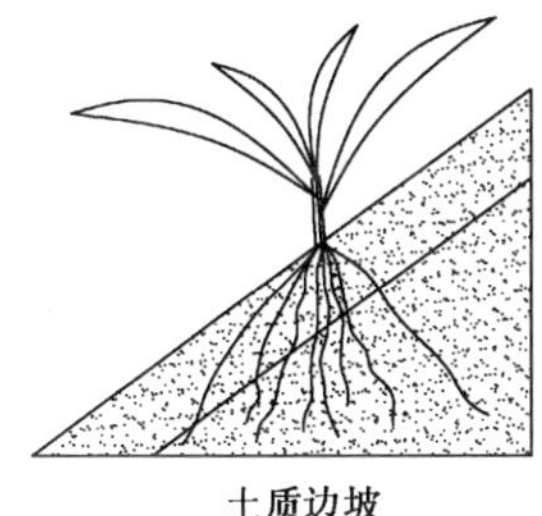

土质边坡

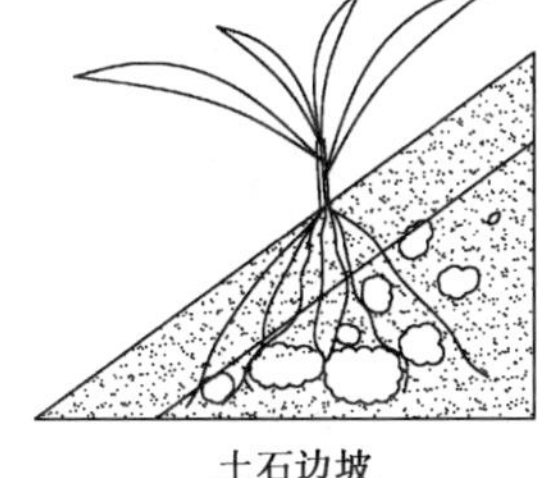

土石边坡

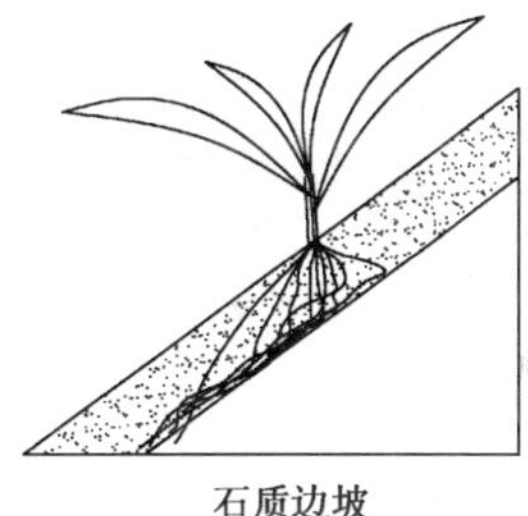

石质边坡

图3-1　不同类型边坡客土喷播生态护坡根系分布示意图

2009年7月24日，我们对济莱高速公路生态护坡试验工程中的植物根系观测中发现，株高40cm的紫穗槐根系（边坡坡率1:0.8，砂土边坡）从根径处侧分的根数目为3根，最大根直径达0.56cm，最长的一根根长达1m；株高40cm紫花苜蓿根系（边坡坡率1:0.6，石质边坡）主要为单一根系，其主根根径达1.09cm，根长86cm，从主根上分蘖出的12根根径 >0.05cm 的侧根。由此可见，无论是草本植物还是木本植物，其根系均有粗细大小之分，在较多的研究中只提出草本植物根系为细小根系是一种不科学的提法，在生态护坡中只适用于禾本科、莎草科等草本植物类型，而不适合于豆科草本植物和灌木植物。通过一系列的根系测定试验表明，生态护坡工程中的植物根系对边坡土体结构影响较大，对边坡土体的稳定性起着明显的加固凝结效果。

就单株多年生植物而言，从施工前到施工完成后的两年时间内，植物根系的长度和根径都在逐年增长和增粗，其受抗拉能力也逐年增加，因此对边坡浅层土体的稳定性也在逐年加强。同时从图3-2中也可以看出，生态防护工程解决的只是边坡浅层土层稳定问题，尤其是在硬质弱风化石质边坡客土喷播工程中，根系在短期内往往极难进入岩石层，往往只局限在10～20cm垂直深度范围内，使得植物根系有效作用深度和面积受到极大的限制。

此外，人为的影响也能改变根系的分布形态，一般认为用种子繁殖苗木主根明显，根系深，而移植苗木或扦插、压条等方式主根发育不良，根系较浅。例如，在济莱高速公路生态护坡试验工程中第九合同路段播种的沙棘和栽种的沙棘具有不一样的根系情况，其中以栽种的沙棘根系扎根深度和水平伸展幅度小于播种的沙棘。在济莱高速公路生态护坡第七合同路段中的阴面二级边坡中有着明显的区域性，有的侧槐树经过两年生长后株高就已达3m。总之，单一植物的根系形态，都因遗传具有一定的共同特征，但受立地条件、人为条件等的变化，也会使形态特征在一定程度上发生变化。

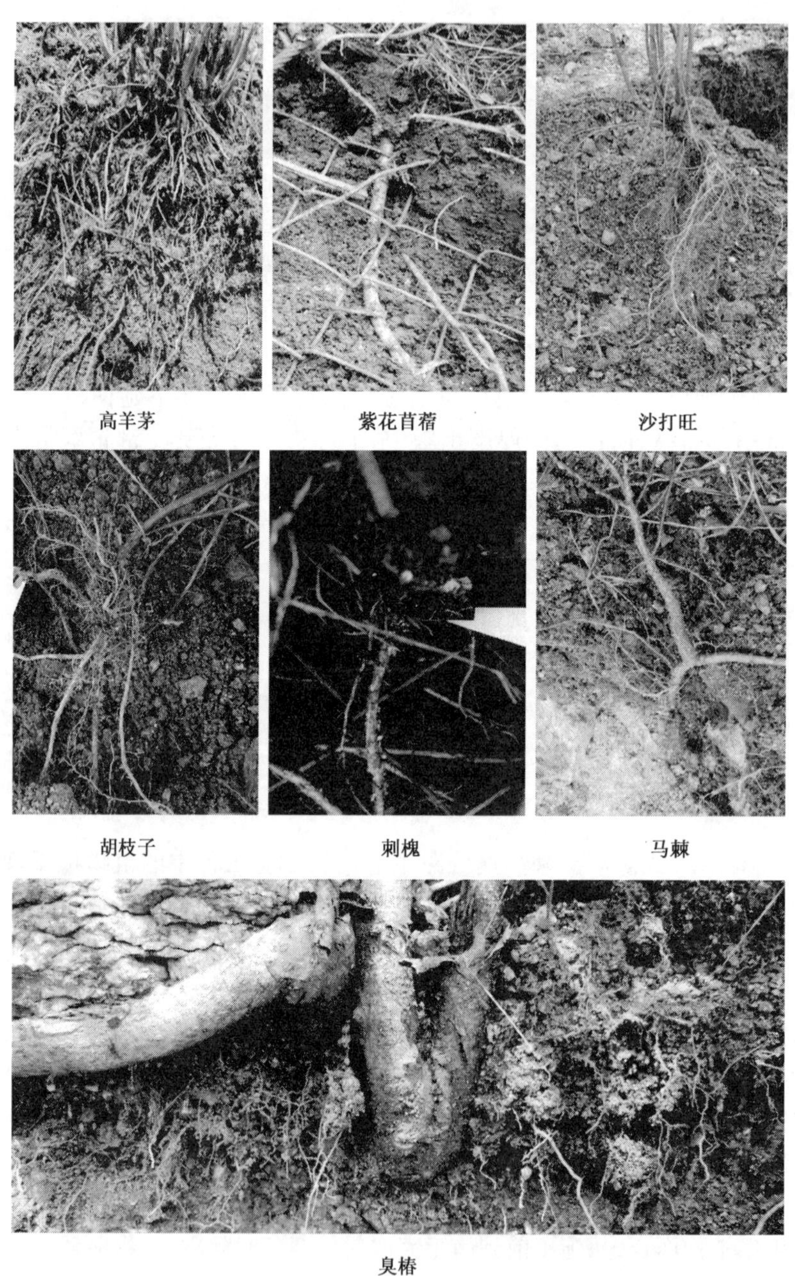

图3-2 坡面现位剖切根系分布

3.2.2 植物根系力学分析

目前在植物根系力学研究中一般将植物根系区分为草本植物根系和木本植物根系两种对象处理,分别计量根-土复合体中植物根系的加筋作用,从而建立相互作用力学模型。但通过现场试验发现,这种分类方式并不一定适用于生态护坡工程,因为在客土喷播工程等生态护坡工程存在的浅层土体中,许多客观条件比较特殊,假想和简化的参数具有单一性,并且这种分析的根系力学与生态植被没有太多的关联,在实际运用过程中也没有从根本上提出植物根系对生态护坡工程中浅层土体稳定性的综合计算。本书结合济莱高速生态护坡试验工程中的大量原位根系检测试验结果和前述的根系类型及分布情况可以看出,部分草本植物和木本植物同样具有较粗的根,且同样具有木质成分,使得其在受力过程中可明显区别于其他根径小的草根和木质细根。因此,在对生态护坡植物根系进行力学分析前,有必要对不同的植物根系类型进行分析、判定,并提出相应的力学计算方法。

1)根系类型判定

植物根系在浅层根土界面上的力学作用,能在土壤和根系之间传递,从而形成整体的抗张强度。植物根系受力情况时,如果根土静摩擦力大于抗拉力,根系被拉断,其对土体的抗滑作用主要表现在根系沿滑面的抗拉强度分量,通常为草本植物根系和细小的木质根系。相反,如果根土静摩擦力小于抗拉力,土体滑动时根系没有被拉断,其对土体的抗滑作用主要表现在静摩擦力,通常为较粗的木质根系。

(1)摩擦型根系

若植物根系的木质结构发达,抗拉能力强,在坡面浅层土体发生滑动时也很难破坏根系结构,这种类型的木质根系在表层土壤中延伸,往往因为根径较大,单位根长具有更多的表面积与土体颗粒相接触,并在根系上生长大量的小侧根或根毛状微根,从而依靠与土体的附着黏结,起着三维加筋及锚固作用,产生较大的静摩擦力,定义为摩擦型根系。这种根系主要特征就是根径较大,具有较多的木质结构成分,在坡面土体下滑后,植物根系仍然存在坡面,根系外露。所有的木本植物都具有这种根系,如胡枝子、紫穗槐、刺槐、马棘、沙棘、臭椿、荆条、构树、酸枣、榆树等。但并不只包含木本植物,也有大量的草本植物属于这种类型,如常见的豆科护坡植物中的紫花苜蓿、沙打旺、草木樨,大量原生植物中的一年蓬、山莴苣、小藜、红蓼、酸模、鹅绒藤等。

(2)抗剪型根系

若植物根系的木质结构较为弱化,根径细小,在坡面浅层土体发生滑动时将直接破坏根系结构,拉伸、变形,直到最后断裂,这部分根系往往与土壤颗粒结合较多,但自身抗张强度弱小,在坡面受力较大发生破坏时也会造成自身结构的破坏,从而最大限度地实现自身对维持土体结构稳定的贡献能力,无论是草本植物还是木本植物,都会具有大量这种类型的根系,因而对边坡土体的稳定性起着明显的加固凝结效果,定义为抗剪型根系。这种根系主要特征就是根径较小,具有较小或完全没有的木质结构成分,当坡面土体下滑时,根系在土体断裂区域一分为二发生断根,上部根系继续保留在坡面,而下部根系则保留在下滑土体中。生态护坡工程中所有的草本植物和木本植物都会具有这种根系,大量的禾本科草本植物如多年生黑麦草、结缕草、高羊茅、稗草、狗尾草、莎草、羊草、马唐、野燕麦、野古草、野黍、隐子草等的所有根系均属于此类。

(3)判定标准

讨论摩擦型根系和抗剪型根系是以在坡面发生破坏为前提的,而判定的依据归结为比较根系的抗拉强度和静摩擦力的大小,而并不是根系的粗细大小。

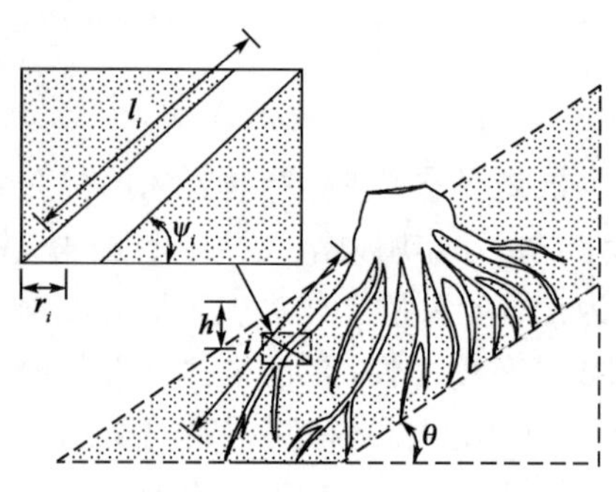

图 3-3　生态护坡工程中根系受力判别

对于任意植物单根，受力分析如图 3-3 所示，根系在浅层土体中有效长度为 l，从土表往下逐次分为 n 段，每段对应的长度分别为 l_1、l_2…、l_n，半径分别为 r_1、r_2…、r_n，则有：

$$l = l_1 + l_2 + \cdots + l_n \tag{3-1}$$

取任意第 i 段，则其表面积和体积计算式为：

$$S_i = 2\pi r_i \tag{3-2}$$

$$V_i = \pi r_i^2 l_i \tag{3-3}$$

若第 i 段与土表的平均竖直距离为 h_i，则第 i 段承受的浅层土重计算式为：

$$m_{土} = \gamma l_i h_i \cos\psi \tag{3-4}$$

式中：γ——浅层土容重；

ψ——根系与水平方向夹角。

设单株植物根系单根地上部分的植株重量为 m_a（可通过刈割获取数据），根系重量为 m_b（可通过挖取根系称量获取数据），则从土表第 1 段至第 i 段的这部分根段总重为：

$$\begin{aligned} m_{1-i} &= \frac{\pi r_1^2 l_1 + \pi r_2^2 l_2 + \cdots + \pi r_i^2 l_i}{\pi r_1^2 l_1 + \pi r_2^2 l_2 + \cdots + \pi r_i^2 l_i + \cdots + \pi r_n^2 l_n} m_b \\ &= \frac{m_b \sum_{i=1}^{i} r_i^2 l_i}{\sum_{i=1}^{n} r_i^2 l_i} \end{aligned} \tag{3-5}$$

对于第 i 段根系而言，其承受到植物附加的总重为：

$$\begin{aligned} m_i &= m_{土} + m_a + \frac{m_b \sum_{i=1}^{i} r_i^2 l_i}{\sum_{i=1}^{n} r_i^2 l_i} \\ &= m_a + \gamma l_i h_i \cos\psi + \frac{m_b \sum_{i=1}^{i} r_i^2 l_i}{\sum_{i=1}^{n} r_i^2 l_i} \end{aligned} \tag{3-6}$$

因此，假定根系与土体之间的静摩擦系数为 μ，对于第 i 段根系所能随的最大静摩擦力为：

$$f_i = \mu m_i g = \mu g \left(m_a + \gamma l_i h_i \cos\psi + \frac{m_b \sum_{i=1}^{i} r_i^2 l_i}{\sum_{i=1}^{n} r_i^2 l_i} \right) \tag{3-7}$$

假定第 i 段根系的抗拉强度 T_i，则有：

当 $f_i \leqslant T_i$，第 i 段根系在浅层土体破坏时不发生断根，为摩擦型根系；

当 $f_i \geqslant T_i$，第 i 段根系在浅层土体破坏时会发生断根，为抗剪型根系。

由此可见，抗剪型根系和摩擦型根系的判定并不单指根径的粗细，与它的分布情况，如角度、高度、土容重等参数，同时也印证了并不能将植物根系区分为木本植物和草本植物而论，也有可能同一根系不同区段具有不同的力学作用模式，即一部分属于摩擦型根系，另一个部分属于抗剪型根系，所以应当分根段区别量化计算。

2)有效面积的判定

在模拟量化植物根系力学作用时,为方便与地上植被联系在一起,将单株草本植物根系的作用范围定义在其植株地上部分覆盖范围内,即直径为 d 的有效冠幅,见图 3-4。

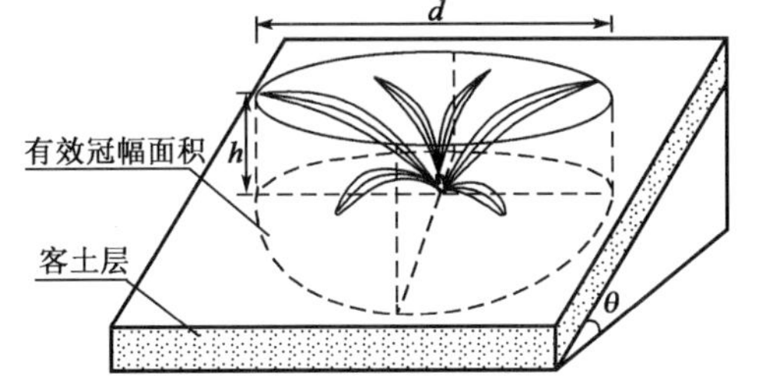

图 3-4　生态防护工程中单株植物有效冠幅

图 3-4 将有效冠幅设定为以植物的根径处为中心点,沿水平方向的标准圆,当作用在坡度 θ 的坡面上时,其有效作用面积实际为近规则椭圆,其面积计算式为:

$$A = \frac{1}{4}\pi d^2 \csc\theta \tag{3-8}$$

根系实际分布不可能完全处于有效冠幅范围内,这里仅仅是为计算公式假设的一个概念,在有效冠幅范围外的根系可以通过重新累加计算。这种方法在研究单株植物根系受力情况的同时,建立了根系力学与植被的对应关系,通过只测量地上植株部分即可得知大致的根系情况,从而为在不破坏坡面土体的条件下方便地探讨各个时期的植被护坡效果创造条件。

3)抗剪型根系力学分析

由于抗剪型植物根系的单根根径较小且均匀,没有木质成分和分节结构,因而受力相对相同,在假定浅层土体失稳情形下完全表现为断裂状态,因而将考虑所有抗剪植物根系的抗拉能力作用及增加土体抗剪能力的情况。

图 3-5 为抗剪型植物单根在坡面条件下对浅层土体作用的加筋力学模型,假定抗剪型根系的抗拉力 T 受根系木质结构大小的影响均匀,与根截面面积成正比,即根径的平方大小成正比,系数为 k,则有:

$$T = kr^2 \tag{3-9}$$

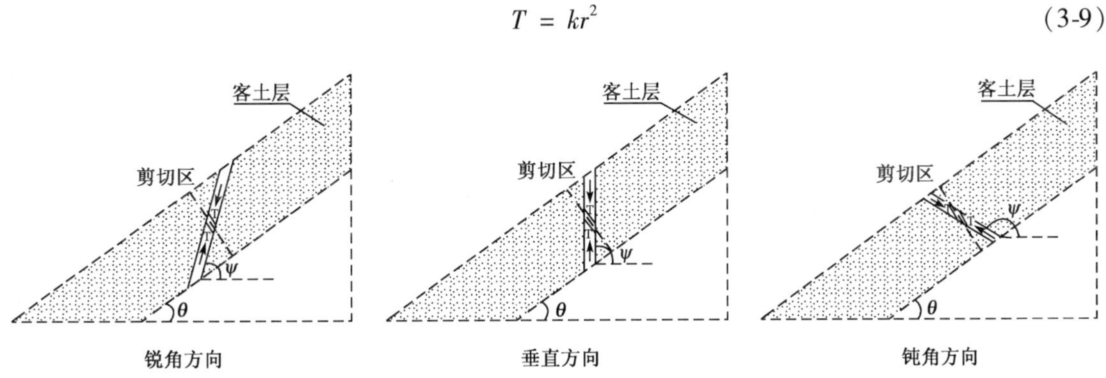

图 3-5　生态防护工程中单根植物加筋角度类型

根据图 3-5 易于推导出式(3-10):

$$\begin{aligned}\tau_R &= \frac{T}{a}\cos(\psi - \theta) + \frac{T}{a}\sin(\psi - \theta)\tan\varphi \\ &= \frac{kr^2}{a}\cos(\psi - \theta) + \frac{kr^2}{a}\sin(\psi - \theta)\tan\varphi\end{aligned} \tag{3-10}$$

式中:τ_R——由于抗剪型植物根系加筋作用所增加的土体的抗剪强度;

k——单位根径抗拉力系数(不同于抗拉强度);

r——根径;

a——单根有效作用土体面积；

ψ——单根与水平方向的夹角；

θ——边坡坡度角；

φ——土体的内摩擦角。

假定植株作用面积为A，共有n个根系，根径分别为r_1、$r_2\cdots r_n$，每个根系与水平方向的夹角为剪切变形角分别为ψ_1、$\psi_2\cdots\psi_n$，则该株植物的所有抗剪型植物根系加筋作用后的沿坡面方向的抗剪强度增值为：

$$\tau_R=\frac{\sum_{i=1}^{n}T_i\cos(\psi_i-\theta)}{A}+\frac{\sum_{i=1}^{n}T_i\sin(\psi_i-\theta)}{A}\tan\varphi$$

$$=\frac{k\sum_{i=1}^{n}r_i^2\cos(\psi_i-\theta)}{A}+\frac{k\sum_{i=1}^{n}r_i^2\sin(\psi_i-\theta)}{A}\tan\varphi \tag{3-11}$$

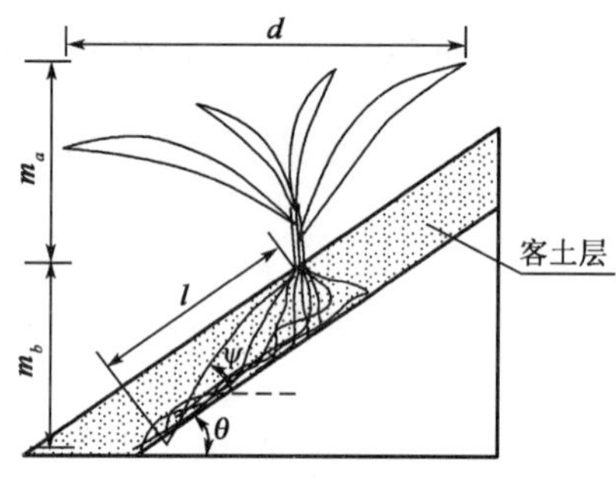

图3-6　生态防护工程中单株植物力学分析

另外，若考虑植物自重对坡面土体产生的压力，可将单株植物分为地上部分m_a和地下部分m_b，如图3-6所示。

植株：m_a，可以直接采用刈割称重获得；

根系：$m_b=\sum_{i=1}^{n}l\chi$，式中χ为单位根长的平均重量值，通过取根测定获得。

由此，可以计算出植物根系对沿坡面方向的抗剪强度总增值为：

$$\tau_R=\frac{k\sum_{i=1}^{n}r_i^2\cos(\psi_i-\theta)}{A}+\frac{k\sum_{i=1}^{n}r_i^2\sin(\psi_i-\theta)}{A}\tan\varphi+\frac{m_a+m_b}{A}\tan\varphi$$

$$=\frac{k\sum_{i=1}^{n}r_i^2\cos(\psi_i-\theta)}{\frac{1}{4}\pi d^2\csc\theta}+\frac{k\sum_{i=1}^{n}r_i^2\sin(\psi_i-\theta)}{\frac{1}{4}\pi d^2\csc\theta}\tan\varphi+\frac{m_a+\sum_{i=1}^{n}l\chi}{\frac{1}{4}\pi d^2\csc\theta}\tan\varphi$$

$$=\frac{4\cos\theta}{\pi d^2}\left\{k\sum_{i=1}^{n}r_i^2\cos(\psi_i-\theta)+\left[k\sum_{i=1}^{n}r_i^2\sin(\psi_i-\theta)+\sum_{i=1}^{n}l\chi+m_a\right]\tan\varphi\right\} \tag{3-12}$$

4）摩擦型根系力学分析

根据最大静摩擦力的计算，可以得出生态护坡条件下沿坡面方向的抗滑阻力大小，即：

$$F=\sum_{i=1}^{n}f_i=\sum_{i=1}^{n}\mu g\left(m_a+\gamma l_ih_i\cos\psi+\frac{m_b\sum_{i=1}^{i}r_i^2l_i}{\sum_{i=1}^{n}r_i^2l_i}\right)$$

$$=\mu g\left(m_a+\gamma\cos\psi\sum_{i=1}^{n}l_ih_i+m_b\frac{\sum_{i=1}^{n}\sum_{i=1}^{i}r_i^2l_i}{\sum_{i=1}^{n}\sum_{i=1}^{n}r_i^2l_i}\right) \tag{3-13}$$

因此，摩擦型根系对土体的抗剪强度增量值计算式为：

$$\tau_R = \frac{\sum_{i=1}^{n} f_i}{A}\cos(\psi-\theta) + \frac{\sum_{i=1}^{n} f_i}{A}\sin(\psi-\theta)\tan\varphi$$

$$= \frac{\mu g[\cos(\psi-\theta)+\sin(\psi-\theta)\tan\varphi]}{A}\left(m_a + \gamma\cos\psi\sum_{i=1}^{n} l_i h_i + m_b\frac{\sum_{i=1}^{n}\sum_{i=1}^{i} r_i^2 l_i}{\sum_{i=1}^{n}\sum_{i=1}^{n} r_i^2 l_i}\right) \tag{3-14}$$

式中：τ_R——单根摩擦木本根系对浅层土体抗剪强度增量；

A——根系单位作用面积；

μ——根土静摩擦系数；

ψ——单根与水平方向的夹角；

θ——边坡坡度角；

φ——土体内摩擦角；

n——单根的分段数；

i——单根第 i 分段；

r_i——第 i 段根半径；

l_i——第 i 段根长度。

图 3-7　紫花苜蓿根系分布

公式中将根土的静摩擦力系数作为个参数值，与根系表面的粗糙程度和根土紧实度有关，在生态护坡工程中往往根据边坡和植物根系的不同特点存在明显差异。如图3-7 所示，济莱高速公路生态护坡试验工程根系检测的两年生长后的紫花苜蓿根系往往呈现两种分布范围，一种以多根径、多角度的方式在喷播土层中延伸，另一种则是直接扎入砂岩内。前者由于土层容重值较小，土壤颗粒间存在较大空隙，且土层厚度有限的原因使根土间的紧合度不高，从而使静摩擦力系数不高，而后者在同等条件下使根土（岩）间的静摩擦系数值增大。在模拟计算时通常只将静摩擦系数作为一个常量，取值则是通过大量的实际计测的平均结果。

若单位作用面积内有 m 个摩擦型根系，每个摩擦型单根对应的抗剪强度增量值为 τ_{R1}、τ_{R2}…τ_{Rm}，则摩擦型木本植物根系对土体的抗剪强度总增量为：

$$\tau_R = \sum_{i=1}^{m} \tau_{Ri} \tag{3-15}$$

3.2.3　根土抗剪强度的确定

在生态护坡植被覆盖坡面条件下，植物根系互相缠绕形成具有一定抗张拉强度的根系网，将根际土壤固结为一个整体，同时根系把浅层土壤锚固并紧贴原坡创面，从而更加稳定，提高并实现浅层土体的稳定性。

植被力学效应源于植物体与土壤的机械作用，具体包括根系的土壤加强作用、锚固约束作用、拱顶和土体支撑作用及表面根网作用。国内外研究表明：无根系土体的抗剪强度符合库仑定律，而对于坡面植物根系而言，也符合这一规律，主要是对土壤黏聚力的增强作用，提高抗滑移抵抗力，并非体现在提升土体的内摩擦角。

对于无根系土体而言，其抗剪强度计算公式为：

$$\tau = c + \sigma\tan\varphi \tag{3-16}$$

根据库仑定律(图 3-8),可以进一步得出有根系土体的抗剪强度计算公式为:

$$\tau = c + \Delta c + \sigma\tan\varphi \tag{3-17}$$

式中:τ——原土抗剪强度,N/m^2;

c——原土黏聚力,N;

Δc——根系对土体的黏聚力增量,N;

σ——标准应力,N/m^2;

φ——内摩擦角,°。

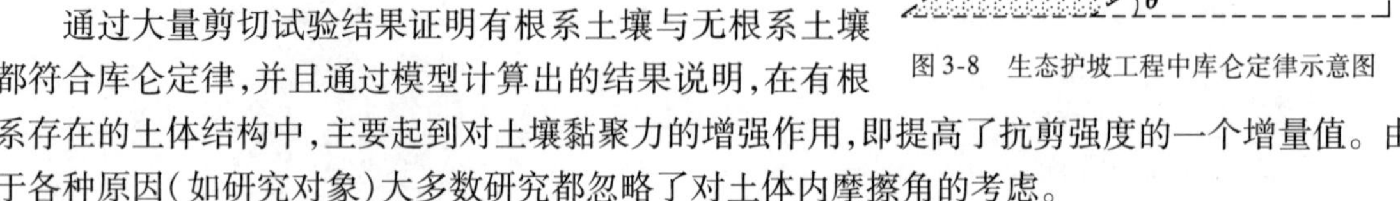

图 3-8　生态护坡工程中库仑定律示意图

1)黏聚力

通过大量剪切试验结果证明有根系土壤与无根系土壤都符合库仑定律,并且通过模型计算出的结果说明,在有根系存在的土体结构中,主要起到对土壤黏聚力的增强作用,即提高了抗剪强度的一个增量值。由于各种原因(如研究对象)大多数研究都忽略了对土体内摩擦角的考虑。

对于生态护坡条件下的稳定性的计算,由于是在原始裸露坡面上进行植被恢复,往往通过在坡面营造了一层浅层土壤,这种环境下对植物的正常生长有一定的限制。因此在有限的浅层土壤中,单位体积土壤含根量迅速变化,根系分布情况不同,浅层土体的结构也并非均质,尤其是当大量根系填实土壤空间后,使原土中只存在单一土壤颗粒的结合方式,改变为土壤颗粒结合、根表面与土颗粒结合、土颗粒与坡面剖面结合、根表面与土颗粒剖面结合等多种形式,从而影响到原土的内摩擦角。因此,所提出的生态护坡稳定性计算公式,是综合考虑生态护坡情形下浅层土壤的多个稳定因子而建立的,基于库仑定律基础上的修正模型。

$$\tau = (c + \Delta c) + (\sigma + \Delta\sigma)\tan(\varphi + \Delta\varphi) \tag{3-18}$$

根据式(3-18)可以看出,生态护坡的稳定性影响因子不仅决定于植物根系分布情况,还与根系抗拉强度、根土结合程度、地上植株重量等有关。本书首先从植物根系机械力学分析入手,根据植物的力学特性和机理分为摩擦型植物根系和抗剪型植物根系,分别模拟当浅层土体沿坡面发生破坏时的力学抗剪模型,进而分别计算其对浅层土体的抗剪强度最大增量值,最后通过现场试验测定讨论黏聚力、应力、内摩擦角的变化规律。

2)应力

生态护坡条件下考虑的应力主要是包括坡面土壤和坡面植被以及影响范围内根的重量,即在讨论植物根系力学时假定的 m_a、m_b、$m_{土}$。

m_a、m_b、$m_{土}$三个影响因子直接影响到应力的大小及变化规律。以客土喷播生态护坡工程为例,自施工完成后,植物可在一周内迅速出苗,并经历短期草本幼苗期后,即可形成致密的草本植被覆盖层,可以认为是植物种子通过自身的生理生化功能,吸取土壤和空气中的养分,积蓄为自身结构,从而出现了地上植株部分重量 m_a 和地下根系部分 m_b,而土壤自重 $m_{土}$虽有可能减少,但相对衰减量应当极小,因而此时可以将 $m_{土}$视作非变量。在经历前期的草本植被覆盖时期后,通常会出现灌木植物逐渐长势加强,形成优势覆盖植被,从而最终形成稳定的草灌植被类型,无论是地上植株部分重量 m_a 和地下根系部分 m_b 都在迅速增加,而土壤自重 $m_{土}$已经存在一定程度的减少,直至最终趋于稳定。

因此可见,m_a、m_b、$m_{土}$三个影响因子的受时间因素影响变化大,包括年际和季际,需要长期监测和定量测定后才可能提出二者间的相互变化趋势。基于时间关系,本书只讨论 m_a、m_b、$m_{土}$三者的量化方法,并通过现场监测数据配合说明。

(1)地上植株重量

地上植株 m_a 包括草本植物和木本植物,以及散落在植被基部的枯枝落叶。在量化 m_a 时,均可通过刈割单位面积内活体植株重量进行称重。

(2)地下根系重量

地下根系重量也包括草本植物和木本植物。在量化 m_b 时,由于草本植物根系细小且致密,可以直接通过挖取单位面积内的所有草本植物根系,洗净后稍作风干处理后称重即可;而木本植物多由主根系组成,根径大小差别较大,应对其根径进行分级,并通过土体剖面记录其分布位置,再进行分级称重。

(3)有效土体重量

有效土体重量是指分布于根系上部对植物根系有效应力作用的部分土壤。对于草本植物根系而言,在有限浅层土壤空间内部充实,大部分均为有效土体,因而可将单位面积内的所有土体作为 $m_{土}$;而对于木本植物根系而言,单根的分布明显不同,因而通过根径分级和分布进行有效土体重量分别测定,通常测定出土壤的平均容重,记录根与土表的竖直距离,以方便求得根系上部 $m_{土}$。

3)内摩擦角

内摩擦角是土体抗剪强度指标,反映了土的摩擦特性,主要包含两个部分:土颗粒的表面摩擦力,颗粒间的嵌入和联锁作用产生的咬合力。在生态护坡工程中,内摩擦角是在原土结构中加入了植物根系的因素,因而在根系占据土壤一定空间后,与土壤的接触紧实程度决定了内摩擦角必然有一定的变化。

设生态护坡工程中浅层土体的原始土壤的内摩擦角为 φ,考虑土壤植物根系复合结构时,根土体积比为 λ,根系对根土复合结构内摩擦角影响为 $f_{(\lambda)}$。当 λ 值增大时,表明植物根系占据土壤空间增大,而土壤在原有的空间范围内,土壤空隙被根系填充后,土壤颗粒会受到一定的挤压,相互嵌入程序因而会受到一定增加,因此 $f_{(\lambda)}$ 与 λ 为正相关关系,即根土复合结构的内摩擦角应当是在原始土壤内摩擦角 φ_0 的基础上加上一个 $f_{(\lambda)}$ 增量,即:

$$\varphi = \varphi_0 + f_{(\lambda)} \tag{3-19}$$

式中,φ_0 和 $f_{(\lambda)}$ 可以分别通过原始土体和根土复合结构的多次剪切试验测得。

3.2.4 不同植被类型的稳定系数公式

在讨论植物根系力学、根土抗剪强度的基础上,可针对不同植被类型的稳定性情况进行计算。这里所指的不同植被类型主要包括以下三种类型,即以禾本科草本植物为主的草本型植被,以紫穗槐、马棘等豆科木本植物等为主的灌木型植被,以多样性草灌植物结合的草灌型植被。

1)草本型植被

以禾本科草本植物为主的草本型植被的根系主要以抗剪型根系存在,这里假设在单位面积 A 内有 m 株抗剪型根系,根据推导的根系力学、应力及内摩擦角计算公式可以得出:

草本植被根土自重计算式为:

$$\begin{aligned} W &= m_{土} + \sum_{j=1}^{m} W_j \\ &= m_{土} + \sum_{j=1}^{m} (m_{aj} + m_{bj}) \\ &= h\gamma A + \sum_{j=1}^{m} m_{aj} + \sum_{j=1}^{m}\sum_{i=1}^{n} l_{ij}\chi \end{aligned} \tag{3-20}$$

草本植被根系对土体的抗剪强度增量值计算式为：

$$\begin{aligned}\tau_R &= \sum_{j=1}^{m}\tau_{Rj}\\ &= \sum_{j=1}^{m}\left(\frac{\sum_{i=1}^{n}T_i\cos(\psi_i-\theta)}{A}+\frac{\sum_{i=1}^{n}T_i\sin(\psi_i-\theta)}{A}\tan\varphi\right)\\ &= \frac{\sum_{j=1}^{m}\sum_{i=1}^{n}T_{ij}\cos(\psi_{ij}-\theta)}{A}+\frac{\sum_{j=1}^{m}\sum_{i=1}^{n}T_{ij}\sin(\psi_{ij}-\theta)}{A}\tan(\varphi_0+f_{(\lambda)})\end{aligned} \tag{3-21}$$

由此可得出草本植被类型稳定性系数增量公式：

$$\begin{aligned}F_R &= \frac{\tau_R}{(m_a+m_b+m_{土})\sin\theta}\\ &= \frac{\dfrac{\sum_{j=1}^{m}\sum_{i=1}^{n}T_{ij}\cos(\psi_{ij}-\theta)}{A}+\dfrac{\sum_{j=1}^{m}\sum_{i=1}^{n}T_{ij}\sin(\psi_{ij}-\theta)}{A}\tan(\varphi_0+f_{(\lambda)})}{(h\gamma A+\sum_{j=1}^{m}m_{aj}+\sum_{j=1}^{m}\sum_{i=1}^{n}l_{ij}\chi)\sin\theta}\\ &= \frac{\sum_{j=1}^{m}\sum_{i=1}^{n}T_{ij}\cos(\psi_{ij}-\theta)+\sum_{j=1}^{m}\sum_{i=1}^{n}T_{ij}\sin(\psi_{ij}-\theta)\tan(\varphi_0+f_{(\lambda)})}{(h\gamma A+\sum_{j=1}^{m}m_{aj}+\sum_{j=1}^{m}\sum_{i=1}^{n}l_{ij}\chi)A\sin\theta}\end{aligned} \tag{3-22}$$

式中：F_R——植被浅层土体稳定系数增量；
A——根系作用面积；
τ_R——黏聚力增量；
m——植株数目；
γ——土体重度，N/cm^3；
n——单株抗剪植物根数；
T_{ij}——单根系抗拉强度；
ψ_{ij}——根系与水平方向的夹角；
θ——边坡坡度角；
φ_0——无根土体初始内摩擦角；
$f_{(\lambda)}$——内摩擦角增量；
m_{aj}——第 i 株植物地上植株重量；
l_{ij}——第 i 根的有效长度；
h——土体深度，m；
χ——单位根长重量。

2）灌木型植被

以紫穗槐、马棘豆科等木本植物为主的灌木型植被的根系主要以摩擦型根系存在，这里假设在单位面积 A 内有 m 株抗剪型根系，根据推导的根系力学、应力及内摩擦角计算公式可以得出：

灌木植被根土自重计算式为：

$$\begin{aligned} W &= m_{土} + \sum_{j=1}^{m} W_j \\ &= m_{土} + \sum_{j=1}^{m} (m_{aj} + m_{bj}) \\ &= h\gamma A + \sum_{j=1}^{m} m_{aj} + \sum_{j=1}^{m} m_{bj} \end{aligned} \tag{3-23}$$

灌木植被根系对土体的抗剪强度增量值计算式为:

$$\begin{aligned} \tau_R &= \sum_{j=1}^{m} \tau_{Rj} \\ &= \sum_{j=1}^{m} \left[\frac{\sum_{i=1}^{n} f_{ij}\cos(\psi_{ij} - \theta)}{A} + \frac{\sum_{i=1}^{n} f_{ij}\sin(\psi_{ij} - \theta)}{A} \tan\varphi \right] \\ &= \sum_{j=1}^{m} \left[\frac{\sum_{i=1}^{n} f_{ij}\cos(\psi_{ij} - \theta)}{A} + \frac{\sum_{i=1}^{n} f_{ij}\sin(\psi_{ij} - \theta)}{A} \tan(\varphi_0 + f_{(\lambda)}) \right] \end{aligned} \tag{3-24}$$

式中:$f_{ij} = \mu g\left(m_{aj} + \gamma l_{ij} h_{ij}\cos\psi + \frac{m_{bj}\sum_{i=1}^{i}\gamma_{ij}^2 l_{ij}}{\sum_{i=1}^{n}\gamma_{ij}^2 l_{ij}} \right) = \mu g m_{aj} + \mu g \gamma l_{ij} h_{ij}\cos\psi + \frac{\mu g m_{bj}\sum_{i=1}^{i}\gamma_{ij}^2 l_{ij}}{\sum_{i=1}^{n}\gamma_{ij}^2 l_{ij}}$;

A——根系单位作用面积;

μ——根土静摩擦系数;

ψ——单根与水平方向的夹角;

θ——边坡坡度角;

φ_0——土体内摩擦角;

n——单根的分段数;

i——单根第 i 分段;

γ_{ij}——第 i 段根半径;

l_{ij}——第 i 段根长度。

由此可得出灌木植被类型稳定性系数增量模型:

$$\begin{aligned} F_R &= \frac{\tau_R}{(m_a + m_b + m_{土})\sin\theta} \\ &= \frac{\sum_{j=1}^{m}\left(\frac{\sum_{i=1}^{n} f_{ij}\cos(\psi_{ij} - \theta)}{A} + \frac{\sum_{i=1}^{n} f_{ij}\sin(\psi_{ij} - \theta)}{A}\tan(\varphi_0 + f_{(\lambda)}) \right)}{(h\gamma A + \sum_{j=1}^{m} m_{aj} + \sum_{j=1}^{m} m_{bj})\sin\theta} \\ &= \frac{\sum_{j=1}^{m}\sum_{i=1}^{n} f_{ij}\cos(\psi_{ij} - \theta) + \sum_{j=1}^{m}\sum_{i=1}^{n} f_{ij}\sin(\psi_{ij} - \theta)\tan(\varphi_0 + f_{(\lambda)})}{(h\gamma A + \sum_{j=1}^{m} m_{aj} + \sum_{j=1}^{m} m_{bj})A\sin\theta} \end{aligned} \tag{3-25}$$

3)草灌型植被

以多样性草灌植物结合的草灌型植被同时包含抗剪型根系和摩擦型根系两种类型,假定坡面面积 A 内有 m 株草本植物,p 根抗剪型植物根系和 q 根摩擦型植物根系,根据草本和木本植物根系力学、应力、内摩擦角计算公式可以得出:

草灌植被根土自重计算式为:

$$W = m_{土} + \sum_{j=1}^{m} W_j = h\gamma A + m_a + m_b \tag{3-26}$$

草灌植被根系对土体的抗剪强度增量值计算式为：

$$\begin{aligned}\tau_R &= \sum_{j=1}^{m} \tau_{Rj} \\ &= \sum_{i=1}^{p} \tau_{Ri} + \sum_{j=1}^{q} \tau_{Rj} \\ &= \frac{\sum_{i=1}^{p} T_i \cos(\psi_i - \theta)}{A} + \frac{\sum_{i=1}^{p} T_i \sin(\psi_i - \theta)}{A} \tan(\varphi_0 + f_{(\lambda)}) + \frac{\sum_{j=1}^{q} f_j \cos(\psi_j - \theta)}{A} + \\ &\quad \frac{\sum_{j=1}^{q} f_j \sin(\psi_j - \theta)}{A} \tan(\varphi_0 + f_{(\lambda)}) \\ &= \frac{\sum_{i=1}^{p} T_i \cos(\psi_i - \theta) + \sum_{j=1}^{q} f_j \cos(\psi_j - \theta)}{A} + \frac{\sum_{i=1}^{p} T_i \sin(\psi_i - \theta) + \sum_{j=1}^{q} f_j \sin(\psi_j - \theta)}{A} \tan(\varphi_0 + f_{(\lambda)})\end{aligned} \tag{3-27}$$

式中

$$T_i = kr_i^2$$

$$f_{ij} = \mu g m_{aj} + \mu g \gamma l_{ij} h_{ij} \cos\psi + \frac{\mu g m_{bj} \sum_{i=1}^{i} r_{ij}^2 l_{ij}}{\sum_{i=1}^{n} r_{ij}^2 l_{ij}}$$

由此可得出草灌植被类型稳定性系数增量模型：

$$\begin{aligned}F_R &= \frac{\tau_R}{(m_a + m_b + m_{土}) \sin\theta} \\ &= \frac{\dfrac{\sum_{i=1}^{p} T_i \cos(\psi_i - \theta) + \sum_{j=1}^{q} f_j \cos(\psi_j - \theta)}{A} + \dfrac{\sum_{i=1}^{p} T_i \sin(\psi_i - \theta) + \sum_{j=1}^{q} f_j \sin(\psi_j - \theta)}{A} \tan(\varphi_0 + f_{(\lambda)})}{h\gamma A + m_a + m_b} \\ &= \frac{\sum_{i=1}^{p} T_i \cos(\psi_i - \theta) + \sum_{j=1}^{q} f_j \cos(\psi_j - \theta) + \left(\sum_{i=1}^{p} T_i \sin(\psi_i - \theta) + \sum_{j=1}^{q} f_j \sin(\psi_j - \theta)\right) \tan(\varphi_0 + f_{(\lambda)})}{(h\gamma A + m_a + m_b) A}\end{aligned} \tag{3-28}$$

式中：F_R——灌木植被浅层土体稳定系数；

τ_R——无根土体初始黏聚力；

A——草本根系作用面积；

ψ——单根与水平方向的夹角；

θ——边坡坡度角；

φ_0——无根土体初始内摩擦角；

$f_{(\lambda)}$——内摩擦角增量；

p——摩擦型根系数；

q——抗剪型根系数；

m_a——木本植物地上植株重；

m_b——草本植物地上植株重；

h——土体深度,m;

γ——土体重度,N/cm^3;

3.2.5　有关参数的确定

通过2009年6月对济莱高速公路生态护坡第四合同路段、第七合同路段、第九合同路段试验工程边坡进行了详细的现场根系计测,初步确定出相关生态护坡稳定性影响因子参数。

1)植物根系指标及计测方法

根系分布:单位面积内各种植物根系的数目、生物量、深度、密度。

根系结构:分类、根长、根重、根表面积、根径。

根系力学性质:抗拉强度。

通过直剪试验,测定根土复合体抗剪强度(黏结力和内摩擦角)

(1)根系取样

①根据调查要求选择根系采集区域后,随机确定一点,以这点为中心确定 $10cm \times 10cm$ 的小样方面积,记录样方中的植物种类、数目和平均株高;

②先剪(砍)掉小样方内的所有地上植物,立即按不同植物种类称重,并按草灌分类带回;

③将小样方内覆盖的所有枯枝落叶和其他杂物分别称重;

④以小样方的四边为边线,沿垂直于坡面方向将小样方内的所有根土挖出(直到原岩基面或挂网位置为止),立即称重;

⑤测量挖取土的厚度,精确到毫米(mm);

⑥分类记数挖断根的数目,分为剖面断根和底面断根,灌木根和草本根,其中灌木根径需用游标卡尺进行测量;

⑦将挖出的根土轻微抖动,散土回填挖坑,剩余的根土立即称重后,封装带回。

(2)室内测量

①将带回的植物枝叶按草灌两类测量其总长度,然后依次自然风干和烘干称重;

②将带回的根系用水浸泡洗净后分级剪断(分级标准是按主根、一级侧根、细根三个级别),并测量各级根的平均根径、总长度,然后自然风干和烘干分别称重。

③抗剪力学试验。

抗剪土样的采集需根据 *ZJ-II* 型等应变直剪仪(图3-9)的使用要求进行操作,要求尽量保证土样的原始状态,减少在采集、运送、保存和制备等过程中扰动。

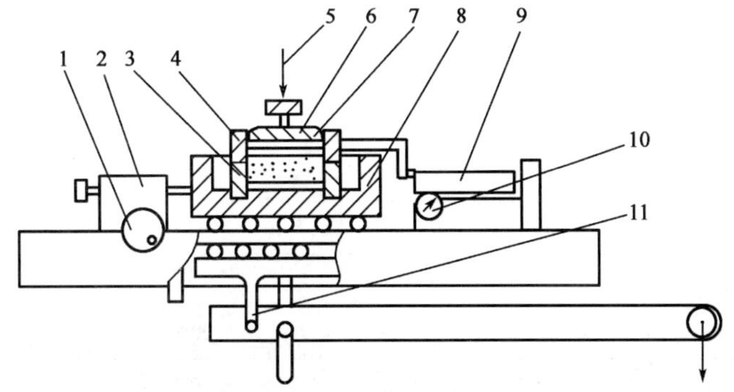

图3-9　应变控制式直剪仪示意图

1-剪切传动机构;2-推动座;3-下剪切盒;4-上剪切盒;5-垂直位移量测装置;6-传压板;7-透水板;8-储水盒;9-剪切力计量装置;10-剪切位移量测装置;11-联动装置

2) 不同植被根系计测结果

(1) 草本植被类型

草本植被类型样方根系结果见表 3-1。

草本植被类型样方根系计测结果 表 3-1

植被类型				样方 A				样方 B			
样方面积			cm^2	10 000				10 000			
土体	容重		g/cm^3	1.5				1.4			
	厚度		cm	8.4				9.2			
	硬度		kPa	296.6				293.0			
	坡度		°	67				60			
主要植物类型				紫花苜蓿	高羊茅	草木樨	沙打旺	紫花苜蓿	高羊茅	沙打旺	狗尾草
株数			株	8	15	6	4	8	16	6	2
植株部分	鲜重		g	872	530	528	600	882	571	600	54
地下部分	摩擦型根系	根长	cm	42.4	—	28.5	36.1	35.2	—	18.9	—
		根径	mm	2.2	—	1.7	2.0	2.5	—	2.1	—
		根重	g	308	—	239	208	462	—	208	—
	抗剪型根系	根长	cm	102.1	152.1	117.0	110.7	95.6	115.2	108.6	90.8
		根径	mm	0.26	0.16	0.29	0.28	0.25	0.18	0.25	0.19
		根重	g	44	73	50	54	43	65	68	69

(2) 草灌植被类型

草灌植被类型样方根系结果见表 3-2。

草灌植被类型样方根系计测结果 表 3-2

植被类型				以灌木为主的草灌型植被							
样方面积			cm^2	10 000							
土体	容重		g/cm^3	1.4							
	厚度		cm	8.4							
	硬度		kPa	296.6							
	坡度		°	57							
主要植物类型				紫花苜蓿	高羊茅	草木樨	沙打旺	刺槐	紫穗槐	马棘	胡枝子
株数				3	5	1	2	1	1	3	1
植株部分	鲜重		g	372	230	848	500	323	305	708	276
地下部分	摩擦型根系	根长	cm	42.4	—	28.5	36.1	87.6	105.5	192.3	87.0
		根径	mm	2.2	—	1.7	2.0	4.1	3.6	2.7	2.9
		根重	g	308	—	239	208	97	92	85	92
	抗剪型根系	根长	cm	102.1	152.1	117.0	110.7	59.2	53.9	132.6	47.2
		根径	mm	0.26	0.16	0.29	0.28	0.28	0.24	0.22	0.29
		根重	g	44	73	50	54	42	46	53	39

(3)内摩擦角

根据济莱高速生态护坡工程的三个试验合同路段边坡恢复情况，设定不同的立地条件进行根土体积比测定，并同步进行原位直剪试验，获取对应的内摩擦角值，测定结果见表3-3。

生态护坡工程中根土体积比与内摩擦角关系对应表　　表3-3

λ	0	1%	2%	3%	4%	5%	6%	7%
φ	21.8°	22.3°	22.6°	22.8°	23.1°	23.5°	23.9°	24.6°

通过表3-3中可以设定在济莱高速生态护坡试验工程中，原始土壤内摩擦角 $\varphi_0=21.8°$，内摩擦角为 φ 随着根土体积比 λ 值的增大而增加，若模拟为线性方程，则 $y=0.3643x+21.436$，则可认为：$\varphi_0=21.436°$，根系对根土复合结构内摩擦角影响为 $f_{(\lambda)}=0.3643\lambda$，因此有 $\varphi=\varphi_0+f_{(\lambda)}=21.436+0.3643\lambda$。

3.3 生态护坡稳定性评估方法

3.3.1 稳定性模型适用性分析

费伦纽斯法是针对平面（应变）问题，假定滑动面为圆弧面（从空间观点来看为圆柱面）。根据实际观察，对于比较均匀的土质边坡，其滑裂面近似为圆弧面，因此费伦纽斯法可以较好地解决这类问题。

费伦纽斯条分法作为条分法计算中的最简单形式在工程中得到广泛应用，但该方法计算出的安全系数偏低。实际上，土体是一种松散的聚合体，若不考虑土条之间的作用力，肯定无法满足土条的稳定，即土条无法自稳。因此，毕晓普条分法考虑了土条间的作用力。

简布法是在费伦纽斯法和毕晓普法两种均是基于圆弧滑动面假设的基础上提出的非圆弧滑动面的计算公式，但缺乏一定的操作性而应用受限制。

综上所述，选用费伦纽斯（Fellenius）法作为生态护坡工程浅层土体稳定性计算基本公式，从解决表层土体常发生的局部下滑，到类似于平板滑坡模式计算，无不表现其优越性。

3.3.2 稳定性评估要点与流程

正是基于生态防护路堑边坡稳定性中植物因子的影响因素和环境的复杂多变性，决定了基于生态防护路堑边坡稳定性分析的时效性，且只针对浅层土体为稳定性评估对象，其稳定性评估程序见图3-10。

地质岩性、坡面地形分布、土壤物理性质、地下根系、地下植株是基于生态防护稳定性分析最基本也是最重要的基础工作。通过对坡面植被的地下植株和地下根系的仿真模拟和力学计算，讨论根系力学模型，进而建立根土复合体的相互作用及在根系作用下土体的抗剪模型。通过实地测量其他生态护坡参数，从而可进行稳定性评估，在极限平衡分析和数值模拟分析两种方法下制定生态防护方案的稳定性和可靠性。值得说明的是，在路堑边坡生态防护施工过程中，由于坡面岩基的情况（不完全理想化），锚杆的锚固程度和金属网的衔接固定程度等的影响，使生态防护边坡稳定性存在一定程度的不确定性，再加上植物本身具有一定的生长季节差异性和周期性，从而使基于生态防护的稳定性评估结果也同样具有多变性和时效性。

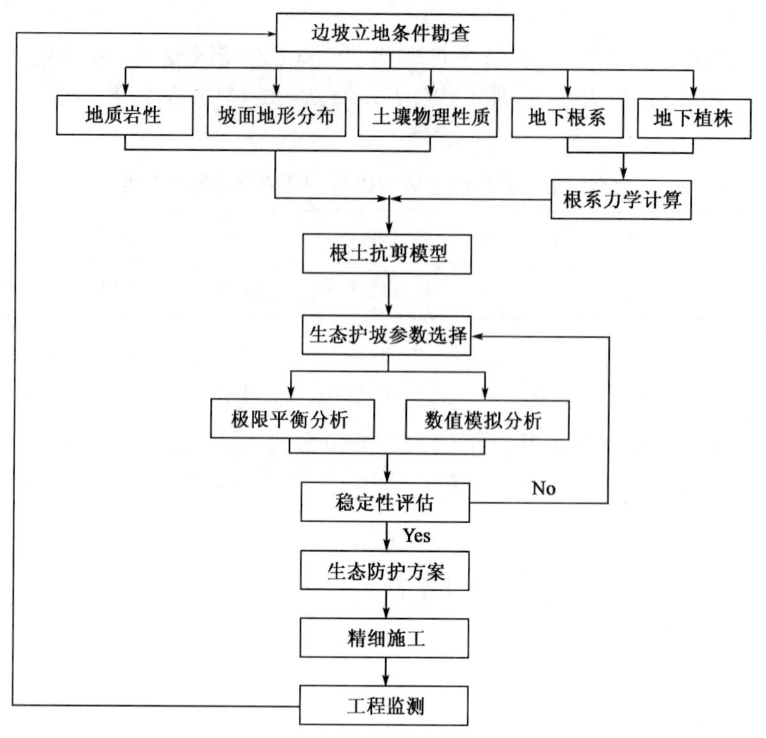

图 3-10 基于生态防护的边坡稳定性评估程序

3.3.3 参数估算及经验值

假定土质边坡生态护坡工程中客土喷播土体容重为 $1.4g/cm^3$，客土层土体垂直坡面厚度为 8cm，植被类型可设置为三种类型：以禾本科草本植物为主的草本型植被（A_1、A_2）、以多样性草灌植物结合的草灌型植被（B_1、B_2）、以紫穗槐、马棘豆科木本植物等为主的灌木型植被（C_1、C_2），根据不同植被类型稳定性模型公式，并结合大量的工程采样分析，制定出不同立地条件下岩土类型边坡的生态防护稳定性参数体系。

（1）土质边坡

土质边坡植被样方设计标准见表 3-4。

土质边坡样方指标 表 3-4

样方类型		A_1	A_2	B_1	B_2	C_1	C_2
草本植物	紫花苜蓿	2	3	3	2	1	
	沙打旺	2	1	1	1		
	草木樨	1	1		1		1
	高羊茅	2	3	4	4	1	
	结缕草	2	1				
灌木植物	紫穗槐			2	1	1	
	刺槐			1		1	1
	马棘				2		1
	胡枝子			1			
	沙棘				1	1	1
备注	样方面积 $=1m^2$						

土质边坡生态防护稳定性设计参数见表3-5。

土质边坡生态防护稳定性参数　　表3-5

坡度＼植被	A_1	A_2	B_1	B_2	C_1	C_2
30°	1.8	1.8	2.0	2.0	1.9	1.9
40°	1.6	1.6	1.8	1.8	1.7	1.7
50°	1.4	1.4	1.6	1.6	1.5	1.5

(2)土石边坡

土石边坡植被样方设计标准见表3-6。

土石边坡生态防护稳定性参数见表3-7。

土石边坡样方指标　　表3-6

样方类型		A_1	A_2	B_1	B_2	C_1	C_2
草本植物	紫花苜蓿	3	3	3	3	1	
	沙打旺	1	1	1	1		
	草木樨		1		1		1
	高羊茅	2	3	3	3	1	
	结缕草	1	2	1	1		
灌木植物	紫穗槐			2	1	1	
	刺槐			1		1	1
	马棘				2	1	2
	胡枝子			1		1	
	沙棘				1	1	1
备注	样方面积 = $1m^2$						

土石边坡生态防护稳定性参数　　表3-7

坡度＼植被	A_1	A_2	B_1	B_2	C_1	C_2
30°	1.8	1.8	1.9	1.9	1.9	1.9
40°	1.7	1.7	1.8	1.8	1.7	1.7
50°	1.6	1.6	1.7	1.7	1.6	1.6
60°	1.5	1.5	1.6	1.6	1.5	1.5

(3)石质边坡

石质边坡植被样方指标见表3-8。

石质边坡样方指标　　表3-8

样方类型		A_1	A_2	B_1	B_2	C_1	C_2
草本植物	紫花苜蓿	2	2	3	2		
	沙打旺	2	2	1	1		
	草木樨	1			1		2
	高羊茅	2	3	4	4		
	结缕草	2	1				

续上表

样方类型		A_1	A_2	B_1	B_2	C_1	C_2
灌木植物	紫穗槐			2	1	1	
	刺槐			2	1	1	1
	马棘			1	2	1	1
	胡枝子			1		1	1
	沙棘				1	1	1
备注	样方面积 = $1m^2$						

石质边坡生态防护稳定性参数见表 3-9。

石质边坡生态防护稳定性参数 表 3-9

坡度＼植被	A_1	A_2	B_1	B_2	C_1	C_2
30°	1.5	1.5	1.6	1.6	1.5	1.5
40°	1.5	1.5	1.6	1.6	1.6	1.6
50°	1.4	1.4	1.5	1.5	1.4	1.4
60°	1.3	1.3	1.5	1.5	1.4	1.4
70°	1.3	1.3	1.4	1.4	1.3	1.3

3.4 不同坡比边坡的最适客土厚度

3.4.1 计算方法

对于任意生态护坡浅层土体，可简化为滑块 ABCD 沿坡面方向下滑，如图 3-11 所示。

滑块 ABCD 沿坡面下滑分量：

$$T_s = W\sin\theta \tag{3-29}$$

$$W = m_a + m_b + m_{土} \tag{3-30}$$

滑块 ABCD 沿坡面的抗滑分量：

$$T_r = \tau + \tau_R \tag{3-31}$$

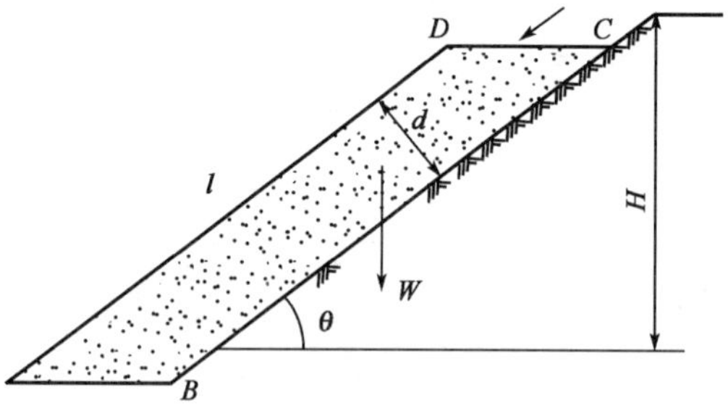

D C d l H W θ B

图 3-11 生态护坡稳定性分析

因此，根据力矩平衡的方法，浅层无根系土体稳定性计算公式为：

$$F = \frac{T_r}{T_s} = \frac{(c + \Delta c)l + (\sigma + \Delta\sigma)\tan(\varphi + \Delta\varphi)}{(m_a + m_b + m_{土})\sin\theta} \tag{3-32}$$

根系所起到的稳定性增量计算公式为：

$$F_R = \frac{\Delta cl + (\sigma + \Delta\sigma)\tan(\varphi + \Delta\varphi) - \sigma\tan\varphi}{(m_a + m_b + m_{土})\sin\theta} \tag{3-33}$$

3.4.2 最适客土厚度的确定

这里以石质边坡为例计算说明，植被类型为以草本和灌木相结合类型。

假定对于任意客土喷播生态护坡石质边坡坡面,其植被恢复效果及根系分布情况等同于草灌型植被类型样方根系计测结果。则根据稳定性计算公式可以计算客土喷播厚度和稳定性的相关结果,见表3-10。

不同厚度和坡度的稳定性计算结果　　表3-10

边坡角度	客土土体厚度						
	6cm	7cm	8cm	9cm	10cm	11cm	12cm
30°	2.899	2.631	2.428	2.269	2.141	2.036	1.948
40°	2.206	1.997	1.840	1.716	1.617	1.536	1.468
50°	1.801	1.625	1.492	1.388	1.304	1.236	1.178
60°	1.529	1.374	1.256	1.164	1.090	1.029	0.978
70°	1.338	1.194	1.086	1.001	0.933	0.877	0.830
80°	1.194	1.058	0.956	0.876	0.811	0.758	0.714

从表3-10中可以看出,在指定的植被及根系条件下,相同客土厚度的客土土层,坡度值越大,稳定性系数值则越小;同样,相同坡度的客土土层,客土厚度越大,稳定性系数值则越小。根据稳定性设计参数要求,稳定性系数值一般需达到或超过1.3,在不同坡度条件下,客土土体厚度存在一个上限值,见表3-11。

不同坡度生态护坡客土厚度上限　　表3-11

边坡角度	30°	40°	50°	60°	70°	80°
客土厚度	35.7cm	15.2cm	10.1cm	7.6cm	6.4cm	5.4cm

由表3-11可见,当坡度达到70°时,客土层度要求只能满足5~6cm,这个厚度土壤已经相对单薄,无法满足之前所设定的植被条件,因此,客土喷播已经不太适合这一立地条件。而对于30°类型的边坡,客土厚度可以远远超过20cm,说明这一类型的边坡立地条件较好,只用简易型客土或回填土进行绿化和防护即可达到防护效果,减少不必要的施工成本,提高经济效益。综合起来,喷播厚度应视坡面局部的倾斜程度情况而定,一般标准要求喷播土体厚度不低于8cm,在金属网和其他环境条件下尽可能达到10cm为最优喷播厚度。

3.5 济莱高速试验工程稳定性评估实例分析

结合2009年6月对济莱高速公路生态护坡第四合同路段、第七合同路段、第九合同路段试验工程边坡进行了详细的现场根系调查和计测(图3-12),初步确定出相关生态护坡稳定性影响因子参数,从而进行三个合同路段不同立地条件下的浅层土体稳定性系数模型计算。

3.5.1 风化石灰岩路堑边坡试验段

第四合同段试验区位于桩号为K17+850~K28+150(右侧)部分裸露灰岩边坡区域,地处低山丘陵区,地形起伏大,山间沟谷、冲沟、河谷阶地密布。该试验段位于玉龙屯东1km处,地貌为丘陵,地形总体趋势是中间鞍部高,两侧沟谷低。由山体鞍部向东西两侧倾斜,地面高程一般在297.50～318.30m，高差20.80m。该试验段地处石灰岩分布区，植被稀疏，山体纵向自然边坡坡度西侧为4°，东侧为8°；横向自然边坡坡度西段9°左右，东段13～10°左右。出露地层是奥陶系灰岩。

图3-12　现场根系调查和计测

试验段面积共计8 201.88m²，试验工期计划为2007年3月至6月30日，后因7.18大暴雨造成大面积冲刷，补喷施工于2007年9月中旬完工。施工内容包括坡面清理、打锚、挂网、基质客土喷射、生态防护物料喷播机械施工、一年养护等全套施工工序。

1）植被覆盖区

植被恢复效果见图3-13，经实地取样调查后计算出相关稳定性模型参数：

坡度：65°；

土体容重：1.5g/cm³；

土体厚度：8cm；

土体硬度：253.95kPa；无根系稳定性系数计算结果：0.648；

有根系稳定性系数计算结果：1.255。

2）土体滑塌区

植被恢复效果见图3-14，经实地取样调查后计算出相关稳定性模型参数：

坡度：68°；

土体容重：1.6g/cm³；

土体厚度：6cm；

土体硬度：255.95kPa；

无根系稳定性系数计算结果：0.701；

有根系稳定性系数计算结果：0.997。

滑塌原因分析：该区域坡度值太大，且岩石坡面光滑，植物根系无法进入岩石层，从而使植物根系的锚固效应并不明显。另外,由于坡度大导致植物生长空间受限,植被类型以杂草为主,优势护坡植物生长不良,使稳定系数降低,在土体含水量增加时易发生滑塌。

图 3-13 第四合同路段多样植被覆盖区

图 3-14 第四合同路段多样植被覆盖区

3.5.2 风化花岗岩路堑边坡试验段

第七合同段试验区域位于桩号为 K49 + 860 ~ K50 + 240(右侧)、K49 + 860 ~ K49 + 940(左侧)等布设花岗岩防护网边坡区域,路线所经区域地貌以丘陵为主山涧沟谷及冲沟发育,丘陵呈浑圆形,地形总体上呈东北高西南低,高程一般在 210 ~ 330m,由东北向西南倾斜。岩性为早元古代傲徕山期花岗岩。该试验段位于花峪村 1.1km 处,地貌为丘陵,地形呈丘陵状起伏,其上冲沟及树枝状沟谷发育。沟谷呈北东南西向展布,以"V"字形谷为主,地形总的趋势南西高,北东低,深挖方段地面高程在 293.15 ~ 304.15m,高差 11.00m。

该试验段地处花岗岩分布区,地表岩石裸露,植被稀疏。山体纵向自然坡度南北两侧均为 2 ~ 11°,横向自然坡度 7 ~ 15°,地表风化强烈,多位强风化,局部为全风化。

试验段边坡生态防护面积共计 11 980m^2,工期为 2007 年 4 月 1 日至 5 月 20 日,施工主要内容包括基质客土喷射、生态防护物料喷播机械施工、一年养护等全套施工工序。

1)植被覆盖区

植被恢复效果见图 3-15,经实地取样调查后计算出相关稳定性模型参数:

坡度:53°;

土体容重:1.4g/cm^3;

土体厚度:8cm;

土体硬度:226.41kPa;

无根系稳定性系数计算结果:0.914;

有根系稳定性系数计算结果:1.519。

2)土体滑塌区

植被恢复效果见图 3-16,经实地取样调查后计算出相关稳定性模型参数:

坡度:58°;

土体容重:1.4g/cm^3;

土体厚度:10cm;

土体硬度:231.85kPa;

无根系稳定性系数计算结果:0.748;

有根系稳定性系数计算结果:1.104。

图 3-15　第四合同路段多样植被覆盖区

图 3-16　第四合同路段植被覆盖区

滑塌原因分析：由于坡度较大，局部形成反坡角度，且喷播时为填充空隙致使土体厚度加大，植被类型中以草本植物为主，导致稳定性降低，当土体含水量增加时容易发生冲刷与滑塌。

3.5.3　土石混合路堑边坡试验段

施工区域：桩号 LK70 + 975 ~ LK71 + 250、RK71 + 060 ~ RK71 + 240 等；
防护形式：裸露土石边坡区域——防护网 + 客土 + 生态防护（TBS 植被护坡技术）；
施工面积：5 579m^2。

1）植被覆盖区

植被恢复效果见图 3-17，经实地取样调查后计算出相关稳定性模型参数：
坡度：35°；
土体容重：1.3g/cm^3；
土体厚度：8cm；
土体硬度：206.29kPa；
无根系稳定性系数计算结果：1.310；
有根系稳定性系数计算结果：2.025。

2）土体滑塌区

植被恢复效果见图 3-18，经实地取样调查后计算出相关稳定性模型参数：

图 3-17　第九合同路段植被覆盖区

图 3-18　第九合同路段植被覆盖区

坡度：47°；
土体容重：1.4g/cm^3；
土体厚度：9cm；
土体硬度：227.18kPa；
无根系稳定性系数计算结果：0.959；

有根系稳定性系数计算结果：1.425。

滑塌原因分析：因坡顶积水过量，导致土石边坡含水量加大，从而使边坡土体黏聚力下降，竣工两年时期内，根系延伸深度有限，对较深层土体无法起到明显作用，这里计算的稳定系数只是对浅层土体的模拟计算，通过计算值表明，此处滑塌是由于坡面排水不良，大量水分深层入渗后导致坡体结构不稳，并不是因为坡表径流冲刷引起，生态防护的恢复植被效果仍然显著。

从表3-12的各标段不同坡位稳定性计算结果汇总中可以看出，除第九合同路段的植被覆盖区因为坡度为35°，使得无根土稳定性最好，而第四合同路段的土体滑塌区坡度最大，所承受的土体厚度有限，从而使植被根系作用不明显，稳定性系数也最小。对于第七合同路段土体滑塌区而言，由于坡度也较为陡，喷播厚度较大，使得坡表土体自重下滑分量加大，当水分含量增加时则发生了局部下滑。从以上计算结果可以看出，路堑边坡植被恢复后对坡面土体的稳定性影响明显，可起到较好的护坡效果，同时应严格按照相关设计参数进行施工，尤其是土体厚度不能过薄也不能过厚，坡面一定要修建排水措施。另外，对于不稳定边坡则应进行必要的加固防护措施，否则即便生态护坡的效果再好，最终也是一种徒劳。

各标段计算结果汇总　　表3-12

标段及相关参数		坡度	容重	厚度	土体硬度	无根土稳定性系数	有根土稳定性系数	生态防护稳定性增量
		°	g/cm^3	cm	kPa	—	—	—
第四合同路段	植被覆盖区	65	1.5	8	253.95	0.648	1.255	0.607
	土体滑塌区	68	1.6	6	255.95	0.701	0.997	0.296
第七合同路段	植被覆盖区	53	1.4	8	226.41	0.914	1.519	0.605
	土体滑塌区	58	1.4	10	231.85	0.748	1.104	0.356
第九合同路段	植被覆盖区	35	1.3	8	206.29	1.31	2.025	0.715
	土体滑塌区	47	1.4	9	227.18	0.959	1.425	0.466

第4章 边坡生态植被护坡技术

生态植被护坡作为坡面防护主要形式之一，尽管在工程初期防护效果较缓慢，但避免了坡面硬性防护例如混凝土面、浆砌片石面等易风化、老化、与周围植被不和谐等弊端，而且随着植物的生长，通过吸收和蒸腾坡体内水分，降低土体的孔隙水压力，边坡稳定防护强度也随之增加，对减轻坡面侵蚀的作用会越来越大。在逐步演替形成近自然植被的过程中，各种动物和土壤微生物也将相继出现和发展，使土壤中腐殖质增多，土层厚度将逐年增加，进而为植物、动物、微生物生长繁殖创造了有利条件，既改良了土壤，又改善了生态环境。因此，采用合适的生态植被护坡技术对边坡进行生态防护，已普遍为人们所接受。

4.1 液力喷播边坡绿化技术

液力喷播，在国际上称为水力播种(Hydroseeding)，最初源于大面积快速种植草坪的方法。20 世纪 60 年代初，美国、日本、西欧等发达国家便采用液力喷播植草技术绿化坡面，70 年代末韩国、新加坡、我国香港也开始应用该技术。在国内，液压喷播植草技术于 1987 年被首次报道，并迅速进行了液力喷播植草技术对陡峭地形的植被快速人工恢复试验研究。在进入 90 年代后，该绿化技术开始在北京、深圳等地得到应用，并迅速在全国推广。从目前的实践应用情况来看，低矮的土坡适合采用直接液力喷播技术进行快速坡面植被防护。

4.1.1 简介

液力喷播技术是将草种、木纤维、保水剂、肥料、染色剂等与水的混合物通过专用喷播机喷射到预定区域建植成坪的高效绿化技术。施工过程中，在坡面均匀分布液力喷播覆盖层，多余的水分从覆盖层中渗入土表，纤维通过黏合剂黏合形成物理强度，保水剂形成半渗透的保湿层，大大减少水分蒸发，为种子发芽提供水分、养分和荫蔽条件。由于所形成的纤维覆盖层有物理强度、吸水保湿及提供氧分等作用，故可遇风不吹失、遇降雨或浇水不冲失，有抗旱及固种保苗效果，从而达到恢复植被、改善景观、保护环境的目的。

液力喷播技术是集工程力学、生物学、土壤学、高分子化学、园艺学、生态学等学科于一体的综合环境治理技术，其核心是通过各种物质的科学配置，在治理坡面上营造一个既能让植物生长发育，而种植基质又不被冲刷的多孔稳定结构，使建植层固、液、气三相物质趋于平衡。植被喷播技术可以快速实现边坡防护和景观绿化两大功能的完美结合，适应坡度大、风雨大、较干旱地带等用传统方法难以种植的条件下种植植被。随着我国高速公路的迅速发展，人们对高速公路的建设质量提出了更高的要求，挖方路堑边坡和填方路基坡面都必须进行强制性防护，由于铺砌防护和封闭防护等措施复杂、造价昂贵，影响公路两侧的环境和生态景观已逐渐地被淘汰，液力喷播技术逐渐受到工程界的青睐。

4.1.2 技术特长

①机械化程度高，可大面积快速植草。液压喷播机是一种高效的现代化的植草机械，一台液压喷草机日喷草可达上千平方米。

②适应性广，可在人工难以施工的陡坡、高坡建植植被。由于液压喷播机上装有可任意调节方向的高压喷料枪，其喷料扬程为30～80m，此外，还配有30多米的喷料软管。

③在植物难以成活的地域建植植被。喷料枪高速喷出的种子混合液中溶有营养物及土壤等配料，可使植物在难以生存的场所生长成坪。特别是配料中含有的保水剂，可吸收相当于自身数十倍至数百倍的水分，且吸水后即使用力挤压水也不会流出；但将其混入土壤中，水分却能慢慢释放出来。因此，应用保水剂可改善土壤物理特性，有利于通风透气，蓄水排水，尤其可提高抗旱性。

④能建植高质量的草坪。液力喷植机所喷出的是事先经过催芽的草种，这样可以免去草种萌发所需的时间，再加上地表形成一层薄膜，能保温保水，因此，出苗快，生长迅速，能很快覆盖土表，而且密度均匀，郁闭度好。

⑤养护简单，喷播后基本不用浇水就能成坪，适合管理粗放的公路护坡和荒山护坡。

⑥可根据具体的自然条件或按设计要求，选择几种不同的草籽进行混播，以达到覆盖度、根系、生长期、抗逆性等方面优势互补的效果。

4.1.3 施工材料

1）植物种子

高速公路边坡植物的主要作用是防止水土流失，同时能增加公路两侧的绿化景观效果。因此在植物种子的选择上首先要考虑适地生长性：生长快速、根系发达且入土深、扩张性强、耐贫瘠、生长强健、抗逆性强等。在我国南方地区较多的采用了狗牙根、百喜草、假俭草等暖季型草，并适当的混播白三叶、高羊茅、苜蓿等冷季型草种（地被）；北方地区则以冷季型草种为主：高羊茅、早熟禾、紫羊茅、黑麦草等冷季型草种，同时还可配入一定的小冠花、沙打旺等增强固土能力的地被植物。种子的用量根据不同的配比和具体的设计要求也有所不同。

2）木纤维

是指天然林木的剩余物经特殊处理后的成絮状的短纤维，这种纤维经水混合后成松散状、不结块，给种子发芽提供苗床的作用。水和纤维覆盖物的重量比一般为30:1，纤维的使用量平均约在45～60kg/亩，坡地约在60～75kg/亩，根据地形情况可适当调整。在实际喷播时为显示成坪效果和指示播种位置一般都染成绿色。

3）保水剂

具有高倍率的吸水性能，用于喷播层的保水剂主要为种子萌芽提供水分。保水剂的用量根据气候不同可多可少，雨水多的地方可少放，雨水少的地方可多放，一般$3g/m^2$。

4）其他材料

黏和剂：主要作用是提高木纤维对土壤的附着性能和使木纤维之间相互黏结，以保证喷播层抗风吹、雨冲而不脱落。黏和剂的用量根据坡度的大小而定，一般为纤维重量的3%，坡度较大时可适当加大。

染色剂：为了提高喷播时的可见性，易于观察喷播层的厚度和均匀度，同时又可改善表面形成草地的绿色景观。

肥料：根据坡面的土壤情况施入。作为公路护坡一般的只要施入早期幼苗所需的肥料即可（N、P、K 的复合肥）。

泥炭土：是一种森林下层的富含有机肥料（腐殖质）的疏松壤土。主要用于挖方路堑边坡改善表层土壤结构，有利于植物的生长。

活性钙：有利于草种发芽生长的前期土壤 pH 值平衡。

为了成功的实施喷播工程，除选择良好的喷播材料和设备外，合理的喷播程序也是必要的。一般先在罐中加入水，然后依次加入：种子、肥料、活性钙、保水剂、木纤维、黏和剂、染色剂等。配料加进去后需要 5 ~ 10min 的充分搅拌后方可喷播，以保证均匀度。每次喷完后需在空罐中加入 1/4 的清水洗罐、泵和管子，对机械进行保养。

4.1.4 施工工艺及流程

1）施工流程

液力喷播边坡绿化施工流程如图 4-1 所示。

平整坡面 → 排水设施施工 → 喷播施工 → 盖无纺布 → 前期养护

图 4-1 液力喷播边坡绿化施工流程

2）施工要点

（1）平整坡面

交验后的坡面，采用人工细致整平，清除所有的岩石、碎泥块、植物、垃圾。对路堤填土土质条件差、不利于草种生长的坡面采用回填改良客土，回填客土厚度为 50 ~ 75mm，并用水湿润让坡面自然沉降至稳定。若 pH 值不适宜，尚需改良其酸碱度，一般改良土壤 pH 值应于播种前一个月进行，以增加改良效果。

（2）排水设施施工

边坡排水系统的设置是否合理和完善直接影响到边坡植草的生长环境，对于长大边坡，坡顶、坡脚及平台均需设置排水沟。并应根据坡面的水流量的大小考虑是否设置坡面排水沟。一般坡面排水沟横向间距为 40 ~ 50m。

（3）喷播施工

按设计比例混合草种、木纤维、保水剂、肥料、染色剂及水的混合物料，并通过喷播机均匀喷射于坡面。

（4）盖无纺布

雨季施工，为使草种免受雨水冲失、保温保湿，应加盖无纺布，促进草种的发芽生长。也可采用稻草、秸秆编织席覆盖。

（5）前期养护

洒水养护：用高压喷雾器使养护水成雾状均匀地湿润坡面，注意控制好喷头与坡面的距离和移动速度，保证无高压射流水冲击坡面形成径流。养护期限视坡面植被生长状况而定，一般不少于 45d。

病虫害防治：应定期喷广谱药剂，及时预防各种病虫害的发生。

追肥：应根据植物生长需要及时追肥。

及时补播:草种发芽后,应及时对稀疏无草区进行补播。

4.1.5　适用范围

液力喷播技术具有许多传统技术无法比拟的优点,因此它不仅被应用在高速公路护坡(仅限以草本植物为主的植被护坡类型)上,而且可广泛应用在海塘防洪堤、机场、大型广场等大面积的草坪(地被)建植中,还可用于高尔夫球场、飞机场、铁路和城市绿化等草坪建植中。最大限度可达90°,对土质要求较小,黄土、沙砾土、沙石、风化石等土壤均可施工。对于较平坦的地域可直接实施气力或液力喷播;对于坡面、坡度不大的地域,可酌情采取不同配方的混合液实施液力喷播;对于坡面、坡度较大的地域,需进行基础调整性施工,可酌情铺草帘或挂三维网后再实施液力喷播;对于坡面、坡度很大,且地质结构不稳定的地域,必须进行基础调整性施工,可酌情采取不同方式的斜面框架施工方法固坡后再挂网实施液力喷播;对于地表无土壤或土壤不适于植物生长的地域,应采取加垫层、移有机质客土、增加有机质高的植物纤维、埋长效缓释肥料包等方式改良土壤后再实施液力喷播。

喷播所采用的种子也不仅是草种,绿化景观要求较高的公路边坡可应用具有观赏价值又有较好水土保持作用的地被植物,如混合野花、二月蓝等。甚至将生长快速的花灌木和攀援植物(如黄馨、爬墙虎等)通过喷播进行建植。

目前,液力喷播已针对部分低矮软质岩、土质缓坡进行简易的直接喷播植草技术,使技术难度和工程造价大幅降低,并在全国范围内得到大面积推广。

4.2　客土喷播生态植被护坡技术

所谓客土喷播生态护坡技术采用专门的喷播设备,将植物种子、种植土壤、肥料、纤维、土壤改良剂、添加剂和水等按一定的比例充分混合均匀后,采用高压喷枪均匀地喷播到坡面而形成植被生长基础的一种边坡生态防护技术(图4-2)。

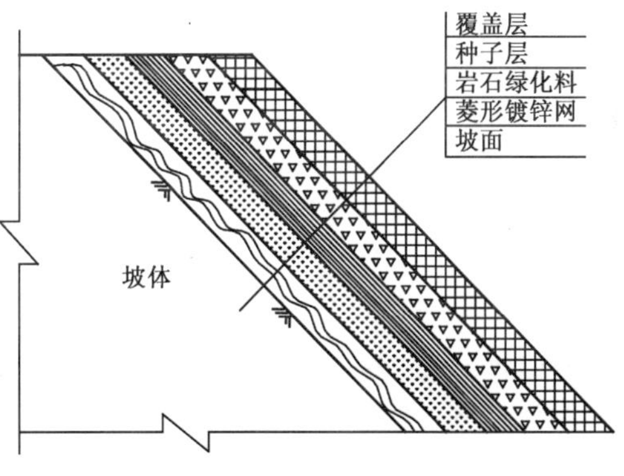

图4-2　客土喷播生态防护示意图

客土喷播本身是为石质边坡营造一种适宜植物快速生长的土壤营养层,其有机基材中采用高分子凝结剂,拌入泥炭土、纤维材料、本地肥土等构成“客土”,利用高次团粒剂使客土形成密实结构,植物纤维在其中起到类似植物根茎的网络作用,造就具有耐降雨侵蚀、牢固且透气、与自然表土相近的生长基础。

客土喷播生态植被护坡技术主要针对石质边坡,采用打锚杆、挂铁丝网、喷播有机基材和植物种子、覆盖无纺布直至养护绿化的一套快速边坡生态防护工程技术。目前国内工程技术界和学术界出现的有关该类技术的专业术语还包括“喷混植生”、“厚层基材喷射”、“植生基质喷播”、“生态种植基喷射”,以及与之类似工艺流程的“喷混凝土植草”、“喷植混凝土”、“乳液喷播”等。

4.2.1 简介

生态系统(ecosystem)是英国生态学家Tansley于1935年首先提上来的,指在一定的空间内生物成分和非生物成分通过物质循环和能量流动相互作用、相互依存而构成的一个生态学功能单位。近几十年以来,随着人口急剧增长、社会经济发展和资源的高强度开发,人为干扰胁迫已成为了全球性的一个问题,直接或间接导致了生态系统的退化,其最明显的标志是生态系统初级和次级生产力降低、生物多样性减少或丧失、土壤养分维持能力和物质循环效率降低、外来物种入侵和非乡土固有种优势度的增加等。因此,公路生态系统的问题成为世界各国普遍面临的重要问题,并使得以公路挖填方边坡为代表的生态恢复重建成为当前各国重视的焦点,是当前学术界和工程界研究的热点问题之一。

公路生态系统就是一个围绕着人类建立起来的公路主体,具有多种组合,通过物质循环、能量流动和信息传递于主体,然后产生相互联系的复杂生态系统。从地域范围来看,公路生态系统是指在特定地段中的全部生物和公路环境相互作用的统一的整体,不仅与社会紧密结合在一起,而且与周围自然环境密切相连,与地形地貌、空气、河流、地下水、土地、农作物、森林植被、野生动物息息相关。在公路生态系统内,能量的流动导致形成一定的营养结构、生物多样性、物质循环和信息传递,当处于稳定和通畅状态时,被称为生态系统平衡。任何生态系统内部都具有自我调节(或自我恢复)能力,因此,公路生态系统也同样具有能保持平衡稳定状态的能力。同时,结构越复杂,物种数越多,自动调节能力越强,但当外力干扰超过限度就会引起生态平衡破坏,表现为结构破坏或功能衰退。

恢复生态学就是研究生态系统退化的原因、退化生态恢复与重建的技术与方法、生态学过程与机理的科学,主要涉及两个方面内容,一是生态系统退化与恢复的生态学过程,包括各类退化生态系统的成因和驱动力、退化过程、特点等;二是通过生态工程技术对各种退化生态系统恢复与重建模式的试验示范。公路边坡作为公路生态系统内的重要体现,客土喷播技术就是在公路边坡原生植被遭到破坏后,根据生态修复功能和工程防护力学原理,快速实现坡面植被恢复重建,通过长期自我调整、适应等演替过程,最终实现公路边坡生态修复的目的。

4.2.2 技术特长

客土喷播技术本身是为石质边坡营造一种适宜植物快速生长的土壤营养层,其有机基材中采用高分子凝结剂,拌入泥炭土、纤维材料、本地肥土等,组成“客土”,利用高次团粒剂使客土形成密实结构,植物纤维在其中起到类似植物根茎的网络作用,造就具有耐降雨侵蚀、牢固且透气、与自然表土相近的生长基础。在施工中,客土喷播技术采用专门的喷播设备,将植物种子、土壤稳定剂、肥料、覆盖料、土壤改良剂、添加剂和水等按一定的比例充分混合后,用高压喷枪均匀地喷播到土壤表面即可。只要条件合适,数天后植物即可出苗,一般一个多月就能完全覆盖地表。应用实践表明,客土喷播技术与传统的种植工艺相比,具有许多优越性。

一是该技术适用范围广,由于采用了覆盖料、稳定剂、改良剂和专用肥料等,它不仅能够在土质较好的地段应用,也能够在碎石边坡、荒地和矿区等贫瘠的地带建立很好的植被;对于土壤的平整度没有要求,适合在凹凸不平的地方应用;而且可以在人工方法难以实现的、既高又陡的坡地上种植植物;二是施工效率高,每台设备每天可喷播上千平方米,可满足大面积快速绿化的需要;三是绿化效果好,由于覆盖料、稳定剂等的共同作用,在土壤表面形成一层膜状的结构,能有效地防止雨水冲刷、避免种子流失,因此所建立的植被均匀整齐,效果好;四是机械化操作,所需人工少,成本较低。

4.2.3　施工材料

1)植物种子

根据公路绿化设计原则,确定边坡植被防护类型,从而进行植物种子材料选择和混播配比,一般要求护坡植物应具有如下特点:具有较强的抗旱抗寒能力,又有良好的抗湿抗热能力,能够充分适应当地气候及地质条件;混播有生命力很强的灌木,来弥补只用草种的弊端,灌木根系发达,能起到较好的护坡和水土保持效果,而且春季和夏季灌木能开花,可增添公路景观。通过多种树草种子混播,可以实现公路边坡全年绿色期达到半年以上,而且2~3年后还能逐步演替为以灌木为主的粗放型生态植被。常见的灌木护坡植物有:紫穗槐、刺槐、马棘、沙棘、胡枝子、银合欢、山毛豆、荆条等,草本护坡植物有:紫花苜蓿、高羊茅、多年生黑麦草、结缕草、草木樨、百喜草、沙打旺等。在喷播前一定要对批量种子发芽率进行测定,并根据实际测定的面积,计算实际种子用量。由于灌木种皮较厚,需根据种子特性进行温水浸泡等各种催芽处理。

边坡植被防护的首要目的是固土护坡,防止公路边坡水毁,稳定公路路基,同时也要兼顾美化公路沿线景观环境,其特殊立地条件决定了植被防护类型,一般包括以草本植物为主的全草型护坡植被、以草本和灌木植物相结合的草灌型护坡植被和以灌木为主的多灌型护坡植被,极小有乔木植物类型(图4-3)。根系力学研究表明,由于灌木植物具有抗拉性强的木质根系,扎根范围和深度往往比草本植物大,决定了灌木植物比草植物的护坡性能强,工程实践表明草灌型植被是长期自然植被演替的必然趋势。因此,客土喷播植物种子混播配比应选择以草本和灌木植物相结合的草灌型植被防护类型,搭配固氮保肥的豆科植物使用。

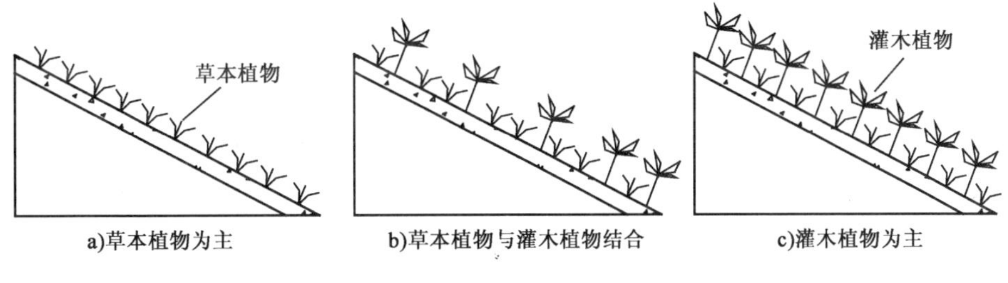

图4-3　边坡植被防护类型

2)草炭土

草炭即泥炭,是由沼泽植物的残体,在多水的嫌气条件下,不能完全分解堆积而成,由于含有大量水分和未被彻底分解的植物残体、腐殖质以及一部分矿物质,其有机质含量在30%以上,质地松软易于散碎,比重0.7~1.05,pH值一般为5.5~6.5,非常适合营造肥沃、透水透气性好的土壤层,应用于坡面绿化可有利于提高植物出苗速度,保证出苗率。

3)保水剂

保水剂又称吸水剂、保湿剂、高分子吸水剂、高吸水树脂,是一种有机高分子聚合物,它的分子结构中有网状分子链。保水剂遇到水以后立即发生电解,离解为带正电和负电的离子,这种带正电和负电的离子和水有强烈的亲和作用,因而使其具有极强的吸水性和保水性,有利于形成植物生长的"地下水库",增强植物体内酶的活性,提高根系活力,促进植物生根,增强植物的抗旱抗逆功能;平衡供给植物生长所需养分,保肥省肥,改善土壤的生态环境。工程常见用量视坡度和保水剂性能而定。

4)复合肥料

对于植物生长必需的主要肥料成分为:氮(N)、磷(P)、钾(K)。一般以草种为主的播种工程使用氮肥较好。边坡绿化工程,为使单位面积的植物发生个体数多,且发芽生长一致,在初期有必要大量施肥。由于施肥对种子的发芽有浓度障碍,所以施工时使用复合肥料,必须使纯氮量控制在10g/m^{2}以下,但是使用禾本科草种时,完全生长必需的纯氮量为20~30g/m^2,为此应考虑与豆科植物混播,并再追肥1~2次。针对边坡肥力差,分别对草本植物群落和木本植物群落,可以考虑设计专用复合肥,以促进植物生长。

5)黏合剂

防止种子、肥料、被覆保护材料流失,缓和土壤水分的蒸发,防止表面干燥,并起到对坡表土体和植物种子的保温效果,从而保证出苗率。

6)其他材料

根瘤菌剂:部分工程增施对豆科植物生长发育具有促进作用的土壤活性材料,用量为豆科种子用量的十分之一。

覆盖材料:通常使用草帘和无纺布等,有的工程使用专用植生带覆盖,可有效保障绿化和景观效果。

4.2.4 施工工艺及流程

客土喷播生态植被护坡技术施工流程如图4-4所示。

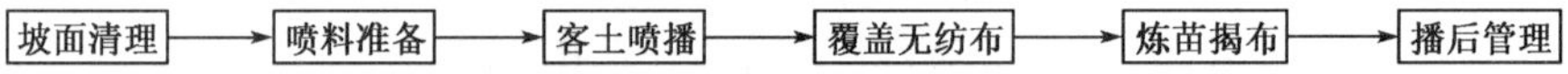

坡面清理 → 喷料准备 → 客土喷播 → 覆盖无纺布 → 炼苗揭布 → 播后管理

图4-4 客土喷播生态植被护坡技术施工流程

公路开挖的岩石类边坡存在不同稳定程度。由于客土喷播只能解决坡面浅层的稳定防护,对坡体稳定影响甚微。在进行边坡客土喷播生态防护工程设计前,应首先考虑边坡的稳定情况。因此,首先考虑坡体的稳定,如不稳定应进行必要的加固措施,包括锚索、长锚杆、抗滑桩、锚索桩、挡墙或地梁等,然后再进行相应的设计调查,设计内容包括植被群落选型、喷播材料配比、锚固挂网类型、喷播厚度用量等(图4-5)。

1)坡面清理

平整坡面,对于较松动的岩石坡面,一般用人工方法进行清理坡面浮石、浮土等,遇上凹凸不平的硬质岩石坡面,要采用风凿进行施工。做到处理后的坡面倾斜一致、平整、无大的石头突出与其他杂物存在,施工前坡面的凹凸度控制在±10cm左右,最大不超过±30cm,使其利于基材和岩石机表面的自然结合。为了防止雨水冲刷喷播层,影响喷播效果及以后植物的生长效果,高边坡以垂直高度8~10m为标准为级,设置平台(马道),并根据实际情况在坡顶、坡脚及平台适当设置截排水沟等排水设施。

2)打锚

锚杆通常可分为主锚杆和辅锚杆,主锚杆直径为ϕ16mm,锚杆长度为0.45~4m,辅锚杆直径为ϕ10~ϕ12mm,锚杆长度为0.25~2m,具体规格依据边坡类型而定。安装锚杆时,先放样,长锚杆与短锚杆交错并列,横、纵向间距为1~2m,,然后,采用风钻或电钻进行钻孔,钻头的直径大小一般为ϕ42~ϕ48mm,钻孔深度与锚杆长度相同。孔钻好后,便可进行锚杆的固定工作,锚杆事先要进行防锈处理,用水泥砂浆灌注,往锚孔灌注水泥砂浆时,一定要灌满、灌实,锚杆伸出坡面长度为6~8cm。

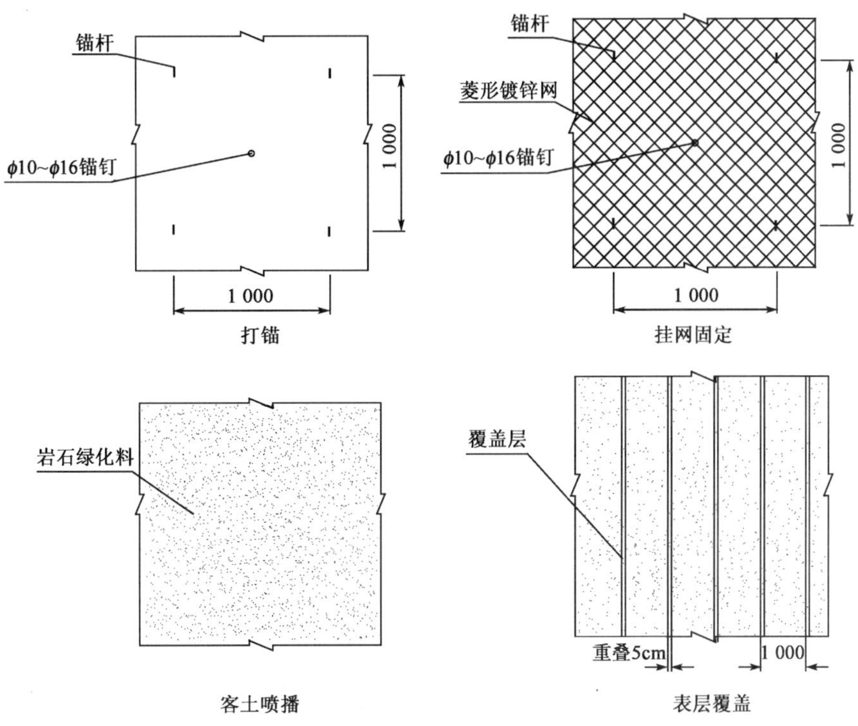

图4-5 客土喷播工艺流程(单位:mm)

3)挂网固定

通常使用铁丝网或镀锌铁丝网,部分工程使用土工格栅,这里以镀锌铁丝网为例说明。将镀锌铁丝网从坡顶沿坡面顺势铺下,镀锌铁丝网应伸出坡顶50cm,若坡顶截水沟未修筑,最好置于坡顶浆砌石底下,在坡底也应有50cm的镀锌铁丝网埋置于平台填土中(图4-6)。铺设时拉紧网,铺平顺后,将网挂在锚杆上,用连接件或铁丝锁紧,并根据需要在锚杆中采用不同厚度的混凝土垫块,以使镀锌铁丝网与坡面的距离保持3~5cm,网与网之间搭接宽度为15cm(图4-6)。完工后,要严格检查镀锌铁丝网与锚杆连接的牢固性,确保网与坡面形成稳固的整体。若坡率太大或硬质岩石坡面光滑,可在铁丝网上捆扎稻草、竹片或木桩的方式增加附着力,网上绑稻草或竹片,主要增加岩面的粗糙度,提高喷附材料的附着力,网面撒稻草,主要改善喷附材料的纤维结构,增加喷附材料的抗滑力。

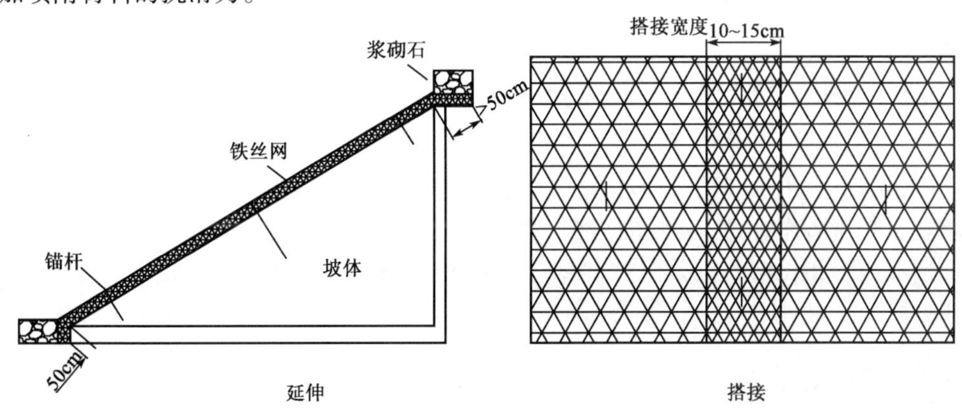

图4-6 挂网固定示意图

4)客土喷播

准备施工物料,包括当土土壤、草炭土(或其他有机肥、家畜粪便),若颗粒直径过大时需进行筛选,常用筛网孔目尺寸为15~20mm,植物种子预处理,并与复合肥、保水剂、黏合剂、根瘤菌剂等混合,充分搅拌均匀后,利用喷射机将混合均匀的客土喷于坡面(图4-7)。喷射应尽可能从正面进行,凹凸部分及死角部位要喷射充分,喷射的平均厚度为8~10cm,其中铁丝网之上要保证有3~5cm的客土,施工时要根据边坡的岩性,合理调整喷射厚度,以保证客土能提供植物生长所需足够的养分和水分。工程实践表明,分层喷播比一次性喷播完成后的绿化效果明显,成本降低,即分为基质底层和种子表层。首先喷播基质底层,不含植物种子,加大草炭土、保水剂和复合肥的比例,喷播厚度保证保证5~8cm,第二次喷播种子层,含植物种子,喷播厚度保证在3~5cm,常在喷播基质底层完成后风干几个小时后再进行。

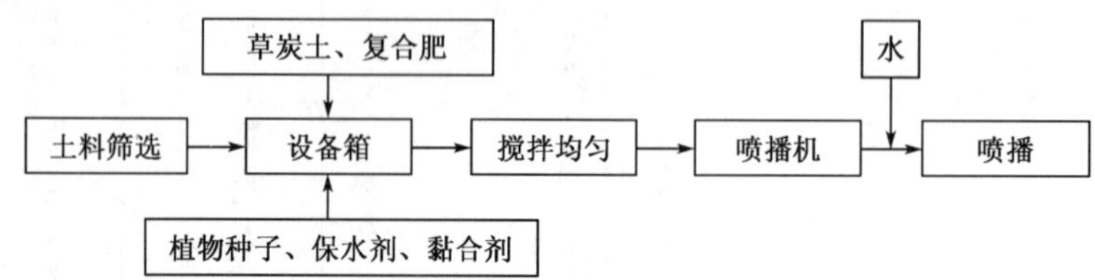

图4-7 客土喷播示意图

5)表层覆盖

表层覆盖可防止雨水冲刷,阻滞种子在发芽生根期的移动,也可部分防止水分蒸发,起保温保湿的作用。覆盖材料可选草帘、无纺布或植生带,覆盖时注意不露边口,重叠10~15cm,保持表面平整,用竹钉或木桩固定,两端用土压埋稳固。

6)养护管理

根据土壤肥力、湿度、天气情况,酌情洒水灌溉,至幼苗长到5~6cm或2~3片叶时,揭掉覆盖层。从喷播到成坪至少浇水四次,遇天然降雨适当减少次数。浇水切忌大水猛浇。对于局部出苗效果不好的区域应进行补喷或喷栽处理。

4.2.5 适用范围

客土喷播生态护坡技术可广泛地用于公路、铁路、水利、矿山等开发建设形成的各种边坡以及江河堤坝、城市园林绿化等植被恢复,尤其适用于石质边坡及贫瘠土质边坡的生态植被恢复,而且适用于矿区复垦,荒山、荒沟、荒丘、荒滩的治理以及各种需要进行水土保持与植被建植防护等,是我国生态恢复建设中值得大力推广的一项生态技术。

4.3 三维网植被护坡技术

三维网植草技术主要利用一种具有三维结构的新型土工合成材料,覆盖在公路边坡坡面后,进行回填客土或喷播作业,使三维植被网与生长出的植物根系交织形成致密的覆盖层,在路基、路堑坡面形成连续和长期的持久保护,使坡面不受日晒雨淋而自然侵蚀剥落,最终达到固土的目的。

4.3.1 三维网材料

三维植被网,又称三维土工网,是一种具有三维结构的适用于水土保持的新型土工合成材料

(图4-8),其高分子材料和抗紫外线稳定剂的结合,使得其在自然环境下使用化学稳定性高,对环境无污染(降解类型为两年后在土中不留痕迹),在坡面覆盖时能有效地防治水土流失,同植被恢复工程结合后可迅速绿化坡面,扩大绿化面积,改善生态环境。三维植被网突出的作用是在坡面的草皮长成前,可保持土地表面免遭风雨的侵蚀,且后期与植物形成的复合保护层可经受高水位,大流速的水流冲刷,可替代混凝土、沥青、块石等坡面保护。通过三维植被网可大幅降低植被护坡工程造价,甚至是混凝土护坡和干砌块石护坡的1/7,浆砌块石护坡的1/8。三维网的施工施工简便,与其他边坡植被防护技术可结合使用,也可应用于三维生态水沟的建设,可极大地绿化美化公路景观环境。

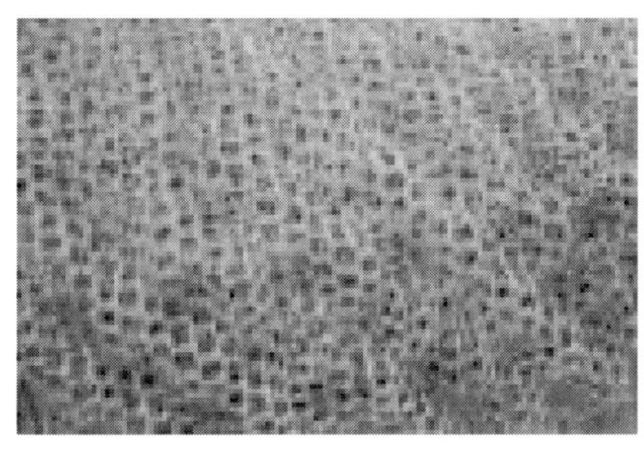

图4-8　三维植被网

在结构上,三维植被网又是以热塑性树脂为原料,采用科学配方,经挤压、拉伸、焊接、收缩等一系列工艺制成的两层或多层表面呈凸凹不平网袋状的层状结构网。其底层为采用双向拉伸技术形成的高模量基础层,具有一定强度,并能有效防止水土流失。其表层为一个起泡层,蓬松的网袋内有较大的容土空间。这种三维结构保证了草籽更好地与土壤结合,在边坡防护中使用能有效地保护坡面不受风、雨、洪水的侵蚀。三维植被网的性能参数见表4-1。

三维植被网垫性能参数　　表4-1

型号	单位面积质量(g/m^2)	厚度(mm)	长度(m)	宽度(m)	纵向拉伸强度(kN/m)	横向拉伸强度(kN/m)
EM4	365±10	14	30	1.5	≥2.2	≥2.2

4.3.2　施工工艺及流程

1)施工流程

三维网植被护坡技术流程如图4-9所示。

图4-9　三维网植被护坡技术施工工艺流程

2)施工要点

(1)坡面处理

将坡面平整,清除杂草、石块、树根等,对于较疏松的边坡应压实坡面。

(2)挂三维网

对于土石混填边坡、土壤贫瘠路堑边坡应在坡面上填3~5cm客土,客土须具有足够肥力,保证其通透性、保水性和黏结性,客土需与坡面充分结合并保证其平整性。

(3)固定三维网

铺设三维网时,三维网需在坡顶、坡脚各延伸50cm,并用木桩和主锚钉埋于土下,四周以U形钉固定,网间搭接长度须不小于10cm,务必保证三维网紧贴坡面。

(4)回填

回填土采用客土、复合肥或泥炭肥的复合物,填土厚度不小于3cm,无网包外露、空包或压包现象,回填土的施工房法有泥浆覆盖法和干土覆盖法。

(5)液压喷播

喷播植草须采用专门的液压喷播技术及机械进行,喷播前需将草籽和附着剂、纸纤维、复合肥、保湿剂及水按一定比例混合搅拌,形成均匀混合液。

(6)盖无纺布

喷播植草后,需在边坡表面覆盖无纺布,以保持坡面水分并减少降雨对种子的冲刷,促使种子生长。

(7)养护管理

养护管理期内,应一直保持坡表湿润至草种出苗、齐苗。六周以后,视生长情况浇水和施肥。后期浇水应遵循"少量多次"的原则。待植草生长高度5cm左右时,应揭开无纺布,以免阻止植物生长。施工完成一月后,应全面普查生长情况,生长不良位置应补种,其他部位清除杂草或喷药除虫。

4.3.3 适用范围

三维网植草技术主要针对土质边坡,包括路堤和路堑边坡,强风化石质边坡也可应用,土石混合路堤边坡经过处理后可用。适用于各类土质边坡,在干旱、半干旱地区应保证养护用水的供给。

4.4 水土保持型植生带植被护坡技术

水土保持型植生带绿化技术(图4-10)主要是采用专门机械针刺工艺或喷胶工艺将绿化物料(含草、灌种子、有机肥、绿化添加剂等)夹织在毯状纤维材料与无纺布之间,进而生产出各种

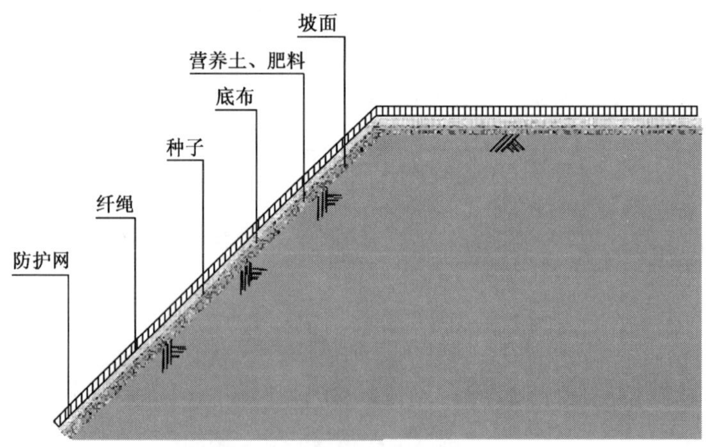

图4-10 绿化植生带结构示意图

绿化植生带产品的专门技术。它是从日本引进并研发而成的适合我国国情的一种绿化护坡技术，它不同于一般植生带的最突出的特点在于：水保型植生带是集水土保持与景观绿化为一体的综合新技术产品。初期以植生带毯状纤维材料保护开挖边坡表层松散土体侵蚀、防止水土流失、起到保持水土的作用，后期随着边坡植被恢复生长凸现出边坡生态防护功效。既可适用于贫瘠的土质边坡，也可以应用于沙石混合边坡生态防护，是一种可适用于半干旱区的生态护坡技术。

4.4.1　简介

水土保持型绿化植生带技术是一种综合性的护坡和绿化方法，是在吸收国外先进技术，经过消化、改进、研制而成。其核心是采用3～50但尼尔、孔隙率高达70～99.5%的多功能过滤毯状纤维技术、绿化辅料（含草种、灌木种、培养料、保水剂、溶岩剂和肥料等）的配方技术，运用针刺法和喷胶法生产出各种不同类型的绿化植生带，可用于水土保持及护坡的一套严格的综合性施工工艺。

绿化植生带是一种以坡面水土保持和地表绿化为目的的抗冲击性能优越的一整套施工工艺产品，以毯状纤维带、无纺布及其他保水材料制成的植生带结构有着很好的抗雨水冲刷、防止水土流失的作用，在坡面土层的表面增加覆盖层，减少土壤中水分的蒸发，保持土壤中的湿度，遇到降雨时，水流不能直接冲击土层表面，在植物生长成坪之前，坡面仍能保持稳固。植物根系穿过植生带基层，扎根于土壤之中，使整个植生带覆盖层与坡面土层结合在一起，既能使坡面得到很好的保护，又得到美化的绿色景观。

4.4.2　技术特长

植生带护坡具有以下技术特点如下：

①绿化植生带置种子与肥料于一体，具有播种施肥均匀、数量精确、种子肥料不易移动的特点；

②种子出苗率高，出苗整齐，建植成坪快；

③采用可自然腐烂的无纺布作为底布，与地表吸附作用强，腐烂后可转化为种子基肥；

④捆卷包装，便于交通运输和现场施工，施工简便，省时省工；

⑤绿化植生带不同于一般植生带产品最显著特点在于，绿化植生带不仅能绿化环境，而且还能有效地防止水土流失。

4.4.3　植生带产品

绿化植生带主要由尼龙防护网、高空纤维、绿化物料及无纺底布四层材料构成。其中，高空纤维为3～50但尼尔空隙率高达70%～99.5%的毯状纤维，绿化物料主要包括草本和木本植物种子、保水剂和土壤改良剂等颗粒状物质。

植物种子：目前植生带的生产设备均能适应各种颗粒大小的草本植物和灌木植物种子，如黑麦草、高羊茅、早熟禾、三叶草等。草种的质量直接影响植生带的质量，提供制作植生带的草种，必须是颗粒饱满、净度合格和有较高的发芽率和发芽势的高质量种子。

植生带载体：质地柔软、重量轻、厚薄均匀，具有良好的物理强度，无污染，铺装施工后能较快地自然降解。目前多选用棉、麻、木质等天然纤维作为植生带的基础载体，较为理想的是无纺布和木浆纸制品。

化肥、保水剂等：根据不同草种及应用条件确定化肥和保水剂的用量，化肥一般采用复合肥。

生产设备：无纺布生产设备包括清花机、梳棉机、气流成网机、浸浆机、烘干机和成卷机等。植生带复合设备包括喷肥、播种、复合、针刺、成卷等机械。

4.4.4 施工工艺及流程

1）施工流程

植生带施工工艺流程如图4-11所示。

图4-11 植生带施工工艺流程

2）施工要点（图4-12）

（1）平整坡面

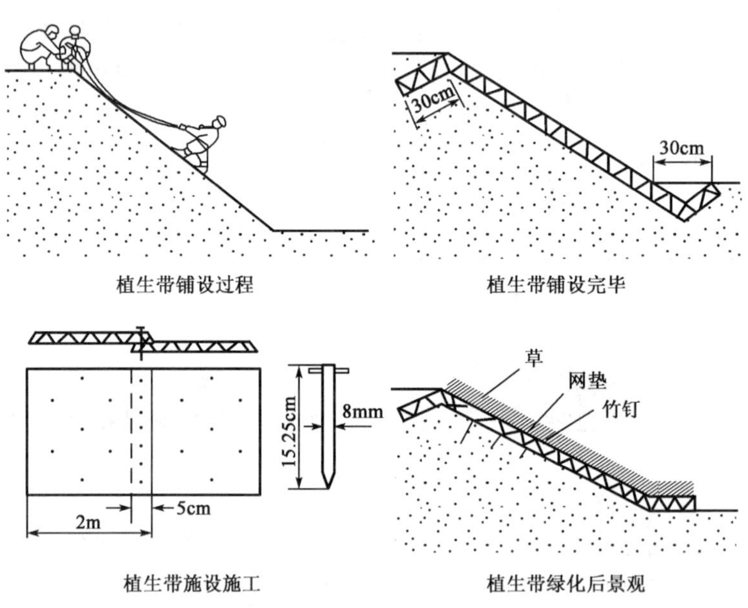

图4-12 高陡边坡植生带施工图

清除坡面所有石块及其他一切杂物，全面翻耕边坡，深耕20～25cm，并施入有机肥，可用腐熟牛粪或羊粪等，用量为0.3～0.5kg/m²，打碎土块，耧细耙平。若土质不良，则需改良，对黏性较大的土壤，可增施锯末、泥炭等改良其结构。

准备足够的用于覆盖植生带的细粒土，以沙质壤土为宜，每铺100m²的植生带，需备0.5m³细土。铺植生带前1～2d，应灌足底水，以利保墒。

（2）开挖沟槽

在坡顶及坡底沿边坡走向开挖一矩形沟槽，沟宽20cm，沟深不少于10cm。坡面顶沟离坡面20cm，用以固定植生带。

（3）铺植生带

铺装植生带前，在耧细耙平的坡面，再次用木板条刮平坡面，把植生带自然地平铺在坡面上，将植生带拉直、方平，但不要加外力强拉。植生带的接头处，应重叠5～10cm，植生带上下两端应置于矩形沟槽，并填土压实。用U形钉固定植生带，钉长为20～40cm，松土用长钉。钉的间距一般为90～150cm（包括搭接处）。

(4)覆土、洒水

在铺好的植生带上,均匀覆盖用筛子筛细的细粒土,细粒土的覆盖厚度为0.3~0.5cm。覆土完毕后,应及时洒水。第一次洒水一定要浇透,使植生带完全湿润。

(5)养护管理

洒水:植生带从铺装到出苗以后的幼苗期,都需要及时进行洒水,每次的洒水量以保持土壤湿润为原则,直至出苗成坪。在幼苗中期也要保持每天洒水一次,后期根据土壤湿度进行洒水。由于植生带上覆盖的细土很薄,洒水时最好采用水滴细小的喷水设备,使洒水均匀,水的冲力减小。在草苗未出土前,如因洒水等原因,露出植生带处,要及时补撒细土覆盖。

追肥:虽然植生带含有一定数量的肥料,但为了保证草苗能苗壮地生长,在有条件的情况下,可进行追肥。一般追肥二次,第一次追肥在草苗出苗后一个月左右,间隔20d再施第二次。追肥量为第一次用尿素10g/m^2,第二次用尿素15 g/m^2。用稀释水溶液喷洒,追肥后一定要用清水清洗叶面,以免烧伤幼苗。

覆土:植生带的幼苗茎都生长在边坡表面,而植生带铺装时覆土又很薄,为了有利于幼苗匍匐茎的扎根,可以在幼苗开始分蘖时,覆细粒土0.5~1cm。

病虫害防治:当草苗发生病害时,应及时使用杀菌剂防治病害,常用的药剂有多菌灵、百菌清、福美霜等。在使用杀菌剂时,应掌握适宜的喷洒浓度。为防止抗药菌丝的产生,使用杀菌剂时,可以用几种效果相似的杀菌剂交替或复合使用。对于常发生的虫害如地老虎、蝼蛄、蛴螬、草地螟虫、黏虫等,可进行生物防治和药物防治相结合的综合防治方法。常用的杀虫剂是有机磷化合物杀虫剂。

4.4.5 适用范围

水土保持型植生带可广泛应用于土壤贫瘠的山区、半干旱和干旱区,甚至黄土及沙漠地区的各种土质边坡水土流失治理及植被恢复工程。

4.5 土工格室护坡技术

土工格室是20世纪80年代开始应用的一种新型护坡合成材料,在国外已广泛用于坡面防护中。我国90年代初在吸收国外先进经验的基础上,开始了土工格室的研发,并在道路基床病害整治,固定松散介质的应用方面取得重大突破。随着人们对土工格室特性的进一步了解,已经发现其具有其他土工材料(土工布、土工膜、土工格栅、土工模袋、土工网等)不可替代的优势,使其在诸多领域有着独特的应用前景。

土工格室是采用一种新型的高强度聚乙烯片材,经超声波焊接等方法连接,展开后呈蜂窝状的三维立体网格结构护坡产品,属于特种土工合成材料(图4-13)。能够防护表层塌方,整体防护效果较好,绿化边坡、恢复生态,施工简便。一般施工流程见图4-14。

图4-13　土工格室结构示意图

(1)平整坡面

首先应将边坡按坡比要求削坡整平,并采用人工修坡,清除坡面浮石、危石等。

(2)排水设施施工

边坡排水系统的设置是否合理和完善直接影响到边坡植草的生长环境,对于长、大边坡,坡顶、坡脚及平台均需设置排水沟。

(3)土工格室施工

采用插件式连接法连接土工格室单元。连接时将未展开的土工格室组件并齐,对准相应的连接塑件,插入特制圆销,然后展开。连接时,根据不同坡率的边坡采用不同单元组合形式(图4-15)。在坡面上按设计的锚杆位置放样,采用 $\phi38 \sim \phi42$ 钻杆进行钻孔,孔径基本可达 $\phi50$,按要求进行冲孔,在钻孔内灌注30号砂浆。按设计要求弯制锚杆,并除锈、涂防锈油漆,悬在坡面外的锚杆,应套内径为 $\phi25$ 的聚乙烯或聚丙烯软塑料管,管内所有空间应用油脂充填,端部应密封。铺设时,在坡顶先用固定钉或锚杆进行固定,按设计图纸要求开展,在坡脚用固定钉或锚杆固定,其间按图纸要求用锚杆固定。土工格室应预系土工绳,以备与三维网连接绑扎。施工边坡平台及第一级平台填土,以固定土工格室于坡面上。

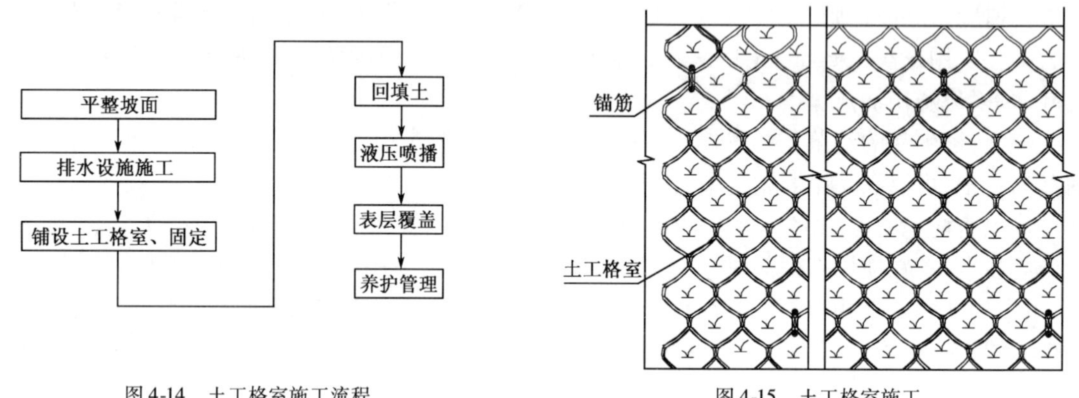

图4-14　土工格室施工流程

图4-15　土工格室施工

(4)回填客土

土工格室固定好后,即可向格室内填充改良客土,充填时要使用振动板使之密实,靠近表面时用潮湿的黏土回填,并高出格室面1~2cm,并保持预系的土工绳露出坡面。第一段铺设完毕后,即可进行第二段的铺设直至最终完成。土工格室内填土要从最上层开始分段进行,初期铺设时,上端一定要锚固好,可新增附加锚钉,一般地,上部至少每隔一个格室间距布置一个锚杆或锚钉,等全部铺设完成并填充压实后,附加锚钉可取掉。

(5)喷播施工

按设计比例配合草种、木纤维、保水剂、黏合剂、肥料、染色剂及水的混合物料,并通过喷播机均匀喷射于设置土工格室的坡面。

(6)表层覆盖

雨季施工,为使草种免受雨水冲失,并实现保温保湿,应加盖无纺布,促进草种的发芽生长。也可采用稻草、秸秆编织席覆盖。

土工格室坡面防护适用于坡比为1:1.3~1:1.5的路堑边坡,一般要求坡面平整,也可适用于坡比为1:1或1:0.75,经灌注混凝土特殊加固后的碎石边坡也可应用。用土工格室进行坡面防护施工时,还应注意以下几点:要对土工格室材料性能进行测试,质量要好,边坡处理要基本平整,以使土工格室受力要均匀;土工格室铺设后应及时覆土,填土紧贴坡面,避免阳光暴晒,一般间隔时间不宜超过48h;应选择适宜的草籽并掺加适量的肥料在坡面播种,及时洒水养护,创造良好的植物生长环境。

4.6 工程与植被综合护坡技术

工程与植被综合防护技术是一种边坡综合防护技术,不仅要求对边坡坡体加固处理,还要对坡面进行一定的工程和植被防护措施，是一项保证边坡稳定，追求生态理念的先进技术。

由于前文已分别详细介绍了大量的工程防护技术和植被防护技术。因此，这里只对工程与植被结合关键措施作出详细介绍。

4.6.1　柔性防护基础上的植被再造技术

主动柔性防护网系列是以高强度柔性网（钢丝绳网、环形网、高强度钢丝格栅）作为主要构成部分，并以覆盖（主动防护）和拦截（被动防护）两大基本类型来防护各类斜坡坡面崩塌落石、风化剥落等地质灾害和雪崩、岸坡冲刷、爆破飞石、坠物等危害的新型柔性防护系统，它是一种集构件设计与加工、系统配置设计与定型、现场设计选型、现场布置与施工设计为一体的系统化技术。

已布设柔性防护网的边坡，其工程防护措施可使边坡基本处于稳定状态，保证行车安全，但边坡仅有柔性防护网护坡，仍存在碎石、岩石裂缝等安全隐患，并且缺乏景观效应。随着环保意识的日益增强，人们对公路边坡的生态景观效益也越来越重视。因此，在柔性网防护基础上对边坡增设生态防护措施恢复植被，既能增强高速公路的安全性能，也能构建美好的路域环境。客土喷播技术可将将土壤、种子等混合基材喷射在坡面上，适合柔性防护基础上的边坡植被再造，可以增强喷播客土的稳定性，二者结合应用也可以得到提高安全防护性能和恢复植被的双重效果。

4.6.1.1　技术特点

①柔性防护系统（图4-16）便于工程质量控制和工程量的准确计量，其高强金属材料的质轻和易加工特点可以便于施工，以最短的工期和最少的劳动力使工程简单快速化。

②可以较好地解决山区复杂地形条件下传统防护工程施工困难、进展缓慢等难题，其施工布置的灵活性可以最大限度地适应各种复杂的地形地貌环境，而且使用期限长，便于维护。

③柔性防护系统是一种可拦截和堆存崩塌岩石与滑塌体的柔性金属栅栏，其柔性和高强度可以吸收和消散很高的崩岩落石能量，确保公路边坡的安全，同时为公路边坡特别是石质边坡实施人工绿化提供了可能。

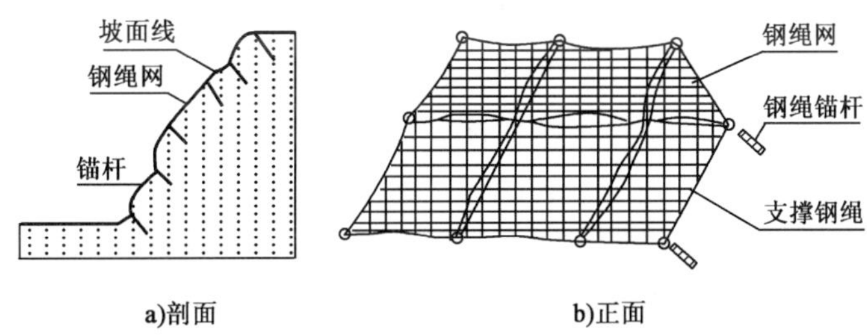

图4-16　柔性防护网主动防护系统

④结合客土喷播技术，充分利用植物根系的护坡加固作用和绿色植物的环境绿化美化功能，将工程治理与环境保护和改造融为一体。

4.6.1.2　施工流程

柔性防护系统的主要材料为高强度、高防腐特种钢丝格栅及锚杆；柔性防护基础上的植被再造技术施工流程（图4-17）同标准的客土喷播生态植被护坡技术相同，详见4.2。

4.6.1.3　适用范围

柔性防护网主动防护系统一般适用于坡角陡于50°的岩石路堑高边坡，坡体整体稳定且坡面崩塌、碎落、滚石等坡面灾害严重，一般危石块径不超过30cm的区域。表层溜塌、浅层滑塌、风化剥落等潜在灾害的土质、类土质边坡防护加固后也可应用。

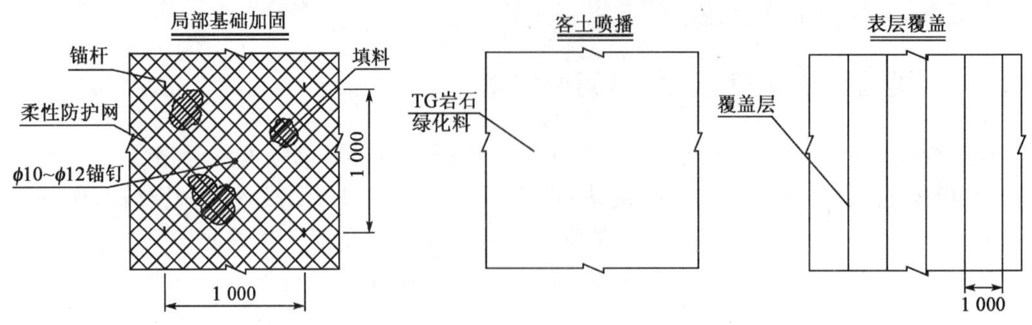

图4-17　柔性防护基础上的植被再造施工流程

4.6.2　路堑边坡框架梁绿化技术

当前的开挖路堑边坡大量使用钢筋框架梁加固，填方路堤边坡用浆砌块石、现浇钢筋混凝土或预制预应力混凝土格构加固，然后在框架梁或格构内进行绿化，从而实现工程与生态相结合的坡面防护方式。

由于钢筋混凝土框架梁内进行填土植草、客土喷播、植生带绿化等措施与前述内容相同，这里只对路堑边坡框架梁的施工工艺流程进行详细说明。

4.6.2.1　技术特点

框架加固的主要作用是将边坡坡体的剩余下滑力或土压力、岩石压力分配给框架结点处的锚杆或锚索，然后锚索传递给稳定地层，从而使边坡坡体在由锚杆或锚索提供的锚固力的作用下处于稳定状态。因此就框架本身来讲仅仅是一种传力结构，而加固的抗滑力主要由框架结点处的锚杆或锚索提供。一般提及到的框架加固技术是一种广义的术语，它包含了框架本身和锚杆（索）两部分。框架预应力锚杆边坡支护结构由钢筋混凝土框架、挡土板、小吨位预应力锚杆、锚下承载结构、坡面排水系统和墙后土体组成，属于轻型柔性支护结构。在框架预应力锚杆边坡支护结构中，由于锚杆的作用从根本上改善了土体的力学性能和受力状态，变传统支护结构的被动挡护为充分利用土体本身自稳能力的主动挡护，有效地控制了土体位移，随边坡向外破坏力的增大，锚杆支护力随之增大，直至超出极限平衡而破坏，支护力随锚杆的被拔出而逐步减弱，形成柔性支护结构。由于框架预应力锚杆边坡支护结构克服了传统边坡支护结构的支护高度受限制、造价高、工程量大、稳定性差等缺点，同时在施工过程中对边坡的扰动较小，预应力锚杆可以有效控制边坡的变形，施工完毕以后还可以结合一定的绿化措施，符合高速公路边坡的生态支护理念。

边坡框架加固布置灵活、框架形式多样、截面调整方便、与坡面密贴、可随坡就势等显著优点。并且框格内视情况可挂网（钢筋网、铁丝网或土工网）、植草、喷射混凝土进行防护，也可用现浇混凝土（钢筋混凝土或素混凝土）板进行加固。根据框架采用的材料不同，框架可分为浆砌块石框架、现浇钢筋混凝土框架和预制混凝土框架（又称PC框架）。其中PC框架在日本应用较为广泛，我国在边坡工程中主要使用浆砌块石和现浇钢筋混凝土框架，常用框架梁形式主要有方形、菱形、人字形、弧型（或拱形）等四种（图4-18）。

1）方形

指顺边坡倾向和沿边坡走向设置方格状框架。框架水平间距对于浆砌块石框架应小于3.0m，对于现浇钢筋混凝土框架应小于5.0m。

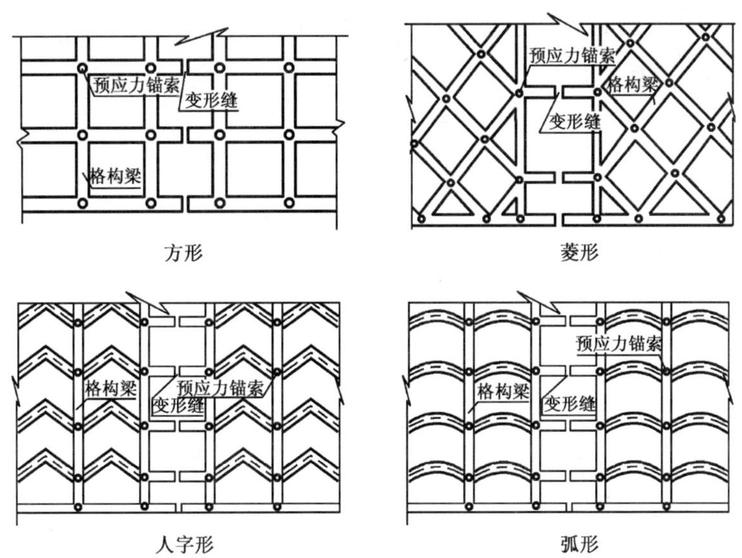

图4-18　框架梁的几种形式

2)菱形

沿平整边坡坡面斜向设置框架。框架间距对于浆砌块石框架成小于3.0m,对于现浇钢筋混凝土框架应小于5.0m。

3)人字形

按顺边坡倾向设置浆砌块石条带,沿条带之间向上设置人字形浆砌块石拱或钢筋混凝土。框架横向或水平间距对于浆砌块石框架应小于3.0m,对于现浇钢筋混凝土框架应小于4.5m。

4)弧形或拱形

按顺边坡倾向设置浆砌块石或钢筋混凝土条带,沿条带之间向上设置弧型浆砌块石拱或钢筋混凝土。框架横向或水平间距对于浆砌块石框架应小于3.0m,对于现浇钢筋混凝土框架应小于4.5m。

4.6.2.2　施工流程

框架锚杆施工工艺流程为坡面整修、搭设脚手架、定位钻孔、清孔、锚杆安装、注浆、框架梁及锚头浇筑、锚头封闭(图4-19)。

1)坡面整修

对浆砌片石坡面开裂、外鼓处进行翻修,翻修浆砌片石砂浆标号不小于M7.5,厚度不小于0.3m,修整后坡面平顺,嵌补的浆砌片石厚度均匀。

2)搭设脚手架

采用双排脚手架,架杆采用ϕ48mm焊接钢管。立杆间距2m,横杆高度1.5m,横杆间距脚手架宽度1.0m。脚手架紧贴坡面搭设,每个节点均用卡扣卡牢,并在外排脚手架设垂直于脚手架平面的斜支撑,最低一层横杆距地面不大于0.3m。

3)定位、钻孔、清孔

用经纬仪放出基线并定出锚杆孔位,误差不超过±0.2m,采用潜孔钻机风动造孔,孔径70mm,锚孔倾角控制在15°±2°。钻进前按锚杆设计长度将所需钻杆摆放整齐,钻杆用完时孔深即到位(实际钻孔深度8.2m,比设计孔深大0.2m)。钻孔结束后逐根拔出钻杆和钻具,将冲击器清洗好备用,用高压风吹净孔内岩碴。

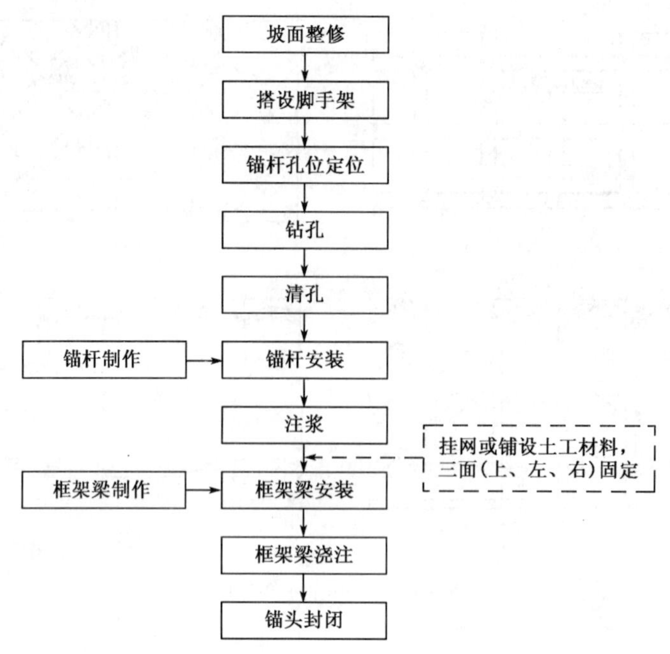

图 4-19　框架梁施工流程

注:虚线框内表示框架梁与生态工程相结合时的对应措施

4)锚杆制作、安装、注浆

将两根 ϕ22 钢筋点焊并联制作,杆身每隔 1.5m 用 ϕ12 钢筋设一对中支架,锚杆外露弯折 10cm。将注浆管出口用胶布堵住后与锚杆一并装入,缓缓插入孔底,管口与孔底保持 20cm 左右距离。检查调节定位止浆环和限浆环位置准确,确认注浆管畅通后,开动注浆机采用一次孔底返浆法灌注 M30 水泥砂浆,待孔口有水泥砂浆溢出为止。注浆工艺流程:拌制砂浆、压水连通试验、开始低速小流量注浆、正常注浆至设计锚固长度、终止、转移、进行下一孔注浆。

5)框架梁浇筑

框架纵、横梁是重要构件,其作用是将锚头处集中荷载传递至岩面并调整岩面的受力方向,施工质量必须保证。首先在设计位置按配筋图绑扎框架纵横梁钢筋骨架并预留泄水孔位,三向立模,在锚孔与框架梁交叉处(靠坡体内侧)预埋补浆用注浆管,最后整体浇灌 C30 混凝土(框架纵梁每隔 12m 同步设伸缩缝一条)震动密实并加强养护。

6)锚头封闭

锚头混凝土与框架梁同步浇筑。

4.6.2.3　适用范围

根据框架梁的特点和作用,框架梁加固技术特别适用于坡度较陡、坡体岩土均匀且较坚硬的公路边坡或公路滑坡边坡稳定加固防护工程。但应当注意,对于不同稳定性的边坡应采用不同的框架形式和锚固形式的组合进行加固或坡面防护。例如,当边坡稳定性较好,但因前缘表层开挖失稳出现塌滑时,可采用浆砌块石框架护坡,并用锚杆锚固;如果边坡稳定性较差,可采用现浇钢筋混凝土框架加锚杆(索)进行加固;而对于稳定性差、下滑力大的滑坡,可用现浇钢筋混凝土框架加预应力锚杆(索)进行加固。

4.6.3　常见的预制生态砖植草技术

预制混凝土砖经过特殊的造型,形成竖向中空,然后按一定规则布设会形成沟槽或小型框格,通过播种草种、花卉等植物种子或铺植草皮等措施,最终可形成预制混凝土护坡与生态护坡相结合的综合方式,目前全国各地应用较多,但效果不一,以下简要介绍两种主要的形式。

1)六棱砖植草技术

在平整过后的坡面满铺并浆砌预制的空心六棱砖,然后在空心六棱砖内填土植草。该技术使回填客土有很强的稳定性,能抵抗雨水的冲刷。六棱砖植草技术(图4-20,图4-21)主要用于低矮路堤边坡的植被防护,一般边坡坡率不超过1∶1.0,高度不超过10m,否则易引起空心砖的滑塌,造成植被防护的失败。施工流程为平整坡面、回填覆土、六棱砖铺设、客营养土(含植物种子、肥料等)、覆盖、浇水养护。

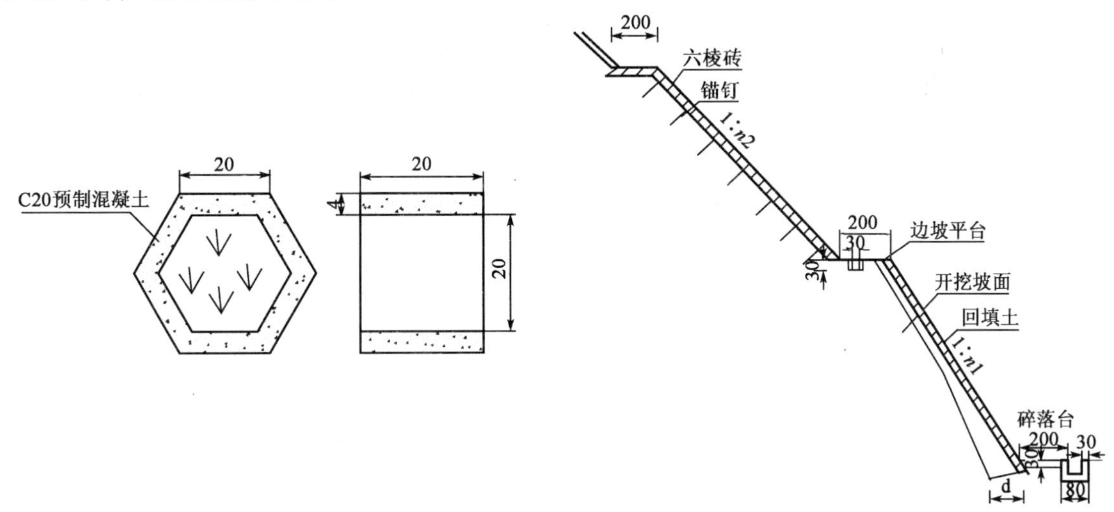

图4-20　六棱砖植草示意图(尺寸单位:cm)　　图4-21　六棱砖植草典型设计图(尺寸单位:cm)

2)生态砖护面技术

生态砖由带漏孔的反扣凹形上砖体和框架板形下砖体组成(图4-22,图4-23),下砖体与至少一个上砖体配合,下砖体上有与上面砖体边缘配合的沟槽,上砖体上面的漏孔可以是圆孔、方孔或异形孔,下砖体可呈田字形、目字形或田字格形。植物从下砖体的框架内空间生长,并钻出上砖体的漏孔,使原坡面表层与生态砖回填土后的土壤表层的水汽相通,从而绿化坡面,美化环境,可减少路面扬尘和热辐射,适用于低矮稳定的土质边坡且与路基有一定空间的边坡生态防护工程,部分土石边坡经处理后也可应用。生态砖实用方便,绿化和美化效果明显,可作小型的道路两侧绿化措施(图4-24)。

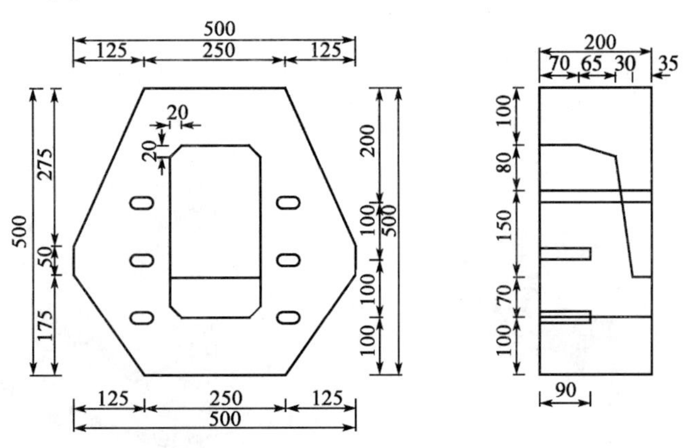

图4-22　常见生态砖规格图(尺寸单位:mm)

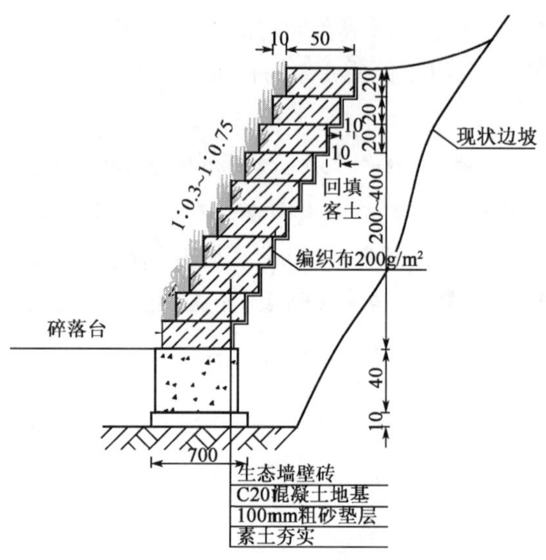

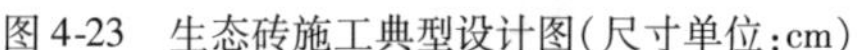
图 4-23　生态砖施工典型设计图(尺寸单位:cm)

图 4-24　生态砖绿化效果图(北京延庆河东公路 2008.8)

4.6.4 “坡改平”生态砖护坡技术

造成六棱砖等传统护坡砖土壤流失的原因是由于空心部分填充的土壤处于斜面不稳定状态,当遇首次降雨(或灌溉)时,砖内土体会发生沉降,使砖内上部土体与砖壁间产生一个缝隙;当坡面径流继续流入砖内时,从缝隙处开始发生对土壤的冲淘,随着坡面汇集的雨水逐步累积并加速下冲,使土壤在水力冲蚀和重力作用下逐渐被冲向下部。另外,砖内的土在冬季会产生冻胀现象,使表层土壤结构变得疏松,到雨季时土壤流失加剧。随着时间的推移,直至砖内剩余土壤在砖的下边框阻挡下,表面达到趋于稳定的“水平状态”时,坡面才进入相对稳定状态。因此,近年来北京市水利科学研究所侯旭峰等开发研制了“坡改平”生态护坡砖。

(1)设计原理

新型生态护坡砖为正六边形,中空,内部为正六边形或圆形,底端面与水平面成一夹角 α,α 大小与所护边坡的坡度相匹配(如图 4-25)。这样,在坡面铺设护坡砖时,砖底部与坡面相吻合,上端能够保持水平,确保砖内土体的表面保持水平稳定状态,不易流失,最大程度地保持土壤和水分。

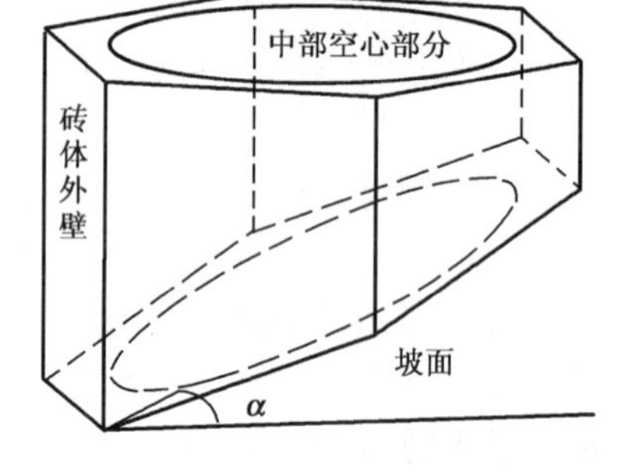

图 4-25　新型护坡砖透视图

为减少新型护坡砖自重分力产生的下滑力,防止重量累加可能对下部砖体的挤压破坏,底端设计至少一组阻滑齿(见图 4-26、图 4-27),通过阻滑齿与边坡基础“咬合”,将砖体的重力就地传导到坡面上,可以显著减少砖体向下层的重力传导。

图 4-26　顶部侧视图

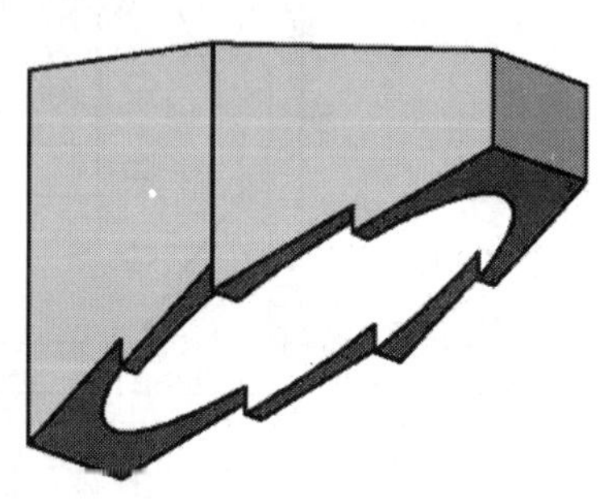
图 4-27　底部侧视图

(2)砖体材料及施工工艺

新型护坡砖的材料可以使用干硬性混凝土等适合制造护坡砖的材料(也可以采用玻璃钢或其他合成材料),制作方法采用砌块成形机压铸成形。

施工工艺与老式护坡砖基本相同,坡下部应设置趾墙,铺设时按照"自下而上,中线向两侧"的顺序进行,相邻护坡砖要挤紧,做到横、竖、斜线对齐,与老式护坡砖相比,路缘石和排水边沟高度稍高(应不小于30cm)。

护坡砖铺设完成后,将种植土填入护坡砖中,植物措施施工完毕后轻轻拍实。首次灌溉或降雨后砖内土壤发生沉降,以护坡砖内土壤表面低于上沿1~2cm为宜,有利于蓄水保土。

(3)适用范围

考虑施工、边坡稳定和经济合理性等因素,这种新型生态护坡砖适用于1:1~1:3(不同坡度可定制生产)的土质或石质边坡防护,路基边坡的生态防护,可广泛应用于河道、公路、矿山生态恢复以及公园景观建设等领域的边坡防护。具备水土保持效果显著、施工方法简单、植物配置方法多、景观效果好、后期管护投入少的优点。

"坡改平"生态护坡技术实施一年后植被的生长情况如图4-28所示。

图4-28 "坡改平"生态护坡技术实施一年后植被生长情况

4.6.5 垂直绿化—生态槽护坡技术

垂直绿化技术,以前被称作藤蔓植物护坡技术,是指栽植攀缘性和垂吊性植物,以遮蔽硬质岩陡坡和挡土墙、锚定板等圬工砌体,美化环境的绿化方法。现在的垂直绿化技术除种植藤蔓植物护坡外,还包括在垂直边坡坡面上利用起伏区域修筑平台、穴槽,或利用打锚支挡起的平台,内填土壤然后栽种植物,从而实现垂直绿化。

1)藤蔓植物护坡

一般的公路路堑边坡直接在坡底或平台上间距0.5~1m种藤蔓植物,使其从成活后逐年上爬并逐渐覆盖坡面,从而绿化岩石坡面或圬工砌体,这种方法简易可行、造价低廉,缺点就是初期养护难度大、绿化时限较长,往往需2~3年才初见成效。部分工程在种植前先对边坡采用挂网加固处理,可防止表层岩石坠落危及行车安全,也为攀援植物提供了支架,有利于植物的快速攀援,促进植物生长。

藤蔓植物的选择是垂直坡面植被恢复的关键,常用的藤蔓植物有爬山虎、常春藤、油麻藤、葛藤等。藤蔓植物护坡各地均可应用,对边坡也没有限制。藤蔓植物护坡通常用于以下工程:已修建的圬工砌体等构造物处,如挡土墙、抗滑桩挡土板、锚碇板及声屏障等,采用挂网喷浆、护面墙等防护处理路堑边坡和坡率超过1:0.5的石质边坡。

2)坡面生态槽护坡技术

由于在坡脚或平台种植藤蔓植物达到绿化效果的时限长,不能解决快速绿化的需求,因此在种植藤蔓植物护坡的原理下首先扩展出坡面穴植，即根据岩石坡面的具体特征，选取坡面起伏突出的位置，通过挖凿、堆砌或坡面加槽，最终形成可以回填土壤的封闭区域，并加入保水剂、复合肥后能满足一定植物的长期生长，处理完后可直接种植藤本植物或低矮灌木的工程措施。

另一种垂直绿化技术即在坡面建设生态槽进行条播种植草灌的护坡技术，是专为半干旱区生态护坡研发的专利技术，如图4-29所示。

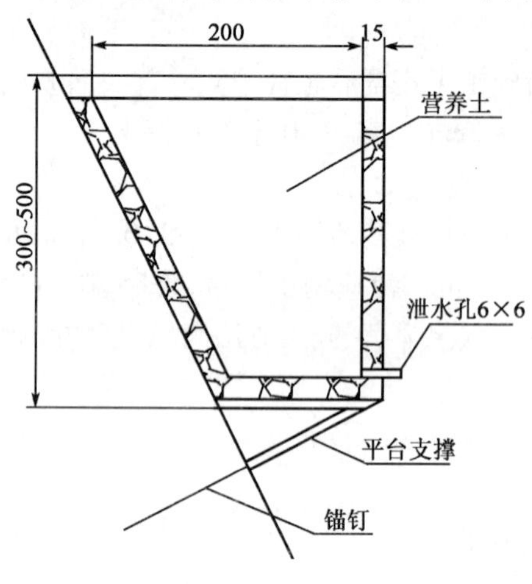

图4-29　坡面生态槽示意图(尺寸单位:mm)

生态槽种植类似于在穴植，是指在将坡面处理成具有条形平台的封闭区域，往内回填土壤和其他物料后，通过播种的方式进行绿化的工程措施，条播也可以有选择性地栽植植物。坡面穴植、生态槽应注意保水性，封闭种植槽的同时应保留泄水孔，以防在暴雨时积水过多将回填土冲刷流失或槽内形成淤积后导致植物烂根死亡。

坡面穴植和生态槽适合高陡石质边坡的简易绿化，尤其能解决包括客土喷播在内的生态防护技术无法应用的边坡绿化。对于坡面穴植和条播要求坡面有一定的粗糙程度，在选择穴槽时应处理好坡面的泄水路径，尽量使植物在生长后可以迅速扎根于岩石缝隙中，扩大绿化面积，提高绿化效果。

3)钢筋台阶式绿化

钢筋台阶式绿化技术是一种新型的高陡边坡治理技术，目前国内很少有成功经验，其技术原理是在坡面条件下，通过在坡面打锚后，形成垂直于坡面的平台，在平台上固定预制的钢筋植生箱，再在上层铺设金属网或其他多孔材料，然后往植生箱内回填或喷播种植土、复合肥、植物种子、保水剂等材料，最后进行表层覆盖(图4-30)。

钢筋台阶式绿化技术可应用于传统方法难以实现绿化的陡峭边坡，在打锚架设钢筋后，以传统的回填土或喷播方式进行普通绿化，由于采用了台阶结构形式，坡面的植物的根系有效深度可以显著提高，因此为陡峭边坡种植灌木抗坡植物提供了有利条件，周期性的落叶和根茎残留入台阶内可实现循环利用，因而耐粗放型管理。

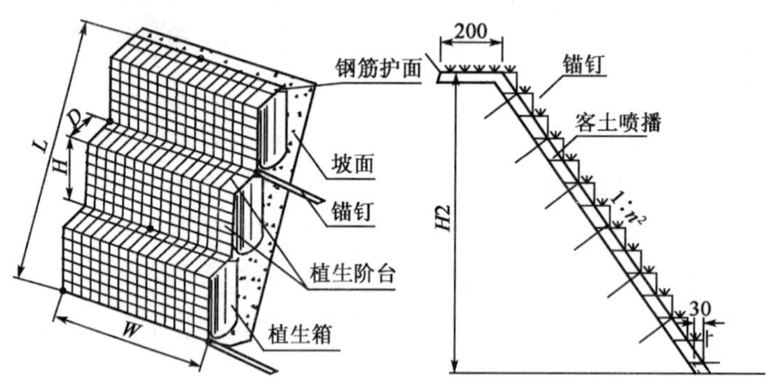

图4-30　钢筋台阶式绿化结构示意

第5章 半干旱区生态护坡保水涵水技术

半干旱区雨水较少,且季节分布不均,以山东省为例,年平均降雨量为640.5mm,年平均蒸发量却高达1 796mm,且年际、年内降雨分布极为不均,年内汛期的6~9月降雨量可达全年降雨量的70%以上。对于高速公路路堑边坡而言,由于受坡面特殊的立地条件影响,坡面的有效受水量明显小于平地,通常仅有300~500mm,加上常年干燥、大风的影响,加剧了土壤水分的蒸发。因此,提高客土的保水涵水性能是解决路堑边坡生态防护的关键问题之一。

土壤水分的有效保持能大大减弱因坡面植物的蒸腾所需的土壤水分供给的压力。减少土壤水分蒸发损失的主要途径:一是改善土壤结构,增强土壤自身的持水能力。通过改善土壤结构、增施有机肥,以肥培水,辅以各种化学制剂来综合改变土壤表面蒸发条件,改良理化性质,提高通透性,能显著增强土壤的蓄水力和持水力;二是改变影响土壤表面蒸发的气象和植被下垫面特征(如通过覆盖实现),从而降低土表的潜在蒸发速度。

5.1 客土层内保水涵水技术

客土层内保水涵水技术是指通过改善喷播形成的土壤结构,增强土壤自身持水能力的保水技术。土壤结构是指土壤颗粒(包括团聚体)的排列与组合形式,影响着土壤中水、气、热以及养分的保持和移动,从而直接影响植物根系的生长发育。由于高速公路路堑边坡生态恢复工程的特殊性,不可能像耕地、林地、牧场一样进行定期的耕作,只能一次性通过增施有机肥以肥培水,添加保水化学制剂的方式进行,以保证在短期内实现客土土壤的壤性结构满足植物快速发芽、出苗并生长的要求,并在2~3年内实现客土土壤稳定和植被演替,最终实现生态恢复。

增施有机肥以肥培水是一套农业耕作方式的保水涵水理念,本节阐述客土喷播生态护坡相关的保水涵水配方中的添加保水化学制剂的方式。保水剂又称吸水剂、保湿剂、高分子吸水剂、高吸水树脂,是一种有机高分子聚合物,它的分子结构中有网状分子链,能通过自身的化学作用达到保水涵水效果。最初的保水剂是因美国的抗旱需要而研发,主要是包括聚乙烯醇、聚甲基丙烯酸羟乙酯等,吸水倍率只能达到20~30,此后日本开发出淀粉接枝转为以交联聚丙烯酸钠为主的高吸水性树脂,吸水倍率成倍增加超过100以上,可直接通过拌土而大量应用于生态防护工程中,并且极大地改善了土壤水分含量和壤性结构,对生态环境无任何伤害。

目前市场上可应用的保水剂类型多样,试验工程采用高倍率保水剂类型,根据半干旱区高速公路路堑边坡生态防护工程的实际情况和施工技术进行细分,高倍率保水剂可分为高倍短期速放保水剂和高倍长期缓放保水剂两种类型,并进行相关试验研究和工程应用,发现两种类型的保水剂可在不同时期不同程度地促进生态恢复工程效果达到最佳,基本解决半干旱区因缺少水分而无法进行生态恢复的技术难题。

5.1.1 高倍短期速放保水剂

1)作用原理

高倍短期速放保水剂是一种常规保水剂,最初用于提高耕地土壤短期作物生长季节内的水分含量,尤其保证农作物在出苗、分蘖、授粉关键时节的水分供给,从而起到促进农业产量增产增收的效果。本书通过对国内外的短期功效保水剂的调研分析,确定其对半干旱区高速公路路堑边坡初期的生态护坡有明显的保障效果,可以直接确保如客土喷播后的土壤墒情和水分含量,以满足植物种子发芽、出苗和苗期生长的水分需求。

高倍短期速放保水剂在遇到水以后立即发生电解,离解为带正电和负电的离子,这种带正电和负电的离子和水有强烈的亲和作用,因而使其具有极强的吸水性和保水性,能迅速吸收比自身重数百倍的水。同时,在土壤水分含量低,水势下降时,吸水后的保水剂会快速释放出水分,以补充缺失的土壤水分,满足土壤颗粒间的交互性和土壤溶液的流通性,迅速满足植物苗期较大的需水量。此外,高倍短期速放保水剂能增强植物体内酶的活性,提高根系活力,促进植物生根。

2)材料类型

目前国内外的高倍短期速放保水剂按照亲水基团的种类可分为三大系列,主要有阴离子系(如羧酸类、磺酸类、磷酸类等)、阳离子系(如叔胺类、季铵类等)、非离子系(如羟基类、酰胺基类等)三种类型。根据应用较多的高倍短期速放保水剂的材料来源,则主要有淀粉接枝丙烯酸盐和聚丙烯酸钠两种。

(1)淀粉接枝丙烯酸盐

淀粉接枝丙烯酸盐为白色或淡黄色颗粒状晶体,主要成分为:淀粉18%~27%+丙烯酸盐62%~71%+水10%+交联剂0.5%~1.0%。这种产品在用于造林地蓄水保墒时,有效期往往只有一月或数月,最长使用寿命一般不超过半年,但吸水倍率和吸水速度等性状较为理想。对山东省济莱高速K18+000右幅右侧土壤浸提液的吸水对比试验,该类保水剂在遇水后的15~20min内即可吸收自重80~130倍的水分。

(2)聚丙烯酸钠

化学式:

$$\underset{\displaystyle\text{COOMe}}{CH_2=\underset{|}{CH}} \longrightarrow \left[CH_2-\underset{\underset{\displaystyle\text{COOMe}}{|}}{CH} \right]_n$$

式中Me为Na^+、K^+等。

聚丙烯酸钠为白色或浅灰色颗粒状晶体,主要成分有:聚丙烯酸钠88%(其中含钠24.5%)+水8%~10%+交联剂0.5%~1.0%。国内生产的保水剂大多是这种成分的产品。其主要特点是:吸水倍率高,吸水速度快,但保水性能只能保持1~3月。据试验观测,这类产品的吸水能力和吸水速率明显高于聚丙烯酰胺产品,在土壤中如充分给水,0.5~1.0h后便迅速吸收自重的100~130倍的水分;但第二年的吸水倍率要降低约60%左右。

3)生态护坡的用量

高倍短期速放保水剂在生态护坡工程中的用量需以高速公路路堑边坡的施工时间和施工后连续三个月的降雨量为依据作出调整。以山东省半干旱区济莱高速路堑边坡客土喷播工试验工程为例,高倍短期速放保水剂施工用量基准见表5-1。

高倍短期速放保水剂施工用量基准(单位:g/m²)　表5-1

土壤类型	施工后三个月有效降雨量				
	>150mm	100～150mm	75～100mm	50～75mm	<50mm
石质边坡	25	28	31	34	38
土石边坡	13	16	19	22	25
土质边坡	8	10	13	15	18

由于客土喷播工程受坡面立地条件的影响,局部应作出适当调整,如在受光面较大的阳坡,其阳光照射时间较长,土温相对于受光面较小的阴坡较高,风速较快,坡面水分蒸发速度较快,因此应适当加大高倍短期速放保水剂用量,增加幅度约为10%～30%。另外,受坡度和客土喷播的土层厚度影响也可作出调整,通常是坡度大、土层薄,就应当加大用量。

5.1.2　高倍长期缓放保水剂

1)作用原理

高倍长期缓放保水剂是一种长效性多功能保水剂。此类保水剂在吸水后膨胀为水凝胶状,并且吸取的水分只能缓慢释放出来,以供作物吸收利用,一次吸足水后可供作物吸收3个月左右。由于该保水剂具有反复吸水功能,在不受紫外线照射的情况下能在土壤中保存1～3年左右,因此其作用时期较长,完全满足以客土喷播为主的生态护坡工程,促进并保证长期的土壤结构稳定和植被自然演替。通过大量的实验和工程证明,高倍长期缓放保水剂应用于生态护坡工程中的功效相当明显,其作用包括良好的保水性能形成了有利于植物生长的"地下水库",增强植物的抗旱抗逆功能,平衡供给植物生长所需养分,还能在一定程度上促进土壤保肥省肥,稳定土壤的壤性结构,为生态护坡创造极为优越的条件。

2)材料类型

目前国内外的高倍长期缓放保水剂按照亲水基团的种类分为两大系列,主要有两性离子系(如羧酸－季铵类、磺酸－叔胺类等)和多种亲水基团系(如羟基－羧酸类、羟基－羧酸基－酰胺基、磺酸基－羧酸基类等)两种类型。根据应用较多的高倍长期缓放保水剂的材料来源则主要有聚丙烯酰胺。

聚丙烯酰胺呈白色颗粒晶体状,主要成分为:丙烯酰胺65%～66%＋丙烯酸钾23%～24%＋水8%～10%＋交联剂0.5%～1.0%。在国际上,法国、德国、日本、美国和比利时等国所生产的保水剂大多属于这类成分的产品。该产品的特点是:使用周期和寿命较长,在土壤中的蓄水保墒能力可维持2～3年左右,但其吸水能力会逐年降低。据试验观察,该类保水剂使用当年吸水倍率维持在100～120倍,第二年吸水倍率降低20%～30%,第三年降低约40%～50%,第四年降低更多。

3)生态护坡用量

高倍长期缓放保水剂在生态护坡工程中的用量较为适中,一般在10～50g/m²范围内,但在半干旱区的特殊缺水地区可作出适当调整。以济莱高速路堑边坡客土喷播试验工程为例,高倍长期缓放保水剂施工用量基准见表5-2。

高倍长期缓放保水剂施工用量基准(单位:g/m^2)　　表 5-2

土壤类型	年有效降雨量			
	>500mm	400~500mm	300~400mm	<300mm
石质边坡	20	28	34	40
土石边坡	18	24	29	35
土质边坡	15	20	25	30

在实际施工过程中,施工中保水剂用量可根据受光面、坡度、土体厚度等因素作出适当调整。

5.2 客土层外保水涵水技术

使用常规的高倍短期速放保水剂和进口产品—保水释放半年以上的高倍长期缓放保水剂,均是客土层内的保水涵水技术。同时,在试验工程中采用客土层外保水涵水技术,即在路堑边坡客土喷播施工完后,对坡面覆盖如草帘等的生物材料和水土保持型植生带进行养生,进一步提高土壤的保水保墒效果,以解决 1~2 年内植物生长的季节性缺水问题。

5.2.1 生物材料覆盖养生

覆盖是通过抑制蒸发来改变土壤水热状况最有效的方法,能显著提高土壤含水量。我国很早就采用地面覆盖保墒技术和“沙田”栽培技术种植作物。在半干旱区的研究表明,秸秆覆盖可使柠条、山桃、沙棘造林成活率分别提高 15.7%~21.7%、11.8%~26.3%、11.4%~21%,土壤含水量分别提高 36.5%、30%、33%,有机质含量分别增加 21.5%、19.8%、24%。

目前,利用秸秆、干草等生物材料作成的草帘覆盖生态护坡施工完后的坡面,是一种快速、低成本的覆盖养生方式,可适用于北方半干旱地区大面积的路堑边坡生态护坡工程。草帘覆盖地表能显著降低土壤水分蒸发,草纤维是一种有望取代聚乙烯地膜的无污染覆盖材料,它除能有效抑制蒸发外,还能被土壤微生物降解利用。另外,利用植物地上部分(冠层)的遮盖作用,降低地表直接辐射量和地表与大气间的水汽交换强度,改变下垫面气象环境,可减少地表蒸发量30%~40%。山东济莱高速公路生态护坡工程草帘覆盖养生如图 5-1 所示。

图 5-1　济莱高速公路生态护坡工程草帘覆盖养生

5.2.2　水土保持型植生带绿化

1）水土保持型植生带

水土保持型植生带是采用专用机械设备，依据特定的生产工艺，将植物种子、化学肥料、孔隙纤维层、保水剂等成分，按照一定的密度置于可自然降解的无纺布或其他材料上，并经过机器滚压、针刺复合定位和喷胶等工序，形成具有定植生存和生态保水功能的生态带产品。水土保持型植生带的立体网状纤维结构能充分吸收雨水冲击能量，起到防止土壤侵蚀，阻止土壤颗粒移动之功效，并且在孔隙纤维层、添加剂和保水剂共同作用下，能在坡面形成特定的雨季排水和旱季供水的水分平衡体系，完全满足植物的生长需求，因而在北方干旱区有极好的适应性，可直接在客土喷播施工完成后覆盖坡面，使得植物种子不受人为因素和水流冲刷的扰动，保持稳定的抗风、保温、保湿状态。

2）技术特点

水土保持型植生带覆盖具有以下特点：

①水土保持型植生带不仅通过覆盖坡面免受雨水冲刷，可实现保温、保肥、保水功能，同时还可以置种子与肥料于植生带内，保证护坡植物出苗整齐、均匀、成坪快、效果好；

②采用可自然腐烂的无纺布作为底布，与地表吸附作用强，腐烂后可转化为种子基肥；

③捆卷包装，便于运输，现场施工简便，省时省工。

根据坡面实际情况确定使用方案和产品规格（表5-3）。

水土保持型植生带规格及适用范围　　表5-3

品种	产品规格			生态护坡适用范围
	宽度	厚度	长度	
TDG-1	1.0m	0.3～3mm	100m	水土流失轻微的平地
TDG-2	1.0m	0.5～5mm	50～100m	水土流失较少的缓坡
TDG-3	1.0～2.0m	5～20mm	30～50m	水土流失严重地区陡坡，特别适用于石质边坡生态防护

3）规格及使用

客土喷播完成后，将绿化植生带自上而下铺放，相邻植生带之间需重合3～5cm，以免植生带之间出现空隙而被雨水冲刷成细沟，影响植物生长和植被恢复效果，施工效果见图5-2。

图5-2　济莱高速公路生态护坡水土保持型植生带覆盖

5.3 不同受光面客土层保水涵水过程分析

5.3.1 客土层保水涵水过程

客土层内保水涵水过程见图5-3。这里以客土喷播技术为例对保水剂在客土层中的保水涵水过程进行研究，测定并分析保水剂对客土喷播生态护坡工程中的植物出苗率、生长性能、土壤水分含量、土壤物理结构的影响，对保水剂的配方用量及使用方法进行优化，并结合在实际操作过程中技术难点提出相应解决方案。

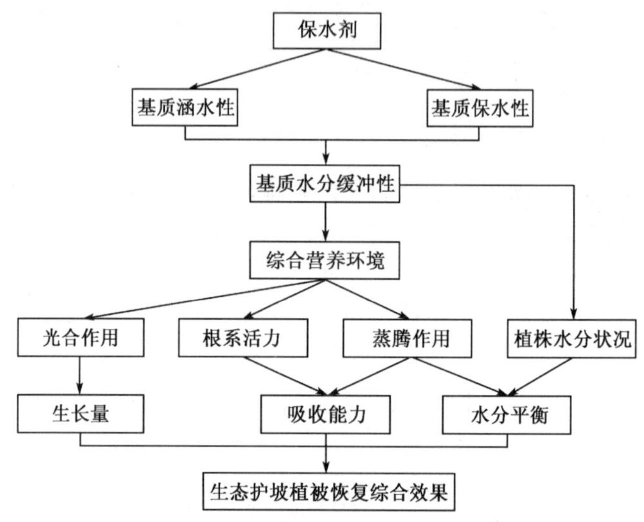

图5-3　客土层保水涵水过程

1）试验方法

将高倍短期速放保水剂（S_a）和高倍长期缓放保水剂（S_b）两种类型的施工用量分别设置为三个水平，并设置不施用任何保水剂的情况作为对照，详见表5-4。

保水剂试验设计用量（单位：g/m^2）　　表5-4

设计用量	S_1（低）	S_2（中）	S_3（高）
S_a	10	15	20
S_b	15	25	35
CK	0	0	0

由于S_a作用效果迅速，对客土喷播施工后种子发芽、出苗和苗期生长起到明显的作用，应于植物种子混合使用喷播于客土表层，而S_b作用较为缓慢，对客土喷播植被大量覆盖坡面后的长期生长起到作用，故应作为喷播的基质底层喷播，因此小区布设施工用量见表5-5。

小区布设施工用量　　表5-5

施工用量	CK	S_1（低）	S_2（中）	S_3（高）
种子层	0	S_a-1	S_a-2	S_a-3
基质底层	0	S_b-1	S_b-2	S_b-3

注：未加保水剂的厚土。

2）对植物生长的影响

对客土喷播试验小区的植物出苗率和生长性能的观测结果表明，客土喷播工程中使用保水剂能明显提高植物种子的出苗率，有助于植物快速生长，同种植物在同一时期测定的株高值往往比没有添加保水剂的要大。另外，从图5-4中可以看出，加入保水剂对草本植物和木本植物出苗率的影响效果存在一定的差异性，对草本植物的影响效果不及木本植物。在草本植物中，除沙打旺外，CK与S_1水平差异性都不明显，而紫穗槐、刺槐、马棘三种灌木植物中，S_1水平比CK的出苗率高出许多，说明保水剂对灌木的出苗率有着较为显著的促进作用。

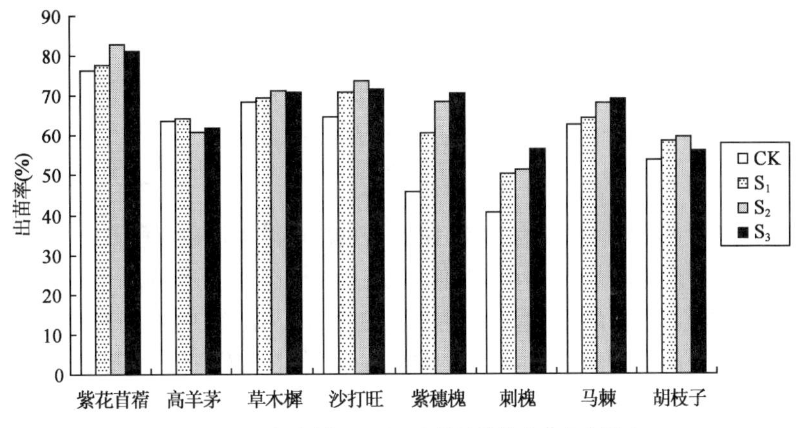

图5-4 不同保水剂用量对生态护坡植物出苗率的影响

另外，从图5-4中可以看出，并不是保水剂用量越大，植物出苗率和生长性能表现就越好。在三种保水剂用量水平下，S_2水平表现最为优势，无论是出苗率还是同一时期内的株高，都比S_1水平具有优势，而除紫穗槐、刺槐、马棘三种植物外，S_2水平比S_3水平也表现优势。因此，在决定生态护坡保水剂施工用量时，应根据具体边坡的立地条件和护坡植被类型综合判定，本试验所选边坡坡度为60°，垂高16m的石质边坡，植被为上述八种分析的植物品种作为优势草灌护坡植被类型，结果表明选用S_2水平的保水剂用量能使护坡效果达到最优，即高倍短期速放保水剂15g/m^{2}拌在种子层作为客土表层用量，高倍长期缓放保水剂25g/m^{2}拌在基质层作为客土底层用量。

3）对土壤水分含量的影响

从图5-5中可以看出，土壤含水量随着连续干旱天数的延长而逐渐下降，其中CK下降最为迅速，连续干旱1月后土壤含水量为5%，连续干旱2月后仅为3%，已无法满足坡面植物生长的水分需求，因此坡面植物出现干枯、退化直至最后死亡，导致生态护坡工程的失败。相反，加入保水剂后明显能提高土壤的保水涵水性能，在极端条件下，即连续干旱2月后，土壤含水量仍能保

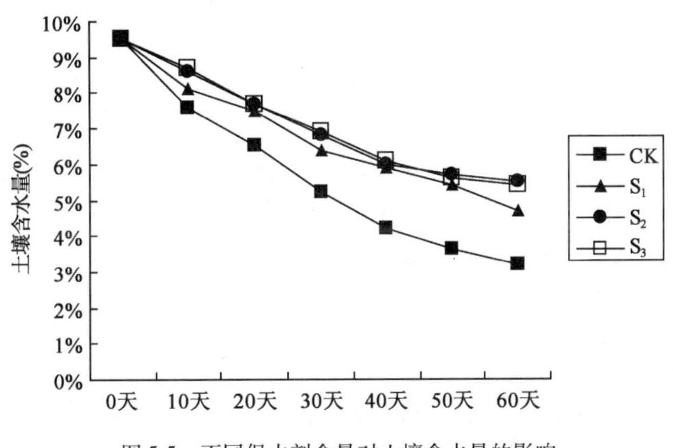

图5-5 不同保水剂含量对土壤含水量的影响

持在5%以上,基本能保证植物的生存条件的最低限。因此,就土壤水分含量而言,虽然占基质0.02%重量的保水剂仅能提高基质2% ~5%左右的含水量,但当土壤中水分快速蒸发或渗透流失掉时,保水剂中所吸收的水分不会因蒸发或渗透而大量流失掉,却可缓慢地释放以供植物利用。并且保水剂可二次吸水,重复利用,尤其是高倍长期缓效保水剂,可利用时限往往在3年以上,完全能适应半干旱区的气候雨水条件。

4)对土壤结构的影响

一般而言,客土喷播工程中加入保水剂后,可以降低基质的容重值,比重往往随着保水剂添加量的增加而下降。通过测定发现,随着施工时间的延长,保水剂对土壤结构有一定的改善作用,即孔隙度随保水剂的增加而增大,土壤的透气性有一定的提高,但变化幅度并不显著。根据国内外的最新研究表明,施用保水剂可以减少氮、磷、钾养分的淋溶损失,尤其是氨态氮的挥发量降低值极为显著。因此,保水剂在一定程度上还具有保肥功效。

5)方案优化

通过试验工程和分析发现,使用保水剂不仅需考虑其吸水倍数,还应综合考虑其在生态护坡工程中的边坡条件、与土壤的相互作用以及保水能力的持久性。尽管保水剂对土壤的物理性质如容重、比重及孔隙度等产生了一定影响,但在数值上并不显著,而主要是增加土壤的保水涵水能力,并有一定的保肥作用。根据试验结果,添加保水剂时应按高倍短期速放保水剂和高倍短期缓放保水剂区别对待,保证其总含量大于土壤重量的0.01%的基础上,高倍短期速放保水剂与植物种子拌在客土表层,高倍长期缓放保水剂使用于客土底层,两者使用比例约为1/2,若在如山东省等半干旱区高速公路路堑边坡中使用,应适当增大其用量。

另外,在客土喷播工程中,若保水剂与喷播材料中的木纤维、黏合剂等物料在与水搅拌混合后,会形成稠状物,因此,建议使用干喷的方式进行喷播。干喷方式可以保证植物种子等物料的均匀度,也可避免草种在搅拌过程及喷送过程中破损,还可减少喷播时物料在管道和喷枪内的流动阻力,防止喷射泵和喷枪的堵塞。

5.3.2 不同受光面水分差异性

1)试验方法

所调查的路堑边坡恢复植被位于山东省济莱高速第四、七、九合同试验路段和K25 ~ K26处的试验小区。第四、七、九合同试验路段分别于2007年4月中旬开工,同年5月下旬完工,坡面面积约12 000m^2,坡面岩性为风化花岗岩,坡度约为60 ~ 70°。试验小区为2007年11月开工并完成,坡面岩性为花岗岩,坡度约为60°。

2008年2月、4月、6月、8月、10月、12月分别在各试验路段和试验小区的阳坡和阴坡各选点作为样方调查基点,在同一路段的调查基点对应相同路桩号,除第七合同路段从距高速公路路面1m为起点后垂直往上每3m取点标记外,其余路段和小区均以距高速公路路面1m作为基点。调查时以基点为固定点,分别展开土壤的硬度、水分调查和常规的植被样方调查,土壤硬度测量采用LX-D型硬度计,土壤水分含量采用TZS-II土壤水分测量仪,样方调查面积分别为0.5m × 0.5m(草本)和2.0m × 2.0m(灌木),主要调查植物种类、高度、盖度。

2)数据分析

(1)土壤水分含量

以第七合同路段的垂高间距3m的调查基点测定土壤水分含量,每个调查基点收集10次土壤硬度数据,分别作平均、标准差和变异系数计算。

(2)土壤硬度

在任一调查基点,收集10次土壤硬度数据,分别作算术平均处理。

(3)植被调查

样方调查时以任一调查基点为中心,设置面积0.5m×0.5m调查草本植物,设置面积2.0m×2.0m调查灌木植物,记录植物种类数目、植株高度和植被盖度,收集数据按生态调查方法处理,植物种类情况见表5-6。

第七合同段阴阳坡植物分布(2009年6月)　　表5-6

阴阳坡共有种(19种)	阴坡独有种(5种)	阳坡独有种(1种)
扁穗莎草 compressus Linn.	高粱 bicolor (Linn.) Moench	沙棘 rhamnoides Linn.
多年生黑麦草 LoliumperenneL.	胡枝子 bicolor Turcz.	
狗尾草 viridis (Linn.) Beauv.	竹节草 aciculatus (Retz.) Trin.	
鸡矢藤 scandens (Lour.) Merr.	普通小麦 aestivum Linn.	
葎草 Humulus scandens (Lour.) Merr.	燕麦 sativa Linn.	
地锦 humifusa Willd.		
沙打旺 Astragalus adsurgens Pall.		
野古草 anomala Stend.		
紫穗槐 fruticosa Linn.		
刺槐 Robinia pseudoacacia L.		
高羊茅 elata Keng		
马棘 pseudotinctoria Mats.		
牵牛 nil (Linn.) Choisy		
结缕草 japonica Steud.		
紫花苜蓿 sativa Linn.		
球穗苔草 globularis Linn.		
马唐 sanguinalis (Linn.) Scop.		
黄花蒿 annua Linn.		
荆条 var. heterophylla (Franch.) Rehd.		

3)不同受光面水分差异性分析

(1)水分含量

客土喷播生态护坡工程中的土壤水分异质性主要包括时间和空间两种尺度上的土壤水分含量差异,反映水分在土壤中的分配及消耗的差异,这里只探讨客土喷播生态护坡工程中阴阳坡垂直剖面的土壤水分变化规律,并以6月份第七合同路段的数据为例说明,阴阳坡的土壤水分含量在同一垂直高度范围内测定结果间的标准差值能保证在[1.14,1.95]区间,综合表现出两个极为显著的特征:①无论是在阳坡还是阴坡,随着坡面垂直高度值增大,该位置下的土壤水分呈现逐渐减小的趋势;②阳坡的土壤水分含量显著低于阴坡的土壤水分含量,其中阳坡的全部垂直高度下土壤含水量的最大值为7.82%,平均值为7.56%,而阴坡的全部垂直高度下土壤含水量的最小值为9.04%,平均值为9.39%。

阳坡的土壤水分含量较低,在6.5%~7.5%范围内从下往上逐渐减小,其平均值与高度值按拟合后的方程为$y=-0.4465\mathrm{Ln}(x)+7.7356$;阴坡的土壤水分含量相对于阳坡较高,在9.5%~10.5%范围内从下往上逐渐减小,其平均值与高度值按拟合后的方程为$y=-0.3388\mathrm{Ln}(x)+10.372$。详见图5-6。根据土壤蒸发特征,浅层土壤水分最先蒸发损失的部分受温度影响最大,在同一时间段内阳坡的土壤水分蒸发量高于阴坡,不同坡面垂高水平的变异系数也较阴坡大。图5-6中纵轴代表土壤水分含量,横轴代表坡面的垂直高度,从左至右为坡面高度值逐渐增大。无论是阴坡还是阳坡，其土壤含水量的变化趋势都是随坡面垂高呈一致的变化规律，拟合为对数方程后的显示出在低垂高区域时，土壤水分含量减少速度较快，而在高垂高区域时，土壤水分含量减少速度降低。在低垂高区域，由于接近高速公路路面，在阳光直射路面的作用下，路面和周围空气温度升高，车辆行驶时加快了空气温度横向对流和传导，从而直接影响到了低垂高区域的边坡土壤，在一定程度上加大土壤温度升降速率和土壤水分挥发速率。在高垂高区域，受此因素的影响减小，土壤水分的减失大部分源自空气流动和太阳辐射两个因素。

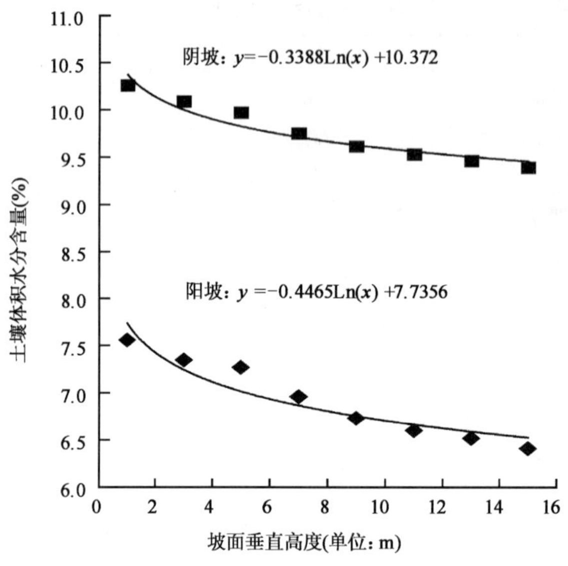

图 5-6　坡面垂直土壤水分含量

(2)土壤硬度

土壤硬度测定结果表明，济莱高速客土喷播工程中的土壤硬度值整体范围保持在 5.7 ~ 11.4kg/cm^2 内，与耕地土壤硬度值相比适合植物生长，在水肥要求不高的边坡植物条件下，客土形成的土壤已基本形成了良性土壤。从图 5-7 中可以看出，阴坡的土壤硬度值明显比阳坡的土壤硬度值大，不同月份测定出的硬度值也同样呈现出相同规律，其中，第四合同路段和第七合同路段的阳坡比阴坡硬度值高出 0.9kg/cm^2，而第九合同路段的阳坡比阴坡石硬度值高出 2.9kg/cm^2。另外，在同一路段中，因同时受季节因素和植物因素影响，6 月和 8 月的硬度值比 10 月、12 月、2 月低，土壤硬度的季节性变化与坡率相关，表现为坡率值越大，季节性差值越大。

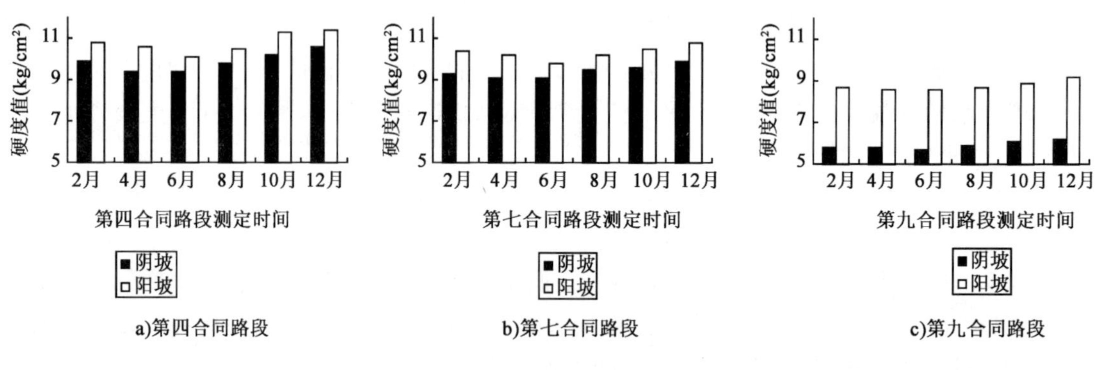

图 5-7　阴阳坡月季硬度

大量的研究表明，土壤硬度对植物的地上部分和地下根系发育的影响都有显著的差异性，一般表现为土壤作为植物生长基础，在保持植物稳定生长的情况下要求土壤必须具备一定的硬度。同时硬度不宜过大，否则会成为植物生长的限制因子，尤其是当土壤硬度过大时，使得土壤硬化和板结，会造成养分和水分的固结，从而使植物缺素和缺水；另外，硬度过大也会限制植物根系延伸能力和新植株的破土能力。根据三个路段的灌木植物根系调查发现，以8月的紫穗槐为例，阴坡播种紫穗槐植物根系数量少，但主根相对较为完整，单株根系总长度长，根径较大（土壤硬度为10kg/cm^2、15kg/cm^{2}和20kg/cm^{2}时的根径比分别为2.1、3.3和5.8），阳坡紫穗槐根系细密，大多数主根丧失，根径随着土壤硬度的增加而减小（土壤硬度为10kg/cm^2、15kg/cm^{2}和20kg/cm^{2}时的根径比分别为4.0、2.5和2.4）。由此说明，在喷播植物根系生长要优先于地上部的生长的前提下，当土壤硬度大于15kg/cm^{2}时，灌木根系有可能受到不同程度的限制，从而影响到主要护坡植物的生长量和群落稳定性。

(3)植被恢复

客土喷播生态护坡工程后的边坡植物种类迅速上升，以2008年6月第七合同路段的调查数据为例，经调查发现阴阳坡共出现25种植物，隶属于10科、25属。其中，木本植物除当地次生荆条外，还增加了刺槐、马棘、沙棘、紫穗槐五种低灌木本植物，其中以紫穗槐和马棘长势最好，无乔木分布，其余为草本植物，禾本科和豆科植物约占所有草本植物的80%。在阴坡条件下，除沙棘外，几乎所有植物都有出现，而在阳坡条件下包括高梁、胡枝子、竹节草、普通小麦和燕麦在内的5种植物（胡枝子为外来种）没有出现。在阴坡生境下，温度低，土体含水率相对较高，以紫苜蓿+高羊茅+紫穗槐和草木樨+多年生黑麦草+沙棘+马棘两种群落最为适应，平均草本植被高度为15~20cm，灌木平均高度为25~35cm，植被盖度大于95%。在阳坡生境下，光照时间长，温差大，土体含水率低，以紫苜蓿+高羊茅+马棘群落分布最广，本地草本植物增繁迅速，如葎草、狗尾草、马唐，另外，以地锦类藤本植物为单一植物的植被种群多有分布，平均草本植被高度为10~15cm，灌木平均高度为20~30cm，植被盖度大于85%。

第6章 半干旱区长效绿化基质配方技术

北方半干旱区的土壤多为棕壤、褐土、潮土、砂姜黑土、水稻土、风砂土6个土类，土壤类型受地形、水文、气候、植被、母岩、母质等自然条件及人为生产活动的影响而存在差异。石质边坡作为高速公路路堑边坡主要形式，由于不含土壤成分，因而不具备基本的植物生长条件，极少情况是土石混合边坡和土质边坡的也因为土壤成分多呈母质状态或土壤养分贫瘠，同样不利于植物正常生长。因此，应根据边坡不同的立地条件和土壤类型提出不同的土壤改良和基质配方方案。

6.1 基质配方方案

自然坡面的植物生长必需具有一定的土壤条件，而路堑边坡坡面往往因为开挖破坏了原生土壤层，使地表或坡面失去了植物生长的基本条件。由于土壤形成因素和过程不同，自然界中土壤的类型和分布多种多样，因而具有不同的土体结构、内在性质和肥力水平。生态防护技术是建立在植物生长的基础之上，在实施生态防护工程前，必须首先对施工路段进行现场取样调查分析，以制定不同土壤类型的基质配方方案。

6.1.1 土壤分类与改良

1)土壤测定

在制订生态护坡基质配方方案前必须开展现场土壤的测定工作，目的是改良土壤的理化性质，改善或取消土壤养分、水分或其他指标对植物生长的限制因子。由于公路边坡的特殊性，土壤测定方法往往与常规的土壤测定方法有一定区别。首先，公路边坡生态防护措施中的土壤测定的指标是以植物的生长条件为标准，通常包括土壤颗粒大小、N、P、K和有机质、土壤含水量、酸碱度和阳离子交换量，而常规测量的指标根据土壤的利用情况而不同，尤其是土壤的养分指标中除N、P、K、有机质外，还包括许多金属元素和微量元素。其次，公路边坡土壤测定由于地域的限制和工程需求，往往要求快速、准确，因此在测定时常选用快速测定方法和速测仪，而常规测定则可通过采样后带回室内测定。

(1)质地

土壤基质是由不同比例的、粒径粗细不一、形状和组成各异的颗粒(通称土粒)组成。公路边坡生态防护土壤质地分析可按成土矿物和土壤颗粒两种分类方法，分别见表6-1和表6-2。

(2)营养指标

土壤营养指标是植物生长发育所必需的物质基础，同时也是土壤因子中易于被控制和调节的因子。不同植物对养分的要求不同，各种养分在土壤中的供应状况也不同。一般而言，土壤养分有机形态和无机形态，按其对作物的有效程度，又可分为速效养分、缓效养分和难溶性养分三种类型(表6-3)。三者之间没有绝对的界线,可以在一定条件下相互转化。向速效养分转化是土壤养分的有效化过程,反之则是无效化过程(图6-1)。

主要成土矿物的物理性质　　表6-1

种类	形态	颜色	条痕	光泽	硬度	密度
石英	块状	灰、白、无	白	玻璃、油脂	7	2.6
正长石	柱状	肉红、浅红	白	玻璃	6	2.6
斜长石	柱状	灰、乳白	白	玻璃	6	2.6
白云母	片状	无	无	珍珠	2.5	2.7~3.2
黑云母	片状	黑、褐透明、透明	无	珍珠	2.5	2.7~3.2
角闪石	细长柱状	暗绿、黑		玻璃	5~6	3.2~3.6
辉石	短粗柱状	黑绿	灰	玻璃	5.5	3.2~3.6
橄榄石	粒状	黄绿	无	玻璃	6.5~7	3.2~3.34
方解石	菱面体	乳白、灰、褐		玻璃、油脂	3	2.7
白云石	菱面体	白	白	珍珠	3.5~4	2.8~2.9
磷灰石	块状	绿、褐	白	玻璃、油脂	5	3.15
赤铁矿	块状	紫红、铁黑	樱红	半金属	5.5~6	5
磁铁矿	块状	铁黑	黑	半金属	5.5~6	4.9~5.2
褐铁矿	块状	褐、深褐	黄褐	半金属	5~5.5	4
黄铁矿	块状	金黄		金属	6~6.5	4.9~5.2
高岭石	块状	白	白	土状	2	2.6

土壤粒级分级制　　表6-2

<table>
<tr><th>当量粒径(mm)</th><th>中国制</th><th colspan="2">卡庆斯基制</th><th>美国制</th><th>国际制</th></tr>
<tr><td>3~2</td><td rowspan="2">石砾</td><td colspan="2" rowspan="2">石砾</td><td>石砾</td><td>石砾</td></tr>
<tr><td>2~1</td><td>极粗砂粒</td><td rowspan="4">粗砂粒</td></tr>
<tr><td>1~0.5</td><td rowspan="2">粗砂粒</td><td rowspan="8">物理性砂粒</td><td>粗砂粒</td><td>粗砂粒</td></tr>
<tr><td>0.5~0.25</td><td>中砂粒</td><td>中砂粒</td></tr>
<tr><td>0.25~0.2</td><td rowspan="3">细砂粒</td><td rowspan="3">细砂粒</td><td rowspan="2">细砂粒</td></tr>
<tr><td>0.2~0.1</td><td rowspan="3">细砂粒</td></tr>
<tr><td>0.1~0.05</td><td>极细砂粒</td></tr>
<tr><td>0.05~0.02</td><td rowspan="2">粗粉粒</td><td rowspan="3">粗粉粒</td><td rowspan="4">粉粒</td></tr>
<tr><td>0.02~0.01</td><td rowspan="3">粉粒</td></tr>
<tr><td>0.01~0.005</td><td>中粉粒</td></tr>
<tr><td>0.005~0.002</td><td>细粉粒</td><td rowspan="5">物理性黏粒</td><td>中粉粒</td></tr>
<tr><td>0.002~0.001</td><td>粗黏粒</td><td>细粉粒</td><td rowspan="4">黏粒</td><td rowspan="4">黏粒</td></tr>
<tr><td>0.001~0.000 5</td><td rowspan="3">细黏粒</td><td>粗黏粒</td></tr>
<tr><td>0.000 5~0.000 1</td><td>细黏粒</td></tr>
<tr><td><0.000 1</td><td>胶质黏粒</td></tr>
</table>

土壤养分释放速率分类 表6-3

类 型	存在形态	植物利用
速效养分	大多是无机形态,以离子形式存在于土壤水中称水溶性养分,或者吸附在土壤胶粒表面称交换性养分	易被作物吸收利用,称为土壤速效养分或有效养分
缓效养分	主要存在于容易分解的有机物中,也存于一些结构比较简单的矿物中	这类养分不溶于水,也不能被作物直接吸收利用,但在有机物或矿物分解过程中得以缓慢释放出来,供作物吸收利用,是土壤速效养分的补给来源
难溶性养分	以无机态为主,也包括一些结构复杂的有机物。如磷矿石中的磷,正长石中的钾,腐殖质中的氮等,它们均不溶于水	不能被作物直接吸收利用,只有在长期的风化过程中,方可逐步释放出来,可看作是土壤养分的储备

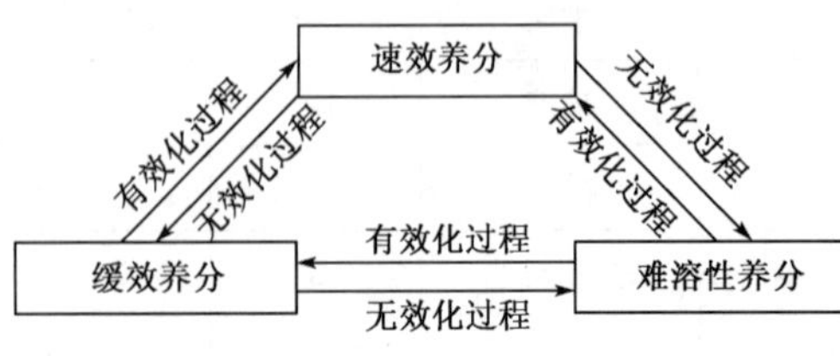

图6-1 土壤养分转化示意图

一般情况下,速效养分占土壤养分总量的比例很小,土壤有效氮只占土壤全氮的5%以下,速效磷、钾只占3%～5%,速效微量元素锰、钼、锌、硼也只占总贮量的2%～10%。土壤养分的总量虽然很大,但有效性不高,是植物生长的限制因素。因此在生态防护工程中,施工前的基质配比和施工后的养护管理都需要考虑土壤养分这一关键要素。

(3)水分

虽然植物可直接吸收少量落在叶片上的水分,但土壤水分才是公路护坡植物吸收水分的主要来源。半干旱区路堑边坡生态护坡的坡面土壤水分的主要来源是大气降水,通过自然降雨使坡面土壤吸收并涵养水分,维持对坡面植物生长较为有利的含水量水平。其土壤含水量有三个重要指标,即土壤水分常数。一是土壤饱和含水量,表明该土壤最多能含多少水;二是田间持水量,是土壤饱和含水量减去重力水后土壤所能保持的水分;三是萎蔫系数,是植物萎蔫时土壤仍能保持的水分。土壤质地对有效含水范围的影响见表6-4。

土壤质地对有效含水范围的影响 表6-4

质地	田间持水量	凋萎系数	有效含水范围	质地	田间持水量	凋萎系数	有效含水范围
松砂土	4.5	1.8	2.7	重壤土	22.0	11.5	10.5
砂壤土	12.0	6.6	5.4	轻黏土	23.8	17.4	6.4
中壤土	20.7	7.8	12.9				

(4)酸碱度

土壤酸碱度又称"土壤反应",是土壤溶液的酸碱反应,主要取决于土壤溶液中氢离子的浓度,以pH值表示。pH值等于7的溶液为中性溶液,pH值小于7,为酸性反应,pH值大于7为碱性反应。土壤酸碱度一般分级见表6-5。通常适宜植物生长的土壤酸碱度范围在6～8,超过这一范围时需进行土壤酸碱度改良。

土壤酸碱度分级 表6-5

pH值	<4.5	4.5～5.5	5.5～6.5	6.5～7.5	7.5～8.5	8.5～9.5	>9.5
土壤酸碱度	极强酸性	强酸性	酸性	中性	碱性	强碱性	极强碱性

土壤酸碱度对土壤肥力及植物生长影响很大,我国西北、北方土壤pH值大,南方红壤pH值小。因此,在开展公路边坡生态防护前,除进行必需的土壤酸碱度改良外,还可因地制宜地选择种植或播种与土壤酸碱度相适应的护坡植物,如红壤地区可种植喜酸的茶树,抗碱能力强的苜蓿

等。土壤酸碱度对养分的有效性影响也很大，如中性土壤中磷的有效性较好；碱性土壤中微量元素（锰、铜、锌等）有效性较差。

(5)阳离子交换量

土壤阳离子交换量(CEC)是指土壤胶体所能吸附各种阳离子的总量，其数值以每千克土壤中含有各种阳离子的物质的量来表示，即 mol/kg，影响土壤缓冲能力，是评价土壤保肥能力、改良土壤和合理施肥的重要依据。不同土壤和土壤胶体的阳离子交换量不同(表6-6、表6-7)，主要影响因素：①土壤胶体类型，不同类型的土壤胶体其阳离子交换量差异较大，例如，有机胶体 > 蒙脱石 > 水化云母 > 高岭石 > 含水氧化铁、铝。②土壤质地越细，其阳离子交换量越高。③对于土壤而言，土壤黏土矿物的 SiO_2/R_2O_3 比率越高，其交换量就越大。④土壤溶液 pH 值，因为土壤胶体微粒表面的羟基(OH)的解离受介质 pH 值的影响，当介质 pH 值降低时，土壤胶体微粒表面所负电荷也减少，其阳离子交换量也降低；反之就增大。

不同质地土壤的阳离子交换量　　表6-6

质　地	砂土	砂壤土	壤土	黏土
阳离子交换量 cmol(+)/kg	1~5	7~8	7~18	25~30

土壤胶体的阳离子交换量　　表6-7

质　地	腐殖质	蛭石	蒙脱石	水云母	高岭石	含水氧化铁、铝
阳离子交换量 cmol(+)/kg	150~500	100~150	80~100	20~40	5~15	微量

2)贫瘠土壤改良

贫瘠土壤改良是消除土壤障碍因子，改善土壤物理化学性状，提高土壤肥力，为植物生长、合理利用土地资源创造良好土壤环境的重要措施。它是针对土壤的不良性状和障碍因素，采取相应的物理或化学措施，改善土壤性状，提高土壤肥力的过程。常见的贫瘠土壤改良方法见图6-2。

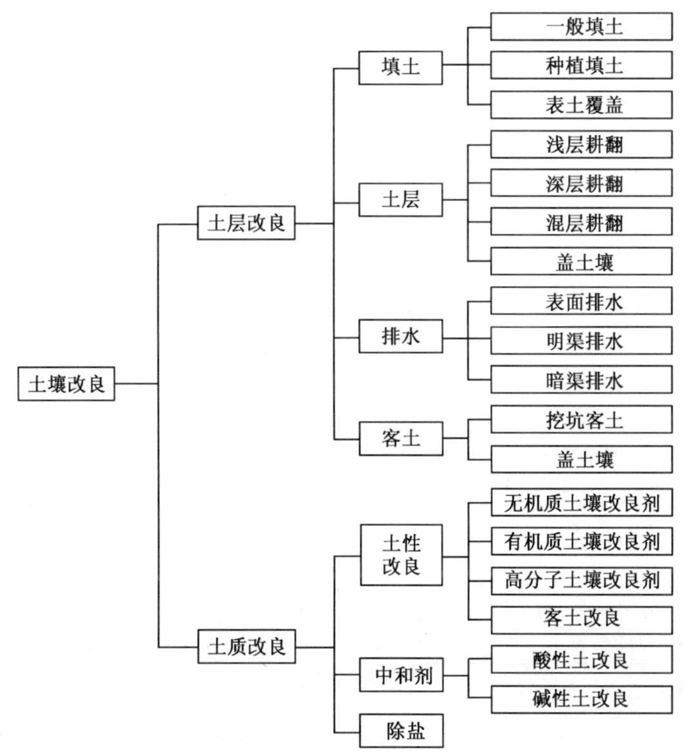

图6-2　常见贫瘠土壤改良法

对土质贫瘠的边坡进行植被恢复前，需对土质进行改良。边坡土质改良通常是通过向土层中加入营养剂、酸碱中和剂、有机质等改良添加剂，经过掺和搅拌，以达到改良土壤性质、使之适合边坡植物快速生长和覆盖坡面的要求。根据改良剂的成分，可将土质改良剂可分为无机改良剂、有机改良剂及有机无机复合剂。在生态护坡工程中，常采用草炭、堆肥等有机材料对土壤进行改良的方法是有机改良(表6-8)，因对环境无污染，又具有长效性，因此已得到广泛的应用。

此外，在客土中加入土壤改良剂，如土壤保湿剂、松土剂、固沙剂、增肥剂、消毒剂和降酸碱剂等，会收到更好的土壤改良效果。值得说明的是，土壤改良具有十分复杂的工艺过程，实施前必须对原土壤的成分、性质、颗粒大小等进行充分调查分析，以便正确确定土壤改良方法及使用改良剂的种类。

贫瘠土壤常见改良方法 表6-8

编号	分类	原料成分	性能与效果	适用范围
1	炭化物质	草炭	促进土壤保水、松软	硬土、黏土等
		亚炭	土壤置换量大、促进土壤颗粒化	火山土、红土、矿物渣等
2	植物原料	树皮	土壤置换量大、促进土壤松软和微植物活性化	黏土、沙土
		木材、木屑		
		稻谷壳		
3	微植物	海藻	土壤植物呈多样化、促进分解有机质	生土、瘠薄土
		细菌物		
4	城市废弃物	污泥	C/N比低、土壤松软、肥效长	瘠薄土
		垃圾		
5	其他	动物粪便	土壤松软、肥效长	瘠薄土
		纸浆残留物	土壤松软	黏土
备 注		2、4、5必须充分腐烂成熟才能使用		

3)软岩处理

软岩是一种在特定环境下的具有显著塑性变形的复杂岩石力学介质，具有强度低、孔隙度大、胶结程度差、受构造面切割及风化影响显著或含有大量膨胀性黏土矿物的松、散、软、弱岩层。软岩是相对于硬岩形成的概念，它多由泥岩、页岩、粉砂岩和泥质矿岩，是天然形成的一种复杂的地质介质，软硬岩分类见表6-9。

岩石坚固性分类 表6-9

类别	亚类	强度(MPa)	代表性岩石
硬质岩石	极硬岩石	>60	花岗岩、花岗片麻岩、闪长岩、玄武岩、石灰岩、石英砂岩、石英岩、大理岩、硅质、钙质砾岩、砂岩等
	次硬岩石	30~60	
软质岩石	次软岩石	530	黏土岩、页岩、千枚岩、板岩、绿泥石片岩、云母片岩、泥质砾岩、砂岩、凝灰岩等
	极软岩石	<5	
备注	强度指新鲜岩块的饱和单轴极限抗压强度		

在生态护坡工程中，除需对软岩结构进行坡体加固工程外，还应对表层软岩进行必要的软化改良，如施用软岩风化料、软岩改良剂，或直接覆盖土层，在基质配置过程中，加大有机肥、草炭土等的施用配比。

6.1.2　不同土壤类型的基质配方方案

1）一般配方方案

假定客土喷播厚度标准为 D，坡面斜面面积 S 范围内需基质材料总体积为 $V=D\times S$。高速公路路堑边坡防护生态防护工程中的客土喷播厚度通常在 8～10cm，则在 $1m^2$ 范围内，共需基质材料总体积为 $0.08\sim0.1m^3$。基质配方中土壤和有机质是主体材料，其余为添加材料，两种类型都需根据路堑边坡立地条件进行适当调整。

（1）土壤和有机质

作为客土的主要结构成分，土壤是基质材料的主要组成部分，可从项目施工区域就近选取较肥、成色较好的土壤。使用草炭土提高有机质含量可起改善土体结构及性质的作用，多由外地购入后直接施用，也可利用畜粪、稻壳、木屑、秸秆等材料通过发酵的原理“生产”出特殊“基质”后施用。这里以草炭土为例进行配方计算说明，则有：$V_{土}+V_{草炭}\approx0.1$。一般而言，土壤和有机质用量依据岩土结构类型判定，石质边坡的有机质用量较大，详见表 6-10。

不同立地条件路堑边坡土壤和有机质用量　　表 6-10

岩土类型	$V_{土}/V_{草炭}$	坡面面积	厚度	土壤体积	草炭土体积
	—	m^2	cm	m^3	m^3
土质边坡	1：0.25～1：0.43	1	10	0.07～0.08	0.02～0.03
土石边坡	1：0.43～1：0.67	1	10	0.06～0.07	0.03～0.04
石质边坡	1：0.67～1：0.10	1	10	0.05～0.06	0.04～0.05

（2）添加材料

添加材料用量根据边坡的坡度、坡向、坡高和岩土性质进行判定。根据保水涵水技术研究优化后，通常施用总量为 $25\sim40g/m^2$。黏合剂是增加土体黏力作用的重要材料，不同坡率边坡应区别对待。通常施用量为 $15\sim25g/m^2$，具体施用量见表 6-11。土壤改良剂（软岩改良剂）则根据当地岩土情况选择使用 $20\sim30g/m^2$。有机肥、复合肥和缓释肥等各种肥料施用量约为 $60\sim80g/m^2$。此外，局部较陡坡面，酌量添加水泥，以便增大黏合强度使基质不至于脱落。

不同坡率黏合剂施用量　　表 6-11

添加剂类型	急坡	陡坡	较陡坡	中等坡	缓坡
黏结剂	$25g/m^2$	$23g/m^2$	$20g/m^2$	$17g/m^2$	$15g/m^2$
备注	表中数据为定值，工程中可作为基准 $\pm2.5g/m^2$				

2）济莱高速公路客土喷播试验工程客土基质配方实例

种植基质材料主要包括土壤、有机质、化肥、保水剂、接合剂、pH 缓冲剂、水及草种等。长效绿化基质配方为：种植土 $0.05\sim0.06m^3/m^2$，保水剂 $25\sim40g/m^2$、黏合剂 $10\sim15g/m^2$、草炭土 $3.0\sim4.0kg/m^2$、膨化鸡粪 $1.0\sim1.5kg/m^2$、土壤改良剂 $20\sim30g/m^2$、有机复合肥 $10\sim15g/m^2$、长效缓释肥 $15\sim20g/m^2$。

3）不同土壤类型的基质优化配方

根据山东省济莱高速公路路堑边坡的特点，在原有试验工程成功经验的基础上，为进一步优化施工关键技术参数，根据基质配方设定三个水平和对照作为小区设计方案。

试验小区原始照片如图6-3所示。

图6-3 试验小区原始照片（2007．11）

根据设计要求，按3种植物种子配方（草本型、草灌型、灌木型）和3种基质配方设置3×3＝9个小区，并分别在一级边坡和二级边坡进行布设。每个小区为3m间宽，高度以边坡实际高度为准。详见小区及植被分布图6-4，小区基质配方见表6-12。

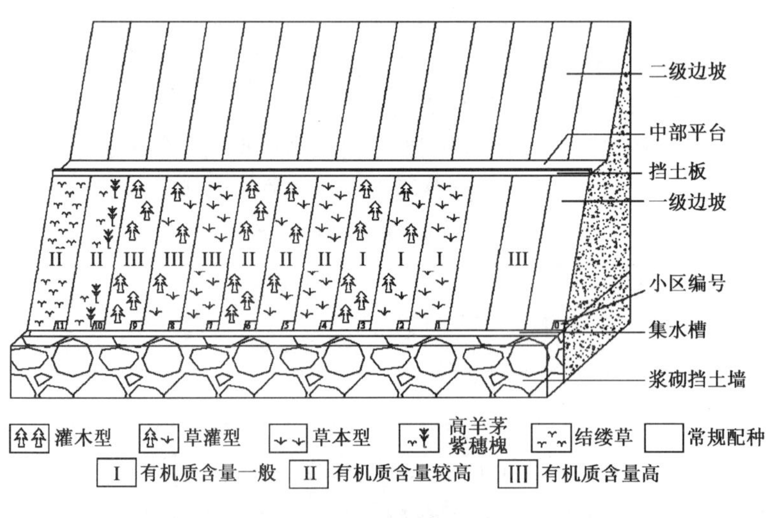

a)试验小区设计图

图 6-4

b)试验小区效果(2009.7)

图6-4 试验小区设计与效果图

试验小区基质配方 表6-12

材料	植壤土	草炭土	鸡粪	保水剂	黏合剂	土壤改良剂	有机肥	缓释肥
方案 a	$3m^3$	$30m^3$	90kg	1.8kg	600g	1.8kg	900g	1.2kg
方案 b	$3m^3$	$40m^3$	90kg	2.1kg	1.2kg	1.8kg	900g	1.2kg
方案 c	$3m^3$	$50m^3$	90kg	2.4kg	1.8kg	1.8kg	900g	1.2kg
总计(3倍)	$18\ m^3$	$360\ m^3$	540kg	18.6kg	10.8kg	16.2kg	8.1kg	10.8kg
备注	设计客土喷播厚度为8~10cm							

6.2 关键基质成分

6.2.1 草炭与有机缓释肥

1)草炭

草炭也称泥炭、草垡土,是由沼泽植物残体构成的疏松堆积物或经矿化而成的腐殖物,它含有大量的有机质。草炭土的类型包括低位、中位、高位草炭,主要是由形成的草炭灰分、养分和腐殖酸含量决定,低位草炭比中、高位草炭的含量高。由于草炭含有比较丰富的有机质、腐殖酸、氮素以及其他生理活性物质,在农业生产上有着广阔的开发利用途径,近年来应用到边坡生态防护工程中,作用非常明显。

在边坡生态防护中,草炭直接作为基质配方材料施用是改良土壤的有效措施。实践证明,草炭对改善边坡土壤理化性状和微生物活动作用显著,能增加土壤保水、保肥及抗旱、抗涝能力,提高土壤养分的转化率,保证作物对营养的需要。草炭所具有的腐殖酸类物质对植物生长的刺激作用,可促进植物增强体内生物酶的活性,利用草炭改良以客土喷播为主的边坡生态防护土壤,不但能提高植被恢复效果,提高植被覆盖度,还能保证草炭的作用影响可持续三年以上,保证土壤的养分和结构稳定。

2)有机缓释肥

有机缓释肥主要指各种动物和植物等经过一定时期发酵腐熟后形成的肥料,含有大量生物物质、动植物残体、排泄物、生物废物等物质。施用有机肥料不仅能为植物提供全面营养,而且肥效长,可增加和更新土壤有机质,促进微生物繁殖,改善土壤的理化性质和生物活性。一般包括堆肥、沤肥、厩肥、沼气肥、绿肥、作物秸秆。

对于生态护坡工程而言,有机缓释肥含有边坡植物所需要的各种营养元素和丰富的有机质,是一种完全肥料,不但含有氮、磷、钾三要素,还含有硼、锌、钼等微量元素。它施入土壤后,分解慢,有机养分缓慢释放,因而肥效长,养分不易流失,增强土壤的保肥供肥及缓冲能力。此外,有机缓释肥中的有机质分解后,可增强土壤的深处供肥和耐酸碱的能力,为植物的生长发育创造一个良好的土壤条件,促进微生物繁殖,改良土壤结构,有效地改善土壤的水、肥、气、热状况,从而刺激边坡植被恢复生长。

6.2.2 土壤改良剂

土壤改良剂又称土壤调理剂,主要用于改良土壤的物理、化学和生物性质,使其更适宜于植物生长。土壤改良剂有多类:

1)矿物类

主要有泥炭、褐煤、风化煤、石灰、石膏、蛭石、膨润土、沸石、珍珠岩和海泡石等,可用于增加有机质含量,调节土壤酸碱程度。

2)化工合成类

主要有多糖类、纤维素、木质素和树脂胶物质,也包括如聚丙烯酸类、和聚乙烯醇类等的人工合成高分子化合物,具有提高基质保水、黏合的作用。

3)农作物秸秆类

主要是增加基质的有机含量和纤维程度,保证土壤的疏松和透气性。

4)有益微生物制剂类等

对豆科植物生长发育具有促进作用,用量为豆科种子用量的十分之一。

6.2.3 岩石绿化添加剂

在水分不足的半干旱环境下,土壤生态条件对群落的发展具有决定性作用,尤其是以石质边坡为主的高速公路路堑边坡更是亟待解决的一大难题。济莱高速公路生态护坡工程中采用特制的岩石绿化添加剂,它具有"软化"软岩的作用,含有坡面植物生长所需的均衡营养成分,并维持土壤理化性质的添加剂成分,同时兼具以下优点。

①良好的附着力和黏结力,经得起自然降雨和人工灌溉的冲刷;

②不板结和分层,干后不出现明显的收缩和龟裂(平均裂隙≤1cm);

③可使土壤满足以下技术指标,见表6-13。

岩石绿化添加剂技术指标　　表6-13

项目	单位	技术指标	项目	单位	技术指标
pH	—	6.0~7.0	可溶性盐含量(EC)	ms/cm	0.4~1.5
阳离子交换量(CEC)	mg/100g	≥15			

6.3 客土养分变化特点

于2008年5月至2008年9月对济莱高速生态护坡试验工程第七合同段进行了五次取样分析,相关取样、监测、分析方法详见1.5。

6.3.1 无机养分变化特点

1)碱解氮

从图6-5可以看出,土壤碱解氮含量范围在31.69~68.16ppm,最小值和最大值均出现在A区,说明碱解氮在路堑边坡分水区域的变化程度明显比汇水区域的变化程度大。土壤碱解氮或称水解性氮包括无机态氮(铵态氮、硝态氮)及易水解的有机态氮(氨基酸、酰铵和易水解蛋白质),其含量占全氮量的50%~70%,损失途径主要有反硝化作用、氨挥发、淋溶和径流。各边坡客土的碱解氮含量总体呈现降低后稍有回升的趋势。经历三个月后,下降过程的中止含量基本体现客土材料在形成土壤时的特性,今后土壤的碱解氮含量将平衡在30~35ppm,碱解氮含量水平较为丰富,对生态防护的植被恢复过程较为有利。同时,为促进初期的先锋植物出苗及苗期生长,客土配比的碱解氮含量应高于此含量。

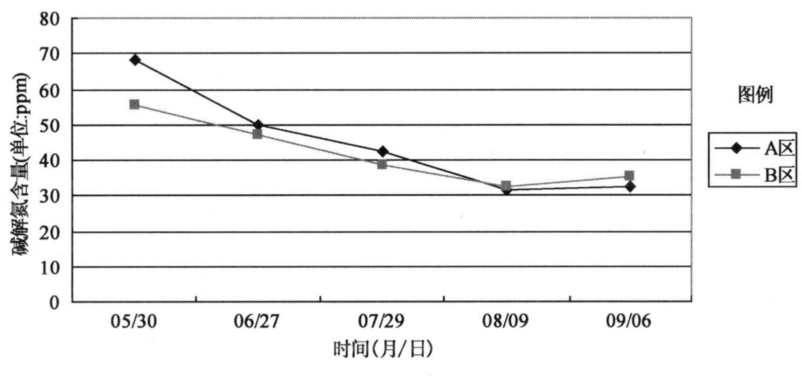

图6-5　碱解氮含量沿时变化图

2)速效磷

从图6-6中可以看出,A区速效磷含量变化范围为18.04~29.61ppm,而B区速效磷含量变化范围为21.48~31.48ppm,在同一时段内,A区速效磷含量<B区速效磷含量,其相对差值(B区速效磷含量-A区速效磷含量)变化曲线见图6-7。

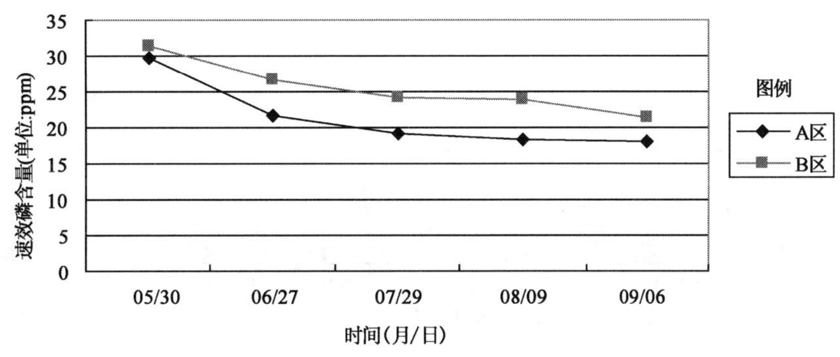

图6-6　不同时间区域速效磷含量变化图

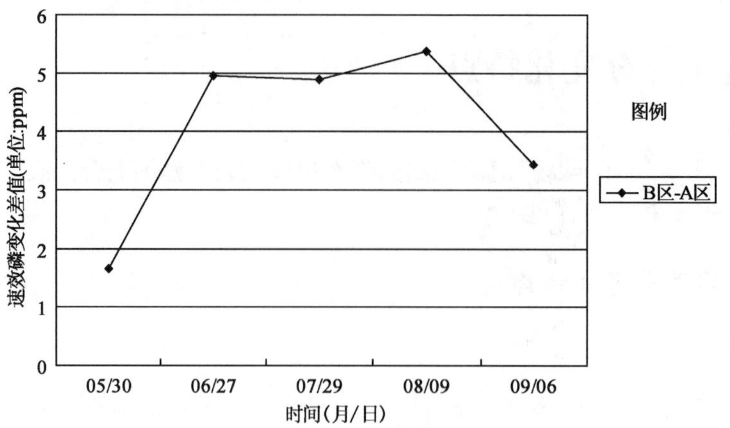

图 6-7　不同时间区域速效磷差值变化图

从图 6-7 可以看出,在客土喷播完成后的半月内(05/30 ~ 06/27),两个区域之间的速效磷总差值逐渐拉大,明显呈现出 B 区速效磷含量降低速率高于 A 区速效磷含量降低速率,而在第二、三、四次测定时段内虽然出现较为稳定,都基本保持在 5ppm 左右。在 09/06 测定时发现其相对差值出现了缩短的过程。一般认为,土壤中不同形态的磷可以分为溶液态、吸附态(无机或有机 - 无机态)、矿物态和有机态 4 种,彼此间相互转化但时间偏长,决定了磷肥具有明显的后效性。与山东省表层土壤速效磷含量相对比,说明 A、B 区域均属于二、三级土壤,含磷量较为丰富,对路堑植被恢复过程中的先锋草本植物和护坡型灌木生长有利。

3)速效钾

根据 A、B 区速效钾含量变化曲线(图 6-8)。速效钾是植物钾营养的直接来源,包括吸附于土壤颗粒表面的钾和溶液中的钾,后者形态是速效钾的主要部分。由于交换作用强,钾的固定和释放过程频繁,从喷播到路堑边坡的最初阶段至喷播后几个月时间里,边坡客土的速效钾含量呈现迅速下降过程,A 区速效钾初始状态的最高值达到 176.94ppm,B 区最高值为 184.16ppm。总体来看均高于 150ppm,丰富度极高,而到第五次测定时含量仍然在 127.84ppm和146.87ppm,说明虽然速效钾一直处于下降过程中,但绝对含量值表明仍然丰富。当时间增加时,速效钾会在无外来钾源补充的情况下形成耗竭,此时土壤必须通过释放缓效钾的形式对速效钾进行补充,从图 6-8 中可以看出速效钾含量在第四个时段内出现了明显的下降加快,说明由喷播材料里的速效化学肥料已经逐渐失去明显作用,缓效钾将成为补偿土壤钾素的重要来源,此时速效钾的含量并没有出现平衡趋势。整体上可以看出,同速效磷一样,在相同时段内,B 区(汇水区域)速效钾含量略于 A 区(分水区域)速效钾含量,可能是受雨水冲刷和径流的影响。

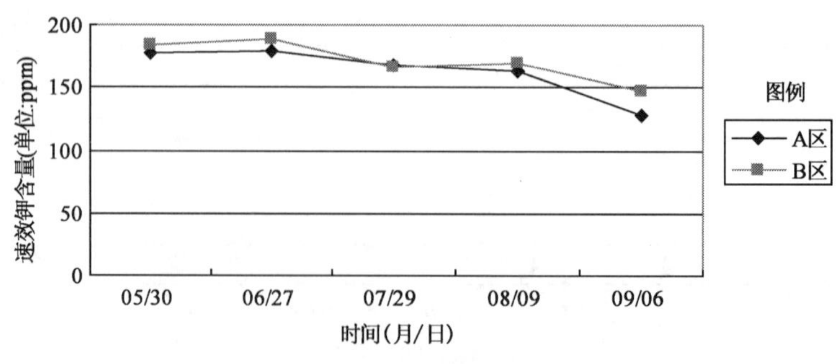

图 6-8　不同时间区域速效钾含量变化

6.3.2 有机质变化特点

有机质是由一系列存在于土壤中组成和结构不均一,主要成分为 C 和 N 的有机化合物组成,土壤有机质是最重要的土壤肥力成分,是土壤肥力分级的重要指标和肥力高低的综合表现。通过 A、B 区域数据处理后可以得出图 6-9。

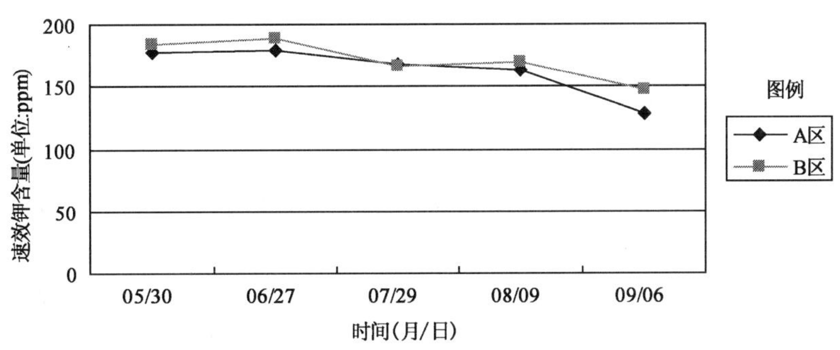

图 6-9 不同时间区域有机质含量变化图

从图 6-9 可以看出,各边坡监测点在五次实验中的有机质含量范围为 0.80% ~1.35%,与全国非耕地土壤有机质含量相比,位于 2 ~6 级,说明有机质含量起伏较大,在客土喷播完成后的短期时间里发生的各种自身变化和来自外界环境(如雨水淋溶冲刷)影响剧烈。从整体上看,从 05.30 至 09.06 的整个过程中,A 区有机质含量从 1.26% 降至 0.95%,而 B 区有机质含量从 1.34% 降至0.80%,这和速效磷、速效钾的情况处于相反情况。一般认为土壤有机质“得失”通式为:

土壤有机质含量的变化 = 加入的有机质量 - 分解的有机质量

客土喷播有机质含量主要与客土配比中有机肥和其他缓效有机材料含量有关,理论上有机质含量在出现一个降低过程后,达到一个平衡并逐渐回升的趋势,并在最终随着植被恢复和不断演替后会达到更为丰富的含量水平。

第7章　半干旱区多样性植物优化配置技术

任何一个生物种群都不能脱离其他种群而单独存在，在高速公路边坡生态防护工程的恢复植被群落中，需要种植多种植物而形成稳定的植被群落，由此决定生物多样性的重要性和必要性，因而使得在生态护坡工程设计中的多样性植物配置问题备受关注，它也是可持续发展的一个重要前提。一般对于生态护坡工程而言，为了保证坡面人工生态系统的长期稳定，初期必须在施工时一次性投入大量的能量和物质，在以后的植被恢复过程中，就必须依靠多样性植物配置的自然生态系统进行自身调整和更新，从而不断自我演替，逐步适应自然和恢复生态，最终形成与周围和谐一致的贴近自然、相对稳定的植被群落。

7.1　多样性植物优化配置

7.1.1　多样性植物配置类型

在半干旱区路堑边坡生态恢复过程中，草本植物和木本植物的和谐共存和协同演替是影响坡面基质层抗冲刷性能和坡面植被景观效果的重要因子。可以依据边坡防护目的及种子的发芽率等特点来确定草本、木本等植物种子的比例。为此，提出三种适应半干旱区多样性植物配置类型，即以草本植物为主类型、以草本与灌木相结合类型、以灌木植物为主类型。以山东省济莱高速公路路堑边坡客土喷播试验工程为研究对象，通过对水分、养分、植被以及对生态护坡稳定性的影响综合评价，结果表明以灌木为主，草本与灌木相结合的综合植被类型更适合半干旱区的土壤和水分要求，尤其适用于石质边坡的生态植被恢复。

1）以草本植物为主类型

根据半干旱区气候、土壤和植被条件，同时参照国内外多年的配方经验，针对济莱高速公路路堑边坡防护工程的具体情况，对坡度较缓的土质边坡和土石混合边坡采用以草本植物为主类型的多样性植物配方（表7-1）。

以草本植物为主类型种子配方基准表　　表7-1

编　号	植 物 分 类	植 物 品 种	单位用量（g/m^2）
1	高羊茅类先锋草种	禾本科火凤凰等	10～15
2	多年生黑麦草类先锋草种	多年生黑麦草	5～10
3	豆科护坡草种	紫花苜蓿	15～20
4	豆科灌木	紫穗槐	15～25
5	藤本类植物	局部使用	
合　计			45～70

以草本植物为主类型的多样性植物配方中草灌覆盖比例约为2:1,即在植被恢复后草本植物覆盖率约为60%~70%,灌木植物覆盖率达到30%~40%。草本植物品种分为先锋品种和护坡品种,其中护坡品种包括豆科草和禾本科草。适应于半干旱区植被的豆科护坡草包括有紫花苜蓿、沙打旺、草木樨、小冠花等,禾本科草包括多年生黑麦草(抗寒型)、高羊茅、结缕草、垂穗披碱草等。适应于半干旱区植被的护坡灌木包括有紫穗槐、刺槐、沙棘、荆条等。半干旱区多样性护坡植物配置需特别注意植物品种的抗旱性和抗寒性,以利于植物顺利渡过春夏两季较长的少雨季节和冬季越冬,还要求植被造型更接近乡土植被。

2)以草本与灌木相结合类型

根据半干旱区气候、土壤和植被条件,同时参照国内外多年的配方经验,针对济莱高速公路路堑边坡防护工程的具体情况,对高陡石质边坡采用以草本与灌木相结合类型的多样性植物配方(表7-2)。

以草本与灌木相结合类型种子配方基准表 表7-2

编　号	植物分类	植物品种	单位用量(g/m^2)
1	高羊茅类先锋草种	禾本科火凤凰等	5~10
2	豆科先锋草种	紫花苜蓿	10~20
3	豆科护坡草种	沙打旺、草木樨	10~15
4	豆科灌木	紫穗槐、胡枝子、马棘	25~30
5	抗逆性灌木	刺槐、荆条	5~10
6	补种灌木小苗	沙棘	2株/m^2
7	藤本类植物	局部使用	
合　计			55~85

以草本与灌木相结合类型的多样性植物配方中草灌覆盖比例约为1:1,即在植被恢复后草本植物覆盖率和灌木植物覆盖率分别达到约50%。草本植物品种同样分为先锋品种和护坡品种,先锋品种可使用紫花苜蓿和高羊茅,配合其他护坡品种包括沙打旺、草木樨等,也可适当选用一些适生性强的菊科花卉植物,如野菊花等。灌木是这一植被类型的关键,除满足石质边坡植被恢复需要外,还能形成抗旱性能强,在陡坡等恶劣立地条件下能快速生根并扎入(或附着)岩石层,保水固土,减少水土流失,常用紫穗槐、马棘、刺槐、胡枝子、荆条等。

3)以灌木植物为主类型

根据半干旱区气候、土壤和植被条件,同时参照国内外多年的配方经验,针对济南至莱芜高速公路路堑边坡防护工程的具体情况,对部分软岩石质边坡和土石混合边坡采用以灌木植物为主类型的多样性植物配方。

以灌木植物为主类型的多样性植物配方中(表7-3)草灌覆盖比例约为1:2,即在植被恢复后草本植物覆盖率约为30%~40%,灌木植物覆盖率达到60%~70%。草本植物品种一般即为护坡品种,可使用紫花苜蓿和高羊茅,少量使用配合其他护坡品种包括沙打旺、草木樨等。灌木是这一植被的主要类型,一般要求植物苗期生长快,根系发达,常用紫穗槐、马棘、刺槐、荆条等。

以草本与灌木植物为主的配方基准表　　表 7-3

编　　号	植 物 分 类	植 物 品 种	单位用量(g/m^2)
1	豆科护坡草种	紫花苜蓿	5～10
2	禾本科护坡草种	高羊茅	5～10
3	其他护坡草种	沙打旺、草木樨	5～10
4	豆科灌木	紫穗槐、马棘	25～35
5	抗逆性灌木	刺槐、荆条	15～20
6	补种灌木小苗	沙棘	2 株/m^2
7	藤本类植物	局部使用	
8	合　计		55～85

7.1.2　多样性植物配置参数

首先将上述三种多样性植物配置类型分别定义为草本型、草灌型和灌木型。假设对于某一植物配方中，草本植物用量为 m_g，灌木植物种子用量为 m_w，则植物种子总用量为 $M=m_g+m_w$，草灌比为 $R=m_g/m_w$。因此，具体用量及配方参数分析如下。

1）季节用量

尽管不同的施工季节可以选取不同的植物种类，但施工时期的不同会直接影响植物种子的发芽率，因此可大致分为春夏和秋冬两季，其中，春夏季为 4～10 月，秋冬季为 11～次年 3 月。通常在秋冬季施工时，种子发芽率略低，其草本植物种子用量为春夏季用量的 1.1 倍，灌木种子用量为春夏季用量的 1.4 倍。因此，本书以后介绍的种子用量只针对春夏季节参照用量，秋冬季节用量可通过上述关系进行换算取得，详见表 7-4。

不同季节施工种子用量换算表　　表 7-4

季　　节	草本植物用量 m_g	灌木植物用量 m_w	植物总用量 M
春夏(4 月～10 月)	m_g	m_w	m_g+m_w
秋冬(11 月～次年 3 月)	$1.1m_g$	$1.4m_w$	$1.1m_g+1.4m_w$

2）草灌比例

考虑到不同边坡类型存在不同岩基面使得生态护坡过程中的植物生长条件区别较大，主要包括土质边坡、土石边坡和石质边坡。由于灌木植物根系发达，根系延伸面积和深度是草本植物根系不能比较的，其根系的抗拉性能也相当理想。所以在进行生态护坡时尽量优先考虑以灌木植被作为目标植被。由于土质边坡有利于根系的生长，石质边坡对根系有极大阻碍作用，所以在同样条件下的石质边坡不宜过多使用灌木种。

在种子配比时，可通过适当调节草灌比使得坡面植被形成三种生态护坡植被类型。根据经验，石质边坡灌木型 R 值为 1∶1.25，设草本为基数，灌木以 0.25 递进变化。设 $R(i,j)$ 草灌比，其中植被类型为 i，则当 $i=1,2,3$ 时分别代表草本型、草灌型、灌木型；边坡类型为 j，则当 $j=1,2,3$ 时分别代表土质边坡、土石边坡、石质边坡。则满足：

$$R(i,j)=\begin{bmatrix}1/0.75 & 1/0.5 & 1/0.25\\ 1/1.25 & 1/1 & 1/0.75\\ 1/2 & 1/1.5 & 1/1.25\end{bmatrix}$$

3）种子用量

理论上设种子平均发芽率为σ，种子平均千粒重为m，目标群落植株数为Q，则种子用量$M = \frac{Qm}{\mu\sigma} \times 10^{-3}$，式中$\mu$为发芽植株成活系数。

边坡类型在改变植物生长条件使得植物种类选择和草灌比发生改变时，也较大地改变了植物的初始发芽率。通常情况下土质边坡蓄含水能力比石质边坡强，利于种子发芽，土质边坡中含有的土壤微生物群落也比石质边坡丰富，所以土质边坡在施工时种子用量应比石质边坡种子用量相对较小。根据经验在半干旱地区的土质边坡、土石边坡、石质边坡种子施用总量分别为40~50g、50~60g、60~70g。在本文计算中，将以最小值为标准，即40g、50g、60g。

综合2）、3），不同边坡类型及植被类型种子配方基准见表7-5。

不同边坡类型及植被类型种子配方基准表　　　表7-5

边坡类型	植被类型	m_g(g/m²)	m_w(g/m²)	M(g/m²)	R
土质边坡	草本型	22.86	17.14	40	1/0.75
	草灌型	17.78	22.22	40	1/1.25
	灌木型	13.34	26.66	40	1/2
土石边坡	草本型	33.34	16.66	50	1/0.5
	草灌型	25.00	25.00	50	1/1
	灌木型	20.00	30.00	50	1/1.5
石质边坡	草本型	48.00	12.00	60	1/0.25
	草灌型	34.28	25.72	60	1/0.75
	灌木型	26.66	33.34	60	1/1.25

4）不同坡率

根据山东省立地条件可将坡率区分为五种类型，即急坡（1：0~1：0.5）、陡坡（1：0.5~1：0.75）、较陡坡（1：0.75~1：1.0）、中等坡（1：1.0~1：1.5）、缓坡（1：1.5~1：2.0）。不同坡率条件同样会影响植被类型，坡率越大，植被生长和营造越困难，在生态护坡施工技术选择和相关处理的同时，不仅需根据实际条件选取植物种类，还应考虑坡率的影响，以达到特定需求。

表7-5中数据并没有考虑坡率的影响，这里可将其仅作为中等坡率处理，其余类型为在此基础上乘以某一系列系数的简化处理，具体以不同坡率条件下的石质边坡灌木型植被为例处理，详见表7-6。

不同坡率类型系数处理示例　　　表7-6

坡率类型	急坡	陡坡	较陡坡	中等坡	缓坡
不考虑坡率R值	1/1.25				
系数k	0.7	0.8	0.9	1	1.1
计算公式	$R' = kR$				
考虑坡率R'值	1/1.79	1/1.56	1/1.39	1/1.25	1/1.14

7.2 优势植物品种遴选与演替规律

7.2.1 优势植物的遴选

以山东省济莱高速公路路堑边坡生态护坡试验工程为例，首先根据当地的自然气候和边坡条件，制定遴选标准，对可适用于边坡的护坡植物种类及特性进行分析，进而进行济莱高速公路护坡植物的具体配置。

1)遴选标准

在当地自然条件、自然植被、绿化种类等方面进行全面调查后，可着手进行植物规划，在护坡植被的选择上，应注重植物多样性，一般以亚乔木、灌木为主，结合草本、藤本、花卉构建植被群落，力求以乡土型植被为主体构建健康的植被生态防护体系。

(1)营造以灌木为主的草灌植被类型

草本植物和灌木植物具有明显不同的护坡效果，草本植物由于植株高度有限，主要能提高植被覆盖度，减少雨水对坡面的直接溅蚀和地表径流冲刷，但同时由于草本植物根系长度和根径有限，大多数根系含有少量甚至不含木质结构，其根系抗拉能力有一定的限制，对坡面土体的防护效果不如木本植物理想。灌木植物根系较为发达，相对容易扎根进入岩石层，从而使生态护坡的浅层土体、金属网和原始创面结构相结合，提高稳定性能；另一个方面，灌木植物抗旱能力比草本植物强，绿期时间长，景观绿化效果明显。

因此，在半干旱区营造以灌木为主的草灌植被类型，有利于困难立地条件下的植被快速恢复。

(2)配置多年生抗性强的多样性植物

对于生态护坡工程而言，一旦施工完成，其坡面植物生长和植被恢复都主要依赖于自然条件，即使人为参与后期的养护管理也只能是粗放型管理。因此，在植物的选择上，一定要强调多年生和抗逆性强的多样性植物品种配置，植物需具备根系发达、分生力强、抗旱(寒、病、虫)性强、耐瘠薄等特性。同时，由于单一植物的快速生长，长期会影响坡面绿化景观，增加维护成本，且过度生长后会导致单一养分缺失而最终导致植被衰退，在植物配置过程中应强调避免相同生态位和生态功能的植物类型重叠，保证植物类型的多样性。

(3)选择加速植被演替的乡土植物种

选择适合当地气候条件的植物是关键，在选择绿化材料时首先要考虑的是气温，最高气温决定植物是否能安全越夏，而最低气温决定能否安全越冬。在南方应该选择暖季型植物，百喜草、狗牙根、假俭草等都是适宜的品种，在北方应选择冷季型植物，如高羊茅、多年生黑麦草、结缕草等都是适宜的草种。在冷热过渡地带，暖季型草是适宜的，但冬天的景观效果不理想。因此，可选择冷季型草中的高羊茅、白三叶。一般来说，本地原产的乡土植物最能体现地方风格，最能抵抗灾难性气候，种苗易成活。

当地原生植物资源往往是最好的选择，它是在本地气候与土壤环境中长期适应的结果。以济莱高速为例，沿线分布着大量的原生荆条、刺槐、胡枝子等低矮型灌木或亚乔木，是路堑边坡优势护坡植物品种优先考虑的乡土植物种。

2)山东省植物分区

山东省属于温暖带落叶阔叶林区域，地带性植被是落叶阔叶林，植物种类较丰富。据《山东植物志》资料，包括变种、变型，山东省计有维管植物 2 321 种，隶属于 183 科 896 属。其中蕨类植物250种，裸子植物184种，被子植物1 887种。除去引种栽培及外来种，属于自然分布的有154科、616属、1 656种。

一般来讲，自然条件优越，植被类型多样，植物种类组成丰富，人类干扰较轻的地区，稀有濒危植物种类也相对较多，反之则少。从大范围讲，山东半岛和鲁中南地区自然条件较利于植物的生长发育，因而植物种类丰富，稀有濒危植物也较多，而鲁北、鲁西北及鲁西平原地区，由于多为农田，加之土壤等条件的制约，植物种类比较贫乏，所以稀有濒危植物也不多见。下面将各个地区植物区系组成及稀有濒危植物分布的状况作简要论述。

(1)山东半岛低山丘陵植物区

本区在植物区系分区上属泛北极植物区，中国—日本森林亚区，华北地区的辽东、山东半岛亚地区。在中国植被区划中则为暖温带落叶阔叶林带，暖温带落叶阔叶林地带，南部落叶栎林亚地带的胶东丘陵栽培植被，赤松、麻林区。本区范围大致从沭河至潍河一线，西与鲁中南山地丘陵区和鲁北平原区分界，行政上包括烟台、威海、日照、青岛市全部及潍坊市和临沂地区的一部分。本区水热条件良好，植物区系和植被类型都较省内其他各处丰富和繁茂。植物区系成分的特点是除了华北种类占优势之外，还由于气候受海洋的调节，在冬季气温较同纬度地方高，所以许多亚热带成分可以分布到此。另外，由于地势上和辽东半岛及日本的联系，还有不少种类为东北成分和日本成分。植被组成上以赤松林为特征，还有地带性的落叶栎林。这一区的维管植物总数大约为1 800～2 000种，占山东植物区系总数的80%以上。

(2)鲁中南山地丘陵植物区

本区在中国植物分布区上属泛北极植物区，中国—日本森林植物亚区，华北地区的华北平原，山地亚地区，在植被区划中为暖温带落叶阔叶林区城，暖温带南部落叶栎林亚地带的鲁中南山地丘陵栽培植被，油松、麻栎、栓皮栎林区。行政上包括泰安市、莱芜市、枣庄市、临沂地区和济南市、淄博市大部分及潍坊市、济宁市部分县市。本区水热条件也比较优越，植物区系和植被类型仅次于山东半岛地区，植物区系以华北成分为主。代表性的种类是油松、侧柏、麻栎、栓皮栎等。由于纬度更靠南，也有多种亚热带成分，如黄檀、黄连木、化香树、算盘子、山胡椒等。这一区的维管植物区系总数大约为1 200～1 600种，约占山东植物区系总数的60%～80%。

(3)鲁西及各西南平原植物区

本区在植物区系分区上与鲁中南山地丘陵区在同一亚地区，植被区划上与鲁中南山地在同一亚地带，即南部落叶栎林亚地带中的黄淮海平原栽培植被区。行政上包括菏泽、聊城全部及济宁、德州、泰安部分地区。本区除农田分布较多外，一个显著特点是区内有大面积的湖泊，以南四湖和北五湖为代表。水生植物资源丰富是这一区的特色。经济意义较大的种类有芦苇、菰(茭江草)、莲、芡实、菱等，还有较稀见的水蕨等亚热带植物。保护水生植物资源是这一地区自然保护的重点之一。

(4)鲁北平原(黄河三角洲)植物区

这一区在植物分区上与鲁中南山地及鲁西南平原同在一亚地区，在植被区划中属暖温带落叶阔叶林区城，暖温带北部落叶栎林亚地带中的黄、海河平原栽培植被区，行政上包括东营市全部、滨州市大部及济南、潍坊、德州、淄博的部分地区。本区由于受人为活动干扰较重及土壤轻度或重度盐渍化，缺少天然森林植被，除黄河三角洲地区有较大面积的原生或次生的天然草甸及怪柳灌丛外，其余地区都为农田。因此这一区的植物区系和植被类型都比较简单，是省内植物区系最贫乏的地区，维管植物总数只有200种左右。但由于黄河三角洲在这一区内，这里的植被及区系也有一定特色，即以耐盐或轻度耐盐的盐生或中生植物较为多见，属于稀有的种类有单叶蔓荆、紫花补血草、野大豆、白刺等，其中野大豆分布最广，已引起国内外有关专家的重视。

3)主要护坡植物名目及特性

本书以济莱高速公路为对象,即北方典型半干旱地区,其路堑边坡的生态防护应采取以草灌结合的方式,初期实现草对边坡的复绿,重点实现灌木对边坡防护及景观的长期作用。通过对山东省气候条件、立地条件和植被护坡效应的综合分析,提出适合山东省公路生态护坡的乔、灌、草、花植物类型包括:刺槐、紫穗槐、马棘、胡枝子、荆条、紫花苜蓿、沙打旺、高羊茅、黑麦草、小冠花、冰草、野牛草、结缕草、爬山虎、五叶地锦等。

4)济莱高速公路主要优势护坡植物

针对济莱高速公路路堑石质边坡防护工程的具体情况,客土喷播绿化工程方案拟采用以多种草种与灌木种混播,以灌木植物为主的植物立体配方方案,主要植物品种为高羊茅、结缕草、马棘、胡枝子、紫穗槐、马棘、沙打旺等草灌种子,播种总量为 50 ~ 60g/m^2。在局部坡面坡度接近 90°区域,可在坡底栽植五叶地锦等攀藤植物。通过对护坡植物生长情况的观测,济莱高速公路主要护坡植物优势种特性如表 7-7 所示。

济莱高速公路优势护坡植物特性 表 7-7

植物名(学名)	高度(cm)	适应性							特性	适宜地区
		耐阴	耐寒	耐旱	耐湿	耐瘠薄	耐酸	耐盐碱		
马棘(*Indigofera pseudotinctoria Matsum*)	100 ~ 160	◎	△	◎	○	◎	◎	×	具有抗旱、耐贫瘠、生命力强的特点,在岩石山、风化石山等偏碱性土壤中生长良好	华中、华东、华北
紫穗槐(*Amorpha fruficosa L.*)	100 ~ 400	○	◎	◎	◎	◎	△	○	适应性强,分布范围广,抗性较强,耐修剪,对立地条件要求不高,在沙地、黏土、中性土、盐碱土、酸性土、低湿地及土质瘠薄的山坡上均能生长;管理粗放,可通过控制植株高度增加萌生枝和扩大覆盖面积	山东、浙江、江苏、安徽、江西、湖南、湖北、陕西、广东、广西
刺槐(*Robinia pserdoacacia*)	1 500 ~ 2 500	×	×	○	×	◎	△	△	喜光,喜较温凉干燥气候,不耐严寒,在湿热气候下生长不良,且多病虫害;根系发达,浅根性,有根瘤	华北、西北等地
荆条(*Vitex negundo Linn. var. heterophylla (Franch.) Rehd.*)	110 ~ 150	◎	◎	◎	△	◎	◎	○	北方干旱山区阳坡、半阳坡的典型护坡植物,耐寒、耐旱,亦能耐瘠薄的土壤;喜阳光充足,与酸枣、蒿类等形成混生灌丛植被	东北、华北、西北、华中、西南
沙打旺(*Astragalus adsurgens Pall*)	150 ~ 170	△	◎	◎	×	◎	×	◎	抗逆性强,适应性广,具有抗旱、抗寒、抗风沙、耐瘠薄等特性,但不耐涝	东北、西北、华北等地区
紫花苜蓿(*Medicago sativa*)	30 ~ 100	△	◎	◎	×	○	△	◎	适应性广,较喜温暖、多晴少雨的干燥气候,耐寒性强,有较强的抗旱能力,忌渍水,耐盐碱	北部地区

续上表

植物名(学名)	高度(cm)	适应性							特性	适宜地区
		耐阴	耐寒	耐旱	耐湿	耐瘠薄	耐酸	耐盐碱		
高羊茅(*Festuca arundinacea*)	50~100	○	◎	◎	◎	◎	◎	○	性喜寒冷潮湿、温暖的气候,高温有一定的抗性,最耐旱和践踏;喜光,耐半阴,对肥料反应敏感,抗逆性强,耐酸、耐瘠薄,抗病性强	华北、华中、中南和西南
结缕草(*Zoysia japonica Steud.*)	12~15	○	◎	◎	◎	×	△	○	适应性和生长势强。喜温暖湿润气候,尤其在四季气温变化不显著,昼夜温差小的地区生长最好。耐寒性强,具有一定的耐碱性	辽东半岛以南,陕西关中地区以东地区

注:耐性表现示意:耐性好◎,耐性较好○,一般△,不佳×。

7.2.2 生态护坡的植被演替规律

7.2.2.1 优势物种评价

根据多次对演替类型植被的调查对比发现,试验边坡恢复植被群落内物种类型丰富,不同时期的植物分布组成特征也有差异,根据植物的重要值计算,确定不同时期边坡试验恢复植被群落的优势种群。灌木类植物包括紫穗槐(F.l)、马棘(P.m)、刺槐(R.p)、沙棘(R.l)、荆条(V.h);豆科禾草包括紫花苜蓿(S.l)、沙打旺(A.a);禾本科草包括多年生黑麦草(Lo.)、高羊茅(E.k)、狗尾草(V.b)、马唐(S.s)。

1)物种重要值

根据生态调查统计分析,可以得出济莱高速植物试验恢复石质边坡次生植被群落的物种重要值,按调查时间排序结果见图7-1。

自石质边坡客土喷播施工后的两月内,物种由狗尾草和马唐组成的疏丛型植被迅速扩展为由紫花苜蓿和高羊茅组成的密丛型植被。此时,由于生长时间较短,客土喷播中的配置种子发芽期和苗期生长速率不一致,呈现为豆科和禾本科草本植物的双重组合,植被覆盖度能达到60%左右,其中紫花苜蓿重要值大于50。随着时间延续,紫花苜蓿的重要值迅速降低,高羊茅和多年生黑麦草的重要值之和升高,在一年多的时期内,三种优势草本植物始终占据整个植被种群中的优势,重要值总和保持渐减趋势。因为紫穗槐的适应性强,种子发芽快,幼苗期植株发育生长迅速,所以在灌木类植物的重要值中表现突出,其次为马棘、沙棘和刺槐,本地生长的荆条重要值最低。在试验恢复植被的灌木物种中,外引的四种灌木植物重要值增长最快,基本呈线性增长趋势,三者重要值之和的线性拟合方程为:$y=3.1548x+14.429$。另外,沙打旺的重要值在群落中也表现出良好的增长趋势,说明沙打旺在长期的石质边坡植被恢复过程中的物种竞争有一定的优势,杂草植物中的狗尾草和马唐等植株数目有所增加,但在群落中的优势并不明显,始终保持着极低的水平。

2)生态位宽度

通过物种相对重要值(同一时期内,某物种重要值与所有种重要值和之比)大小排序,筛选出3种草本植物(S.l、Lo.、E.k)和两种灌木植物(F.l、P.m)为绝对优势物种,据此计算出五种植物的生态位宽度,见表7-8。

优势种群的生态位宽度 表 7-8

物种 \ 月份	07(Jun)	07(Aug)	07(Oct)	07(Dec)	08(Feb)	08(Apr)	08(Jun)	08(Aug)	08(Oct)
E. k	—	0.642 2	0.792 8	0.661 5	0.655 7	0.654 2	0.767 1	0.466 1	0.566 7
F. l	—	0.426 6	0.629 2	0.442 8	0.494 9	0.459 5	0.479 9	0.379 0	0.429 7
Lo.	—	0.490 8	0.550 2	0.524 1	0.589 4	0.479 8	0.504 7	0.506 3	0.607 2
P. m	—	0.092 9	0.154 4	0.297 7	0.305 9	0.321 4	0.340 5	0.280 3	0.377 5
S. l	—	0.915 1	0.939 5	0.464 1	0.358 9	0.416 7	0.427 4	0.331 3	0.349 9

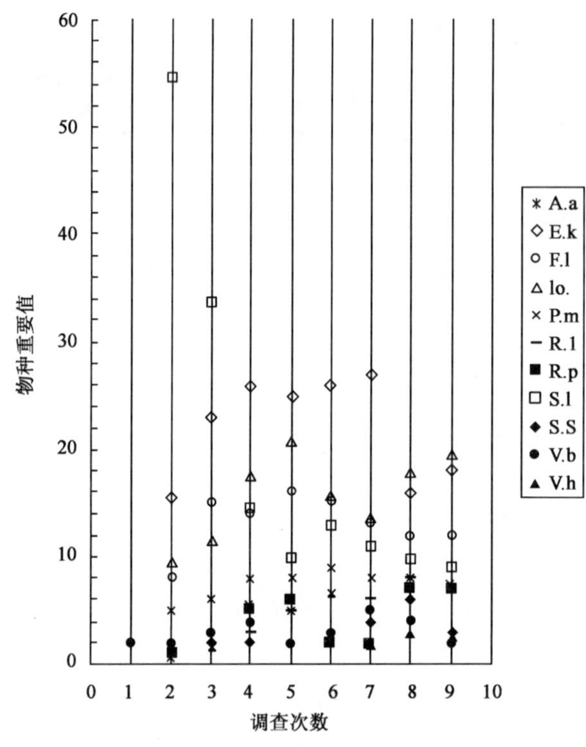

图 7-1 试验恢复植被物种重要值

坡面植被恢复初期,紫花苜蓿的生态位宽度值最高,两次测定都达到了 0.915 1 和 0.939 5,而经历 2007 年冬季后返青,其生态位宽度降低至 0.5 以下,紫花苜蓿为豆科草本植物,其根瘤的固氮作用对植被建群初期的坡面土壤成分和结构形成具有明显的良性促进作用,因此初期紫花苜蓿的高生态位宽度对植被效果是有利的。在 8 次高羊茅生态位宽度计测中,其数值变化区间为[0.466 1,0.792 8],从表 7-8 中可看出,季节性变化明显,冬春两季略低于夏秋两季,同时,多年生黑麦草变化区间为[0.479 8,0.607 2],基本保持着渐增趋势。在坡面优势种群中,由于两种禾本科草本植物的植株高度最低,决定其生态位宽度值大小关键在于两类株群的密度和盖度,因此,以上数值解释并说明了初期坡面植被建群时多表现为禾本科草本植物为绝对优势。灌木优势种的生态位宽度值相对于草本优势种较低,初期的紫穗槐生态位宽度值表现突出,在一年半时间内基本保持平稳,而马棘则呈线性增长,灌木植物的总体生态位宽度值也呈上升趋势,说明坡面植被演替方向为多草型向草灌型过渡。

3)生态位重叠

生态位宽度较大(或较小)的种群,它们所构成的种间生态位重叠大小不一,可见生态位宽度与生态位重叠程度没有相关性。将表 7-8 中的五种优势物种排序为:①S. l;②E. k;③Lo.;④F. l;⑤P. m。并分别计测在2007 年10 月和2008 年10 月的生态位重叠值(NOV),结果生成矩阵式。

$$NOV = \begin{bmatrix} 1.000 & 0.193 & 0.227 & 0.166 & 0.160 \\ 0.103 & 1.000 & 0.352 & 0.106 & 0.112 \\ 0.116 & 0.133 & 1.000 & 0.097 & 0.104 \\ 0.081 & 0.072 & 0.061 & 1.000 & 0.311 \\ 0.085 & 0.074 & 0.064 & 0.142 & 1.000 \end{bmatrix}$$

注:矩阵右上方为08(Oct)的优势种群 NOV 值,左下方为07(Oct)优势种群 NOV 值。

两次调查数据后的优势物种生态位重叠计测结果显示,在植被恢复初期,紫花苜蓿、高羊茅和多年生黑麦草三种草本植物的生态位宽度均很高,但对应的生态位重叠却相对较低,因此,分布较为广泛,其适应能力强,其中,多年生黑麦草和高羊茅的相似性程度较高,因此两者所对应的生态位重值均大于与紫花苜蓿。两种优势灌木均为低矮型豆科灌木,在资源利用方面有较大的生态一致性,资源竞争相对较强,两次计测值分别为 0.142 和 0.311,而分别与草本植物的生态位重叠值对比中,与紫花苜蓿竞争强于多年生黑麦草和高羊茅,三者间的计测算术平均比值分别为0.083/0.068 和0.163/0.105。从总体上来看,2007 年10 月的数值整体低于2008 年10 月,但数值均不高,说明随着时间延长,坡面植被恢复中的物种间竞争逐渐增强,但并没有达到明显的限制作用,这充分表明经历一年半的边坡植被恢复时期后,群落内各种群对资源利用的相似性程度仍然极低,种群间的利用性竞争不强,各种群还没有形成对资源共享的状态,草本型种群仍然在群落中占优势,正好反映了群落处于演替阶段。

7.2.2.2 坡面植被演替

1)自然恢复植被种群

在自然恢复植被的石质边坡样地中共出现 16 种植物,隶属于 7 科、16 属。其中,木本植物只有荆条和酸枣两种低灌植物分布,无乔木分布,其余 14 种植物均为草本植物,禾本科和菊科植物约占所有草本植物的79%。在自然恢复植被群落中,初始群落和现有群落之间的物种变化没有太大明显。在两年多的自然演替过程中,除岩石坡面上的零星分布的植物种类增多,出现在坡面边缘或平凹处外,植被盖度无从计量。荆条和酸枣两种植物为开挖后的坡面内保留的根体发芽而成,生长缓慢,绿期短;所有的草本植物品种都是本地野生种,禾本科植物的分布相对较广,如狗尾草、马唐、黄花蒿等。由于各种野生植物之间的绿期差异较大,除6~10 月外,其余时段的植株都已经死亡或枯萎,次年株体再由种生或部分根生。因此,常年坡面植被覆盖低,绝大部分岩石坡面仍处于裸露状态。

2)试验恢复植被种群

在人工恢复植被的石质边坡样地中共出现 27 种植物(表 7-9),隶属于 10 科、27 属。其中,木本植物除当地次生荆条外,还增加了刺槐、马棘、沙棘、绣线菊、紫穗槐五种低灌木本植物,其中以紫穗槐和沙棘长势最好,无乔木分布,其余为草本植物,禾本科和豆科植物约占所有草本植物的 80%。在人工恢复植被群落演替过程中,初始群落和现有群落之间的物种变化非常明显。除植物物种数量短期内明显增多外,与自然恢复植被群落演替差异最明显的是植被覆盖度高,春夏秋三季均能达到90%以上。引入的植物多为速生种,短期内(通常 1~2 月)即可迅速生长覆盖坡面,初期多由草本植物组成,紫花苜蓿、多年生黑麦草、高羊茅等最具优势,逐渐由后起的草木榉、紫穗槐、马棘等介入,形成丰富植被群落。对于植被总体高度而言,草本植物通常为 15 ~30cm,部分木本植物生长高度在 1 年多时期内已达 2m,单株冠幅达 $2m^2$,如刺槐。由于植被恢复的施工工艺不同和试验中的植物配置差异,存在阴阳坡植物绿期的区别,在阴坡生境下,温度低,土体含水率相对较高,以紫花苜蓿 + 高羊茅 + 紫穗槐和草木樨 + 多年生黑麦草 + 沙棘 + 马棘两种群落最为适应,在阳坡生境下,光照时间长,温差大,土体含水率低,以紫花苜蓿 + 高羊茅 + 马棘群落分布最广,本地草本植物增繁迅速,如葎草、狗尾草、马唐。另外,以地锦类藤本植物为单一植物的植被种群多分布在高陡岩石坡面基部,最大长度为 1 ~2m,夏秋两季盖度较高。

试验恢复岩石坡面植物种类的季节组成 表 7-9

序号	物种	植被调查时间								
		2007 年				2008 年				
		6 月	8 月	10 月	12 月	2 月	4 月	6 月	8 月	10 月
1	扁穗莎草							→	→	→
2	刺槐			→	→	→	→	→	→	→
3	地锦		→	→	→	→	→	→	→	→
4	多年生黑麦草		→	→	→	→	→	→	→	→
5	高粱							→	→	→
6	高羊茅		→	→	→	→	→	→	→	→
7	狗尾草	→	→	→	→	→	→	→	→	→
8	胡枝子		→	→	→	→	→	→	→	→
9	黄花蒿		→	→	→			→	→	→
10	鸡矢藤							→	→	→
11	结缕草		→	→	→	→	→	→	→	→
12	荆条							→	→	→
13	葎草						→	→	→	→
14	马棘		→	→	→	→	→	→	→	→
15	马唐	→	→	→	→	→	→	→	→	→
16	普通小麦						→	→	→	→
17	牵牛		→	→	→	→	→	→	→	
18	球穗苔草		→	→				→	→	→
19	沙打旺		→	→	→	→	→	→	→	→
20	沙棘			→	→	→	→	→	→	→
21	绣线菊								→	→
22	燕麦		→	→	→	→	→	→	→	→
23	野古草							→	→	→
24	竹节草		→	→	→	→	→	→	→	→
25	紫花苜蓿		→	→	→	→	→	→	→	→
26	紫穗槐		→	→	→	→	→	→	→	→
27	草木樨								→	→

3）不同次生演替的种群差异

自2007年06月起，通过9次不同月份对自然恢复和试验恢复的岩石坡面调查发现，采用客土喷播技术和植生带绿化方式恢复的岩石坡面在施工后的2月内，植被从零星分布的两种野生草本植物迅速增加到16种植物，而开挖后的石质边坡没有采用任何防护工艺，自然恢复的植被无明显变化（调查时仅发现多1种植物类型）。从2007年08月至12月时期内，两种类型植被的植物种数基本稳定，试验恢复次生演替植被的植被覆盖从50%逐渐增至80%，植株体密度和高度同样增加，已基本实现了岩石坡面的植被恢复效果；自然恢复次生演替的植被覆盖仍然极低，仅零星分布草本植物。在经历2007年12月～2008年2月季节性周期过渡后，次年的植物种数相应均有增加，其中试验恢复次生演替类型最高已达27种，而自然恢复次生演替类型最高仅为5种，无论从植株密度、高度、多度和植被盖度、绿度等各项指标比较，试验恢复的次生演替植被比自然恢复具有显著优势。

从图7-2中可以看出，坡面植物生长具有季节性周期变化，两种类型的次生演替植被均以夏季8月份数值为峰值，6月和10月值相对较小，但不甚明显，而12月和2月是生长期中最小的区段，说明在山东地区范围内，坡面植物生长旺季多为夏秋两季，而春季为植物的返青恢复期，冬季为多数植物的休眠或半休眠期。自然恢复的次生演替过程中，随着调查时间的进行，植物物种类型基本呈缓慢增长过程；试验恢复的次生演替过程中，植物种类除施工完成后的两月内迅速增长外，经历换季周期后也出现了明显的增长趋势，其增加部分的植物物种多为本地野生种，这样就使群落的多样性、丰富度和均匀度等都得到显著提高，视觉效果也逐渐趋于自然化，与周边原生植被融合，可见，试验边坡生态恢复效果较好。

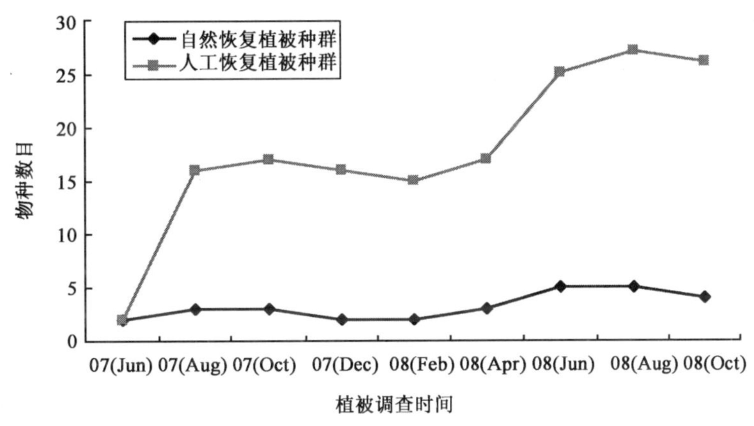

图7-2　次生演替物种数的季节变化

7.3 灌木护坡的长效性与稳定性

7.3.1 灌草植物物种分析

通过定期的边坡植物物种调查发现，边坡试验工程完成后，边坡的植物物种种类和数量逐渐增多，植被演替呈明显的良性发展趋势。2009年6月10日的调查共出现49种草本植物和13种灌木植物（藤本植物作为草本植物统计）。49种草本植物中包括18个科44个属。其中，菊科、禾本科和豆科最多，分别占27%、16%、12%，调查统计结果详见表7-10。

济莱高速公路边坡草本植物调查结果 表 7-10

序号	植　　物	科　属　名	分 布 情 况
1	铁苋菜 *Acalypha australis Linn.*	大戟科 铁苋菜属	一年生草本植物,野生、偶见,阴坡分布比阳坡多
2	葎草 *Humulus scandens* (*Lour.*) *Merr.*	大麻科 葎草属	多年生草本植物,野生、常见,分散分布,阳坡较多
3	草木樨 *Melilotus officinalis* (*Linn.*) *Pall.*	豆科 草木樨属	一年生或越年生草本植物,人工播种、多见,密丛状分布
4	葛藤 *Pueraria lobata* (*Willdenow*) *Ohwi*	豆科 葛藤属	多年生藤本植物,野生、野生、少见,七标边坡上部片状分布
5	草木樨状黄芪 *Astragalus melilotoides Pall.*	豆科 黄芪属	多年生草本植物,野生、偶见,常出现在灌木较少的平缓处
6	沙打旺 *Astragalus adsurgens Pall.*	豆科 黄芪属	多年生草本植物,人工播种、多见,土层较厚处分布
7	米口袋 *Gueldenstaedtia verna* (*Georgi*) *Boiss.*	豆科 米口袋属	多年生草本植物,野生、偶见,阳坡分布比阴坡多
8	紫花苜蓿 *Medicago sativa Linn.*	豆科 苜蓿属	多年生草本植物,人工播种、常见,分散分布于林下
9	稗草 *Echinochloa crusgalli* (*Linn.*) *Beauv.*	禾本科 稗属	一年生草本植物,野生、偶见,边坡下部较多分布
10	狗尾草 *Setaria viridis* (*Linn.*) *Beauv.*	禾本科 狗尾草属	一年生草本植物,野生、多见,分散分布
11	多年生黑麦草 *LoliumperenneLinn.*	禾本科 黑麦草属	多年生草本植物,人工播种、常见,丛状或片状分布
12	结缕草 *Zoysia japonica Steud.*	禾本科 结缕草属	多年生草本植物,人工播种、偶见,分散分布
13	荩草 *Arthraxon hispidus* (*Thunb.*) *Makio*	禾本科 荩草属	一年生草本植物,野生、少见,分布于坡顶边缘
14	羊草 *Leymus chinensis* (*Trin.*) *Tzvel.*	禾本科 赖草属	多年生草本植物,野生、偶见,分布于坡顶边缘
15	马唐 *Digitaria sanguinalis* (*Linn.*) *Scop.*	禾本科 马唐属	一年生草本植物,野生、多见,分布较多
16	竹叶草 *Oplismenus compositus* (*Linn.*) *P. Beauv.*	禾本科 求米草属	一年生草本植物,野生、少见,阳坡分布比阴坡多
17	野燕麦 *Avena fatua Linn.*	禾本科 燕麦属	一年生或越年生草本植物,野生、少见,分散分布
18	高羊茅 *Festuca arundinacea*	禾本科 羊茅属	多年生草本植物,人工播种、常见,丛状或片状分布,平缓处较密
19	野古草 *Arundinella hirta* (*Thunb.*) *C. Tanaka*	禾本科 野古草属	多年生草本植物,野生、野生、偶见,坡边缘分布较多

续上表

序号	植　　物	科 属 名	分 布 情 况
20	野黍 *Eriochloa villosa* (*Thunb.*) *Kunth*	禾本科 野黍属	一年生草本植物,野生、少见,仅分布四标阳坡发现
21	隐子草 *Cleistogenes squarrosa* (*Trin.*) *Keng*	禾本科 隐子草属	多年生草本植物,野生、偶见,分布于坡顶边缘
22	蒺藜 *Tribulus terrestris Linn.*	蒺藜科 蒺藜属	一年生草本植物,野生、偶见,阴阳坡均有出现
23	紫花地丁 *Viola yedoensis Makino*	堇菜科 堇菜属	多年生草本植物,野生、少见,灌木林下少有分布
24	裂叶堇菜 *Viola dissecta Ledeb.*	堇菜科 堇菜属	多年生草本植物,野生、多见,灌木林下少有分布
25	苘麻 *Abutilonaviecnnae Gaerner*	锦葵科 芙蓉属	一年生草本植物,野生、偶见,分散分布
26	苍耳 *X. strumarium Linn.*	菊科 苍耳属	一年生草本植物,野生、偶见,分散分布
27	小蓟 *Cephalanoplos segetum* (*Bunge*) *Kitam.*	菊科 刺儿菜属	多年生草本植物,野生、多见,阳坡分布比阴坡多
28	小飞蓬 *Comnyza canadensis* (*Linn.*) *Cronq.*	菊科 飞蓬属	一年生草本植物,野生、常见,分布极为广泛
29	黄花蒿 *Artemisia annua Linn.*	菊科 蒿属	多年生草本植物,野生、常见,分布较广
30	蒙古蒿 *ArtemisiamongolicaFisch. etBess.*	菊科 蒿属	多年生草本植物,野生、多见,阴坡分布比阳坡多
31	苣荬菜 *Herba Sonchi Brachyoti*	菊科 苦苣菜属	多年生草本植物,野生、多见,分布较广
32	山苦荬 *Ixeris chinensis* (*Thunb.*) *Nakai*	菊科 苦荬菜属	多年生草本植物,野生、多见,分散分布
33	蒲公英 *Herba Taraxaci*	菊科 蒲公英属	多年生草本植物,野生、多见,阳坡分布比阴坡多
34	碱蓬 *Suaeda glauca Bge.*	藜科 碱蓬属	一年生草本植物,野生、偶见,下部排水沟分布较多
35	灰灰菜 *Chenopodium album Linn.*	藜科 藜属	一年生草本植物,野生、多见,阳坡底部和中部分布较多
36	猪毛菜 *Salsola collina Pall.*	藜科 猪毛菜属	一年生草本植物,野生、多见,阳坡分布比阴坡多
37	红蓼 *Polygonum orientale Linn.*	蓼科 蓼属	一年生草本植物,野生、偶见,阳坡分布比阴坡多
38	皱叶酸模 *Rumex crispus Linn.*	蓼科 酸模属	多年生草本植物,野生、偶见,阴坡中部分布较多

续上表

序号	植　　物	科　属　名	分 布 情 况
39	鹅绒藤 *Cynanchum chinense R. Br.*	萝藦科 鹅绒藤属	多年生草本植物,野生、偶见,阳坡分布比阴坡多
40	牻牛儿苗 *Erodium stephanianum Willd.*	牻牛儿苗科 牻牛儿苗属	一年生或越年生草本植物,野生、多见,分布较广
41	黄花铁线莲 *Clematis intricata*	毛茛科 铁线莲属	多年生草本植物,野生、偶见,分布较为分散
42	五叶地锦 *Parthenocissus quinquefolia*	葡萄科 爬山虎属	多年生藤本植物,人工种植,边坡底部分布较多
43	鹅绒委陵菜 *Potentilla ansrina Linn.*	蔷薇科 委陵菜属	一年生草本植物,野生、偶见,常出现在土层较厚处
44	独行菜 *Lepidium apetalum Willd.*	十字花科 独行菜属	一年生或越年生草本植物,野生、偶见,坡面平缓处分布较多
45	荠菜 *Capsellabursa－pastoris (Linn.) Medic.*	十字花科 荠菜属	一年生或越年生草本植物,野生、常见,阳坡分布比阴坡多
46	野苋菜 *Amaranthus viridis Linn.*	苋科 苋属	一年生草本植物,野生、常见,阳坡分布比阴坡多
47	牛膝 *Achyranthes bidentata Bl.*	苋科 苋属	多年生草本植物,野生、多见,阳坡下部分布较多
48	篱打碗 *Calystegia sepium (Linn.) R. Br.*	旋花科 打碗花属	多年生草本植物,野生、偶见,阴坡分布比阳坡多
49	附地菜 *Trigonotis peduncularis (Trev.) Benth.*	紫草科 附地菜属	一年生草本植物,野生、多见,阳坡分布比阴坡多

13 种灌木本植物包括 8 个科 12 个属。其中,豆科为绝对优势植物,占 31%,调查统计结果详见表 7-11。

济莱高速公路边坡灌木植物调查结果　　表 7-11

序号	植　　物	科　属　名	分 布 情 况
1	胡枝子 *Lespedeza bicolor Turcz.*	豆科 胡枝子属	落叶灌木,人工播种、多见,分散分布
2	紫穗槐 *Amorpha fruticosa Linn.*	豆科 槐属	落叶灌木,人工播种、常见,分散分布
3	刺槐 *Robinia pseudoacacia Linn.*	豆科 槐属	落叶灌木,人工播种、七标阴坡多见
4	马棘 *Indigofera pseudotinctoria Matsum*	豆科 木蓝属	落叶半灌木,人工播种、七标阴坡多见
5	沙棘 *Hippophae rhamnoides Linn.*	胡颓子科 沙棘属	落叶灌木,人工栽植、九标阳坡生长最佳
6	臭椿 *Ailanthus altissima (Mill.) Swingle*	苦木科 臭椿属	落叶乔木,野生、偶见,阴坡比阳坡出现略多

续上表

序号	植　　物	科　属　名	分 布 情 况
7	荆条 *Vitex negundo Linn. var. heterophylla* (*Franch.*) *Rehd.*	马鞭草科 牡荆属	落叶灌木,人工栽植或野生、偶见
8	构树 *Broussonetia papyifera* (*Linn.*) *LHert. ex Vent.*	桑科 构属	落叶小乔木,野生、偶见,坡顶边缘处分布
9	桑树 *Morus alba Linn.*	桑科 桑属	落叶灌木或小乔木,野生、偶见,九标阳坡发现一株
10	酸枣 *Ziziphus jujuba Mill. var. spinosa* (*Bunge*) *Hu ex H. F. Chow.*	鼠李科 枣属	落叶灌木或小乔木,野生、偶见,分布于边坡上部边缘
11	旱柳 *Salix matsudana Koidz.*	杨柳科 柳属	落叶乔木,野生、偶见,九标沟边发现一株
12	银白杨 *Populus alba Linn.*	杨柳科 杨属	落叶乔木,野生、偶见,坡边缘处分布
13	榆树 *Ulmus pumila Linn.*	榆科 榆属	落叶半灌木,野生、多见,平缓处常密生

7.3.2　灌木护坡的贡献率

通过2009年7月对山东省济莱高速公路路堑边坡生态护坡试验工程进行详细的植被调查,得出相应各边坡植被的多样性指数、丰富度指数、均匀度指数、地上生物量和地下生物量。在此基础上,为区分草本和灌木两种类型护坡植物对植被的长效性和稳定性不同的贡献率,对两种类型植物分别进行主因子分析和计算。

分别对济莱高速公路路堑边坡生态护坡试验工程进行植被调查的各因子:多样性指数、丰富度指数、均匀度指数、地上生物量、地下生物量进行主因子分析,得到各因子对植被恢复的贡献率大小,并建立回归方程为:

$$f_{(x)} = 0.394X_D - 0.305X_{Dmg} + 0.289X_{Js} - 0.004X_{WO} + 0.162X_{WD} \tag{7-1}$$

式中:X_D——多样性指数;

X_{Dmg}——丰富度指数;

X_{Js}——均匀度指数;

X_{WO}——地上生物量;

X_{WD}——地下生物量。

从回归方程(7-1)中可以看出,植被群落特征的各因子的得分系数分别为0.394、0.305、0.289、0.004、0.162,可见对边坡生态影响最大的为边坡的植物多样性因子,其次为均匀度、丰富度,植被单位面积生物量的影响很小,因此物种多样性是影响边坡生态恢复效果的主导因子。

若分别以草本植物和灌木植物计算,则以上五个指数的贡献率中草灌的作用比分别为1:2.6、1:0.8、1:1.8、1:1.7、1:1.8。由此可见,灌木在边坡植被恢复中对植被的贡献作用是最大的。草本植物与灌木植物相比,不仅对植被影响作用相对较小,并且由于绿期相对较短,越冬性能不足,对植被的稳定性贡献也就相对较低,应确定灌木为边坡防护的绝对优势物种,在多样性植物优化配置技术中应强调适应半干旱区的乡土型灌木护坡,一般可选用紫穗槐、荆条、胡枝子等。

第8章 公路生态护坡工程规划设计

高速公路作为典型的线形工程,边坡防护工程是沿高速公路两侧边坡呈面状分布的路基工程主要形式之一,路堑边坡是车辆驾乘人员最直观的视觉效果影响区域。在半干旱区修建高速公路初期的规划设计中,应同时提出边坡稳定防护和生态防护方案。边坡防护方案,首先解决在修建过程中出现的边坡稳定问题,在确保边坡稳定的前提下再进一步结合实际情况提出生态护坡的可行性方案。

本章以山东省济莱高速公路路堑边坡生态护坡工程为典型案例,提出生态护坡工程规划布局理念,并量化分析各种生态指标参数,确定边坡生态防护设计指标,优化计算后建立生态防护优化设计参数体系,完善边坡生态防护的理论水平,为半干旱区生态护坡工程规划设计提供技术支撑。

8.1 生态护坡工程规划布局

8.1.1 公路边坡生态防护的设计理念

8.1.1.1 人与自然和谐相处的理念

我国很多地区都是生态平衡的敏感地区,要特别注重人类与自然的协调。从宏观来看,对于高速公路建设中可能发生的破坏可持续发展的事情,应坚决不能做;而对那些从短期看不会获利,甚至需要投入,却是可持续发展的事情应坚决去做。只有把高速公路建设放在环境、生物、资源、污染等诸要素构成的"公路 - 自然 - 经济 - 社会"复合系统中进行全面考虑,把性质不同的生态环境系统与高速公路路域系统研究有机地结合起来,充分运用系统工程的基本原理和方法,才能产生最大的经济效益、社会效益和生态环境效益,从而找到最优方案。

随着系统科学、信息技术和生物工程技术的发展以及学科间的相互交叉和渗透,高速公路设计不能只把公路当作唯一的设计对象,而要对公路征地范围的基础资源、环境资源和生命资源各要素(包括自然的和文化的)作为设计变量进行主动安排和协调,根据各种资源的重要程度,有效地分配资源,以提高系统的总效果,使人与自然环境之间进行有效的交换并保持动态平衡,实现高速公路快、达、畅、美的目标,最终使系统结构和功能达到整体优化。相比国外发达国家的经验,我国公路建设应把环境与景观放在重要地位,提倡公路建设可持续发展的指导思想已刻不容缓,应该从技术标准规范的修订、建设管理、设计施工等方面给予充分的重视,并建立必要的法规,保证公路建设与管理的协调发展。

8.1.1.2 多样性植物的优化配置理念

生物多样性是当前一个备受关注的问题,是可持续发展的一个重要前提。任何一个生物种群都不可能脱离其他生物种群而单独存在,如果生物种群单一发展,就会对生态系统的稳定性和生产力的提高带来不利影响。大量现实情况表明，人工生态系统的生物种群单一是这类生态系统的重要特征。在生态工程设计过程中，为了保证人工生态系统的稳定和提高系统的效益，必须投入大量的能量和物质，而自然生态系统由于其较高的生物多样性，往往具有较强的稳定性和较高的生产力。因此，在植被护坡设计中，必须充分考虑植物多样性问题。

根据生态学原理，一个生态系统的生物群落越复杂，它的生物生产力就越高，生态系统的稳定性也就越强，反之这个生态系统的稳定性和生产力就越低。比如，德国在19世纪中期，为了得到产量和经济价值都很高的人工林，曾经营造了大面积的云杉和欧洲松纯林，这些人工林的第一代的蓄积量高达700～800m^3，但是，第二代蓄积量就下降到400～500m^3，第三代蓄积量就只有300m^3，每一代蓄积量下降30%以上，这就是生物种群单一造成的后果。

在护坡植被的选择上，应注重植物多样性，一般以低矮木本植物为主，如灌木和亚乔木，并结合草本、藤本、花卉构建地被植被群落。灌木植物是植被护坡的骨架，具有良好的边坡防护、涵水固土、改善环境等作用，但仅仅用灌木绿化，则易造成群落结构单一，立体层次单调，也不能充分发挥出生态效益。如用亚乔木、灌木、藤本、地被模拟自然植物群落，组成有层次、有结构的人工植物群落，不但丰富了高速公路边坡的绿化景色，增添了自然美感，而且最大限度地利用了空间，增加单位面积的绿量，有效地提高生态效益和改善环境。

在植物的选择上，还应优先考虑根系发达、分生能力强、抗性强、耐瘠薄的植物。根系的发达程度直接关系到固土能力，地下生物量越大，根系分布越深、保持水土能力越强，植物的抗逆性也强。较强的分生能力可以增加覆盖度，减少土壤裸露，减少降水的侵蚀能力。但是植物不能过高，生长不能太快，否则会影响护坡效果，增加维护成本。另外，高速公路路堑边坡土壤较为贫瘠，土壤保水性能差，应选择较耐瘠薄和耐旱的植物。同时由于养护强度低，还要求植物具有较好的抗逆性。

8.1.1.3　公路植被生态系统的健康循环

我国自然条件的区域差异相当复杂。

从自然区划来说，根据中科院《中国自然地理》编委会的区划方案，我国共有3个大区（东部季风区、西北干旱区、青藏高原区），7个自然区（东北、华北、华中、华南、内蒙古、西北、青藏）和33个自然副区。

从气候角度来说，我国的气候类型更为复杂多样，主要以亚热带和热带为主。根据气温的不同，我国从南到北共有南热带、中热带、北热带、南亚热带、中亚热带、北亚热带、南温带、中温带、北温带等9个气候带和1个高原气候区域；从东南到西北，又有湿润、半湿润、半干旱和干旱气候区之分。气象局根据≥10℃的积温和干燥度指标，把我国划分为9个气候带、4个气候大区、36个气候区和1个高原区域（其中又有4个气候大区、9个气候区）。

根据降雨的不同，按正常年降水量，我国共划分为5个降水带，见表8-1。

我国降水量分布表　　表8-1

降雨量（mm）	分　布　区
>1 600	台、闽、粤、琼的大部分，浙、赣、湘、桂的一部分
800～1 600	上述地带之北，淮河、汉水以南，包括长江中下游和广西、贵州、云南、四川大部分地区
400～800	淮河、汉水以北的秦岭山地、华北平原、黄土高原、东北平原以及边缘山地丘陵，也包括青藏高原东南边缘地区
200～400	上述地带以北，包括内蒙古高原和青藏高原东部草原带以及西北内陆地区的天山、阿尔泰山迎风坡低山带
<200	上述地带西北或盆地中部

从植被角度看,我国植被类型多样,几乎包括了除冻原以外世界上所有的植被类型,具有植物种类复杂,地理成分复杂,地理分布交错混杂的特点。

根据吴征镒主编的《中国植被》(科学出版社,1980年),我国的植被分为10个植被型组,29个植被型。植被分布具有明显的水平地带型和垂直地带型分布规律,水平地带型规律又包括经度地带型和纬度地带型。

从土壤角度看,我国土壤共有12个土纲,32个亚纲,74个土类和272个亚类。受纬度、海陆位置和地形等的影响,存在水平地带分布规律、垂直地带分布规律和水平复合式分布规律。

因此,我国的气候、植被、土壤类型极为复杂,公路植被护坡的设计绝不能千篇一律,要充分考虑我国的气候特点。对于我国北方半干旱区的高速公路路堑边坡生态护坡工程而言,更应注重遵循土壤、植被的水平地带型和垂直地带型分布规律,以有利于公路植被生态系统的健康循环,并充分论证技术可行性,以避免因盲目施工而带来的不必要损失和灾害发生。

8.1.2 公路生态护坡的立地条件

8.1.2.1 护坡植物分类

护坡植物依据植物性状可分为木本植物、草本植物、藤本植物和花卉植物。木本植物又分为乔木和灌木,乔木根据冬季或旱季落叶与否又分为常绿乔木和落叶乔木,路堑边坡生态防护工程中一定要慎用或不用大型乔木植物。灌木与草本植物一样是护坡的重要材料,通过不同的气候类型将灌木和草本植物分为暖季型、冷季型、过渡型和高原型几大类。藤本植物依茎的性质又分为木质藤本和草质藤本两类,花卉植物根据植物的生活周期分为一年生、二年生和多年生花卉。

根据不同的分类选择不同的护坡植物品种。护坡植物分类流程见图8-1。

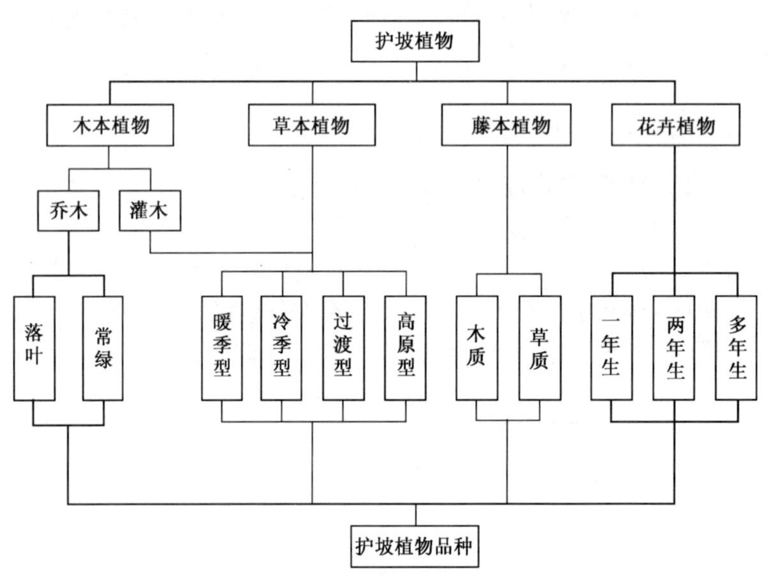

图8-1 护坡植物分类流程图

按照我国地域和气候差异,将木本植物和草本植物进行区划。用于护坡的木本植物多为灌木,目前已使用的灌木主要有紫穗槐、马棘、刺槐、柠条、沙棘、胡枝子、红柳和坡柳等。我国北方地区适生灌木植物见表8-2。

护坡草本植物主要选择禾本科和豆科植物。禾本科草一般生长较快，根量大，护坡效果较好，但所需肥料较多。而豆科植物虽然苗期生长较慢，但由于自身可以固氮，故较耐瘠薄和粗放管理，同时花色较鲜艳，开花期景观效果较好。北方地区适生护坡草本植物见表8-3。

北方地区适生护坡灌木植物　　表8-2

地　　区	灌木树种
东北区	胡枝子、沙棘、兴安刺玫、黄刺玫、刺五加、毛榛、榛子、柠条锦鸡儿、紫穗槐
三北区	杨柴、锦鸡儿、柠条、花棒、踏朗、梭梭、白梭梭、蒙古沙拐枣、毛条、沙柳、紫穗槐
黄河区	绣线菊、虎榛子、黄蔷薇、柄扁桃、沙棘、胡枝子、胡颓子、多花木兰、白刺花、山楂、柠条、荆条、黄栌、六道木、金露梅
北方区	黄荆、胡枝子、酸枣、柽柳、杞柳、绣线菊、照山白、荆条、金露梅、杜鹃、高山柳、紫穗槐

北方地区适生护坡草本植物　　表8-3

气候生态带	范　　围	适宜的护坡草种
青藏高原带	北纬约27°20′~40°，东经约73°40′~104°21′之间，主要包括西藏全部、青海高原和四川西北高原农区	草地早熟禾、紫羊茅、高寒苜蓿、细羊茅、燕麦草、冰草、无芒雀麦及当地野生的小灌木等
寒冷半干旱带	北纬约40°~48.5°，东经约115.5°~135.5°之间，主要包括黑龙江省大部、吉林省大部、辽宁省大部及山东少部分地区	紫花苜蓿、沙打旺、红豆草、紫羊茅、细羊茅、碱茅、冰草、披碱草、羊草、小冠花、紫穗槐等
寒冷潮湿带	北纬约34°~39°，东经约100°~125°之间，主要包括青海省的东部、甘肃省的中部、陕西省的北部、山西省大部以及河南、河北、内蒙古、辽宁、吉林、黑龙江等省区的少部分县市	草地早熟禾、紫羊茅、细羊茅、无芒雀麦、披碱草、羊草、碱茅、白三叶、紫花苜蓿、沙打旺、冰草、鸭茅等
寒冷干旱带	北纬约36°~49°，东经约74°~127°之间，主要包括新疆大部、甘肃省的西北部、内蒙古大部以及青海、陕西、黑龙江少部分县市	紫花苜蓿、沙打旺、红豆草、紫羊茅、细羊茅、碱茅、冰草、披碱草、羊草、小冠花、紫穗槐等
北过渡带	北纬约32.5°~42.5°，东经约104°~122°之间，主要包括山东省大部、河北省大部、北京市、天津市、河南省大部以及陕西、山西、安徽、江苏、湖北少部分县市	高羊茅、黑麦草、无芒雀麦、小冠花、紫穗槐、沙打旺、紫花苜蓿、冰草、野牛草、结缕草及当地野生的小灌木等

8.1.2.2　不同植被区域的立地条件

立地条件是指植物生长地段各种环境条件的综合，包括气候、水文、地质等自然和人为的条件。具体的讲，如海拔、坡度、土壤质地、土层厚度、水分条件、盐碱化程度、环境污染等。不同立地条件的高速公路路堑边坡生态防护工程，应采取不同的布局方式、施工工艺和选择不同的植物品种。立地条件类型主要依据主导环境因子及优势植被类型进行命名，其通用格式为：地形＋气候＋土壤＋植被名称，即同类立地条件应该具备以下四个条件。

①大致相同的水热条件、地貌类型、土壤类型和植被特征。

②基本一致的土壤侵蚀程度、类型及改造利用方向和造林技术措施。

③自然条件与社会经济状况遵循近期利益和远景规划相一致原则。

④在区域规划治理程序上，宜本着先易后难、先近后远、先上后下等原则。

按照以上条件将我国立地条件分为以下几种类型：

①高山寒冷干旱薄土草地。

②平原寒冷半干旱厚土草地。

③低山寒冷潮湿厚土灌丛地。

④丘陵寒冷潮湿薄中厚土灌丛地。

⑤低山丘陵寒冷干旱薄中厚土草地。

⑥中山寒冷干旱薄土草地。

⑦中山云贵高原薄土草地。

⑧低山较湿润厚土灌丛地。

⑨低山丘陵温暖湿润厚土灌丛地。

⑩丘陵热带中厚土草地。

8.1.2.3 植被生长要素

1）土壤要素

由于土壤形成因素和土壤形成过程的不同，自然界里的土壤是多种多样的，它们具有不同的土体构型、理化性质和肥力水平。土壤分类就是根据土壤自身的发生发展规律，系统地认识土壤，通过比较土壤之间的相似性和差异性，对客观存在的土壤进行区分和归类，系统地编排它们的分类位置，可看出各土壤类型之间的相互区别与联系，同时对所划分的土壤类型分别给予适当的名称。因此，土壤分类对于生态护坡工程的意义，主要是更有利于为坡面植物生长和植被恢复的结构支持和养分保证。

2）肥力要素

土壤肥力是土壤的基本属性和本质特征，是土壤为植物生长供应和协调养分、水分、空气和热量的能力，是土壤物理、化学和生物学性质的综合反应。四大影响肥力的因素包括：养分、水分、空气、热量。

土壤肥力是土壤物理、化学和生物学特性的综合表现，也是土壤不同于母质的本质特性，包括自然肥力、人工肥力和二者相结合形成的经济肥力。自然肥力是由土壤母质、气候、生物、地形等自然因素的作用下形成的土壤肥力，是自然再生产过程的产物，它能自发地生长天然植被。人工肥力是指通过人类生产活动，如耕作、施肥、灌溉、土壤改良等人为因素作用下形成的土壤肥力。土壤的自然肥力与人工肥力结合形成的经济肥力，才能更为人类的生产生活所利用。高速公路路堑边坡生态防护工程中所用的基质材料，就是以自然存在的土壤为主要组成部分，配合使用包括草炭土、化学肥料、复合肥料，以及各种用途的添加剂材料综合而成，是自然肥力和人工肥力的统一，是两种肥力相结合的综合表现。

依据拟定的土壤肥力指标，对土壤肥力水平评定的等级称为土壤肥力分级。分级的目的是掌握不同土壤的肥力潜力，揭示出它们的优点和存在的缺陷，为施肥、改良土壤提供科学依据。参评项目一般包括土壤环境条件（地形、坡度、覆被度、侵蚀度），土壤物理性状（土层厚度、耕层厚度、质地、障碍层位），土壤养分（有机质、全氮、全磷、全钾）储量指标、养分有效状态（速效磷/全磷、速效钾/全钾）等。

3）水分要素

水是植物生存的极重要因子之一。首先，水是植物主要的组成成分，植物体一般含 60% ~ 80% 的水分，有的甚至高达 90% 以上。水是通过不同形态、量和持续时间三方面的变化对植物起作用。不同形态的水是指水的三态（固态、液态、气态），量是指降水量的多少和大气湿度的高低，持续时间是指降水、干旱、淹水等的持续日数。但是，各种植物由于长期生活在不同的水条件下，对水分的需求量是不同的。有些植物需水多些，有些则少些；就是同一种植物在不同发育阶段，以及在不同的生长季节，需水量也不一样。植物和水的这种供求关系，还受环境中其他生态因子，如温度等的影响。

土壤水是植物吸收水分的主要来源(水培植物除外),另外植物也可以直接吸收少量落在叶片上的水分。土壤水的主要来源是降水和灌溉水,存在于土壤孔隙中,尤其是中小孔隙中,大孔隙常被空气所占据。穿插于土壤孔隙中的植物根系从含水土壤孔隙中吸取水分,用于蒸腾。土壤中的水气界面存在湿度梯度,温度升高,梯度加大,因此水会变成水蒸气蒸发逸出土表。蒸腾和蒸发的水合称蒸散,是土壤水进入大气的两条途径。

土壤中水分的多少有两种表示方法:一种是以土壤含水量表示,分为重量含水量和容积含水量两种,二者之间的关系由土壤容重来换算;另一种是以土壤水势表示,土壤水势的负值是土壤水吸力。土壤含水量有三个重要指标:一是土壤饱和含水量,表明该土壤最多能含多少水,此时土壤水势为0;二是田间持水量,是土壤饱和含水量减去重力水后土壤所能保持的水分,重力水基本上不能被植物吸收利用,此时土壤水势为 -0.3 巴;三是萎蔫系数,是植物萎蔫时土壤仍能保持的水分。田间持水量与萎蔫系数之间的水称为土壤有效水,是植物可以吸收利用的部分。当然,一般在田间持水量的60%时,即土壤水势 -1 巴左右就采取措施进行灌溉。

土壤水势可细分为重力势、基模势和溶质势。土壤水分重力势在土壤水面与土表面相平时为0,水面高于土表面时为正值(此时也称为压力势),水面低于土表面时为负值(土壤水吸力为正值)。土壤基模势指土壤中矿质颗粒表面和有机质颗粒表面对水所产生的张力,其值永远是负值,即总是将土壤表面的水分向土体内吸进来。土壤水分溶质势与土壤溶液中所含溶质数量有关,溶质越多,溶质势越小。当水源入渗时,水沿湿度梯度从高水势处向低水势处流动,逐渐形成一个干湿交界分明的椭球体形状,称为湿润球,球面各处土壤水势相等。该球面称为入渗锋,在水头固定不变时,入渗锋的前进速度随着时间的延长而减慢。大部分植物养分都是溶于水后随水移动运输到植物根系被吸收的。无论根系以质流、扩散、截获哪种方式吸收植物养分都在土壤溶液中进行。

8.1.3　生态护坡植物品种与配置

边坡护坡植物品种的选择是边坡植物防护措施规划设计中一项重要工作,也是边坡植物防护措施成功与否的关键。边坡植物选择要充分考虑公路的特点,在提高边坡稳定性,满足公路交通安全和交通功能的同时,植物的生物学特性和生态学特性与立地条件需相互适应。在兼顾生态效益、经济效益的同时,以及在满足连续性和多样性景观效果的前提下,选择易于养护管理的植物品种,保证乔、灌、草、花、藤合理配置。

8.1.3.1　护坡植物品种与特性

依据植物性状将护坡植物分为木本植物、草本植物、藤本植物和花卉植物。

1)木本植物

木本植物是指植物体木质部极发达,一般比较坚硬,多年生的植物。

(1)乔木类

乔木是指有明显主干的高大树木,一般高达5m以上。依据植物在冬季或旱季落叶与否分为常绿乔木和落叶乔木,又根据叶子的特征分为常绿针叶、常绿阔叶、落叶针叶和落叶阔叶乔木。根据高速公路全封闭、养护条件差、环境条件恶劣等特点,应根据生物学特性,选择抗寒、抗旱、抗瘠薄等抗逆性强和根系发达,易于养护的乔木。

公路边坡防护中,乔木主要用于互通式立交区、公路两侧、服务区、中央隔离带和收费站等区域,主要发挥水土保持和美化环境的作用。值得说明的是,为确保边坡稳定,乔木一般不用于高陡路堑边坡的防护。

在公路两侧主要栽植行道树，起到指示方向的作用，通常 2 ~ 3km 更换一种树种。互通式立交桥、服务区和收费站是高速公路地区的缓冲地区，为改变公路单调环境氛围，利用高大乔木配合灌木及草本植物，选择不同的设计风格，改变单调的环境氛围。

常见护坡乔木树种见表 8-4。

常用护坡部分乔木名目表 表 8-4

分类	植物名(学名)	高度(cm)	适应性							特性	适宜地区
			耐阴	耐寒	耐旱	耐湿	耐瘠薄	耐酸	耐盐碱		
常绿针叶树	油松(*Piunstabulae-formis*)	2 500	△	◎	◎	×	◎	○	×	为阳性树种，深根性，喜光、抗瘠薄、抗风，在 -25℃时仍可正常生长。怕水涝、盐碱，在重钙质的土壤上生长不良	华北、西北
	罗汉松(*Podocarpus macrophllus* (*Thunb.*) *D. Don*)	1 600 ~ 2 500	△	×	×	◎	○	◎	△	又名罗汉杉，原产我国。喜温暖湿润和半阴环境，耐寒性略差，怕水涝和强光直射，要求肥沃、排水良好的沙壤土	华东、中南
	赤松(*P. densiflora*)	3 500	×	◎	○	×	◎	◎	△	强阳性，耐寒，要求海岸气候，深根性，抗风力强	华东及北部沿海地区
	樟子松(*P. sylvestris var. mongolica*)	1 600 ~ 3 000	×	◎	○	×	○	×	◎	为阳性树种，根系非常发达，具有耐旱、耐寒、抗风等特性。多生于较陡峻的阳坡或半阳坡上部；能适应瘠薄土壤，在砂丘上也有生长，常呈团状分布	黑龙江、内蒙及西北各省
	马尾松(*P. massoniana*)	3 000 ~ 4 500	×	×	○	○	◎	◎	×	树干较直，树皮深褐色，长纵裂，长片状剥落；含树脂，耐水湿。重要材用树种	长江流域及华中、华南地区
	侧柏(*Platycladux orientalis*)	1 500 ~ 2 500	△	△	○	△	◎	△	◎	喜光，幼时稍耐阴，适应性强，对土壤要求不严，在酸性、中性、石灰性和轻盐碱土壤中均可生长。耐干旱瘠薄，萌芽能力强，耐寒力中等。抗风能力较弱	华北、西北
落叶针叶树	水杉(*Matasequoia Glyptostroboides*)	3 000 ~ 4 000	○	△	△	△	△	◎	◎	适应能力很强，能忍受零下 30°的严寒，又不怕热带高温，被世界上 50 多个国家引种栽培	长江流域及华北南部
常绿阔叶树	木麻黄(*Casuarina eq-uisetifolia*)	2 000 ~ 2 500	◎	×	◎	◎	◎	×	○	强阳性，喜炎热气候，耐干旱、贫瘠，抗盐渍，也耐潮湿，不耐寒。通常种子繁殖，也可用半成熟枝扦插。其防风固沙作用良好，在城市及郊区亦可做行道树、防护林或绿篱	华南
	榕树(*Focis micro-carpa*)	2 000 ~ 2 500	◎	×	×	◎	○	◎	×	可作行道树	华南

续上表

分类	植物名(学名)	高度(cm)	适应性							特性	适宜地区
			耐阴	耐寒	耐旱	耐湿	耐瘠薄	耐酸	耐盐碱		
落叶阔叶树	加杨(*P. Xcanadensis*)	2 500 ~ 3 000	×	○	○	○	△	×	◎	喜温暖湿润气候,耐瘠薄及微碱性土壤;速生,扦插易活,生长迅速	华北、黄土高原
	青杨(*P. cathayana*)	3 000	○	◎	○	○	△	×	◎	喜光,喜温凉气候,耐严寒。适生于土层深厚肥沃湿润排水良好的沙壤土、河滩沙土。忌低洼积水,但根系发达,耐干旱,不耐盐碱,生长快,萌蘖性强	东北,华北,西北
	旱柳(*Salix matsudana*)	1 000 ~ 2 000	×	◎	○	○	○	×	○	喜光阳性树种,较耐寒,耐干旱。喜湿润排水、通气良好的沙壤土,但在黏土或长期积水的低湿地上,容易烂根,引起枯梢,甚至死亡。稍耐盐碱,对病虫害及大气污染的抗性较强。萌芽力强,根系发达,扎根较深,具内生菌根。喜湿润排水良好的沙壤土,在湿润肥沃河流冲积土壤上生长快,忌黏土及低洼积水,在干旱沙丘生长不良。用扦插繁殖	华北西北各地
	刺槐(*Robinia pserdoacacia*)	1 500 ~ 2 500	×	×	○	×	◎	△	△	喜光,喜较温凉干燥气候,不耐严寒,在湿热气候下生长不良,且多病虫害;根系发达,浅根性,有根瘤	华北西北各地
	臭椿(*Ailanthus altissima*)	2 000 ~ 3 000	×	○	○	△	◎	×	○	喜光,不耐阴。适应性强,除黏土外,各种土壤和中性、酸性及钙质土都能生长,适生于深厚、肥沃、湿润的砂质土壤。耐寒,耐旱,不耐水湿,长期积水会烂根死亡。深根性。对烟尘与二氧化硫的抗性较强,病虫害较少。能耐干旱及盐碱,且生长速,对有毒气体的抗性较强,可作城市、工矿区和农村绿化树种	华北、西北及西南地区

注:耐性表现示意:耐性好◎,耐性较好○,一般△,不佳×。

(2)灌木类

灌木是指主干不明显,从基部分枝,呈丛生状,高不及5m的木本植物。灌木根系发达,固土能力强;耐干旱,枝条密集富有弹性;耐瘠薄,抗污染能力强。因此,灌木护坡效果好,是护坡的理想植物。缺点是成本较高,早期生长慢,植被覆盖度低,对早期的土壤侵蚀防止效果不佳。但是可通过与草本植物混播来解决这一难题,即草本植物早期迅速覆盖地面防止土壤侵蚀,后期由灌木发挥护坡作用。

灌木主要应用于公路边坡、互通式立交区、公路两侧、服务区、中央隔离带和收费站等区域，作为公路绿化的主要材料，它在美化绿化中起到非常大的作用。我国目前在边坡生态防护中使用的灌木较少，目前已使用的灌木主要有紫穗槐、胡枝子、马棘、枸杞等。常见灌木特性如表8-5。

常用护坡灌木生长特性 表8-5

分类	植物名（学名）	高度（cm）	气候带	适应性								播种时间（月）	单位粒数（粒/g）	发芽率（%）	纯度（%）	特性	分布
				喜光	耐阴	耐寒	耐湿	耐贫瘠	耐旱	耐酸性	耐盐碱性						
灌木	紫穗槐（*Amorpha fruficosa L.*）	150～250	各类型	◎	○	◎	◎	◎	◎	△	○	3～6	90	60～80	90	适应性强，分布范围广，抗性较强的植物，耐修剪，管理粗放，可通过控制植株高度增加萌生枝和扩大覆盖面积	山东、浙江、江苏、安徽、江西、湖南、湖北、陕西、广东、广西
	胡枝子（*Lespedeza Michx.*）	150～250	冷季型 过渡型 高原型	○	○	◎	◎	◎	○	◎	△	3～6	150	50～70	90	对土壤要求不严格，酸性土，钙质土及荒漠土等都可种植，在瘠薄高寒山地亦可生长。根系多较庞大，分布深广，长有根瘤	四川、湖北、湖南、云南，贵州、浙江、安徽、江苏、山东、河北、山西、陕西、甘肃等省均有分布
	马棘（*Indigofera pserdotinctoria Matsum*）	90	暖季型	◎	△	△	○	◎	◎	△	×	3～6	210	60～80	80	耐瘠薄，干旱。硬质土壤上生长良好	
	枸杞（*Lycium chinense Mill*）	100～200	冷季型	◎	×	◎	×	◎	◎	×	◎	3～6	100	80	90	适应性强，喜凉爽气候，在排水良好的沙质土壤生长良好	西北地区

注：耐性表现示意：耐性好◎，耐性较好○，一般△，不佳×。

2）草本植物

草本植物是指植物体木质部不发达，茎柔软，通常的一年生草本植物于开花结果后即枯死，多年生植物绿期则更长且越冬后可在翌年春季返青。常用的护坡草本植物往往根系发达，早期生长速度快，对防止初期的土壤侵蚀效果较好，作为生态系统恢复的起点，有利于初期表土层的形成。因此常与灌木混播，成为护坡的先锋种。

根据各草种对季节性温度变化的适应性，可分为暖季型与冷季型两类。冷季型草比较耐寒，但耐热性和耐旱性较差。而暖季型草较耐热，耐旱，但不耐寒，以地下茎或匍匐茎过冬，故冬季景观效果较差，但其管理较冷季型草粗放。草本植物是护坡的重要材料，常见护坡植物特性见表8-6。

常见草本护坡植物表　　表8-6

分类	植物名（学名）	高度（cm）	气候类型	适应性								播种时间（月）	单位粒数（粒/g）	发芽率（%）	纯度（%）	特性	分布
				喜光	耐阴	耐寒	耐湿	耐贫瘠	耐旱	耐酸性	耐盐碱性						
草本植物	多年生黑麦草（*Lolium perenne L.*）	30～60	各类型	◎	△	◎	◎	△	×	○	×	3～9	460	70～90	90	黑麦喜冷凉气候。对土壤要求不严格，但以沙壤土生长良好，不耐盐碱	东北、内蒙古、华北、西北及青海、云贵高原
	苇状羊茅（*Festuca arundinacea Schreb.*）	60～80	各类型	◎	◎	◎	◎	◎	◎	◎	◎	3～9	1 300	50～80	80	除砂土和轻质土壤外，可在多种类型土壤上生长，有一定的耐盐能力，可耐pH4.7～9.5的酸碱度	分布各地
	紫羊茅（*Festuca rubra L.*）	40～70	冷季型过渡型	○	△	◎	◎	○	×	◎	△	3～9	1 400	50～80	80	根茎性中生禾草，常藉根茎进行繁衍。能适应潮湿的或干燥区湿润生境	东北、华北、华中、西南及西北各地都有分布
	早熟禾（*Poa pratensis. L*）	80～200	冷季型过渡型	◎	○	◎	◎	◎	×	△	△	3～9	4 300	50～70	85	在排水良好、土壤肥沃的湿地生长良好	
	弯叶画眉草（*Eragrostis Curvula Nees.*）	200～300	暖季型	◎	○	◎	◎	◎	◎	△	△	3～9	3 300	70～90	85	对土壤肥力要求较低，适合于各种贫瘠土壤	
	狗牙根（*Cynodon dactylon var.*）	200～500	暖季型	◎	△	△	○	△	◎	○	○	3～8	4 800	60～80	80	狗牙根要求土壤pH值为5.5～7.5，它较耐淹，但在水淹下生长很慢；耐盐性也较好	广布于我国黄河以南各省
	沙打旺（*Astragalus adsurgens Pall*）	150～170	冷季型	◎	△	◎	×	◎	◎	×	◎	4～7	600	50～70	70	灰钙土指示植物	

注：耐性表现示意：耐性好◎，耐性较好○，一般△，不佳×。

3）藤本植物

藤本植物主要应用于坚硬石质边坡或土石混合边坡的垂直绿化，是公路边坡生态防护的特殊形式。用藤本植物进行垂直绿化的优点是投资少、用地少、美化效果好，缺点是藤本植物覆盖坡面时间较长，因不能完全覆盖坡面而不适用于高边坡的植被恢复。

藤本植物的地上部分不能直立生长，常借助茎蔓、吸盘、吸附根、卷须、钩刺等攀附在其他支持物上生长,宜栽植在靠山一侧裸露岩石下不易塌方或滑坡的地段,或者坡度较缓的土石边坡。可用于公路边坡垂直绿化的藤本植物主要包括爬山虎、五叶地锦、蛇葡萄、三裂叶蛇葡菊、藤叶蛇葡萄、东北蛇葡萄、地锦、葛藤、扶芳藤、常春藤和中华常春藤等。表8-7为几种常用的护坡藤本植物。

常见藤本护坡植物表　　表8-7

分类	植物名(学名)	高度(cm)	气候类型	适应性								特性	分布
				喜光	耐荫	耐寒	耐湿	耐贫瘠	耐旱	耐酸性	耐盐碱性		
藤本植物	地锦(*Parthenocissus tricuspidata*)	800～1 800	各类型	○	◎	◎	◎	◎	◎	○	×	性喜阴湿环境,但不怕强光,耐寒,耐旱,耐贫瘠,耐修剪,怕积水,对土壤要求不严,但在阴湿、肥沃的土壤中生长最佳	东北、华北、华中、华南、西北和西南各地都有分布
	凌霄(*Campsis grandiflora*)	1 000	各类型	◎	△	×	◎	△	×	△	○	性喜阳、温暖湿润的环境,稍耐阴。喜欢排水良好土壤,较耐水湿、并有一定的耐盐碱能力。宜于疏松的沙壤土生长。播种、扦插繁殖	华中、华北一带
	鸡矢藤(*Paederia scandens*(*Lour.*)*Merr.*)	500～1 100	暖季型	◎	◎	◎	○	○	◎	○	○	生于山地路旁或岩石缝隙、田埂沟边草丛中,对土壤要求不严,瘠薄土壤亦能健壮生长	西南、华南、华中、华东和长江流域等地都有分布

注:耐性表现示意:耐性好◎,耐性较好○,一般△,不佳×。

4)花卉植物

花卉的定义包括狭义和广义两个方面。狭义上讲,花卉仅指观赏其花或叶子的草本植物。从广义上讲,凡是具有一定的观赏价值,并按照一定的技艺进行栽培管理和养护的植物,都称之为花卉。包括观花的(如月季、牡丹等),观叶的(如蕨类、吊兰等),观芽的(如银芽柳的银色绒芽),观茎的(如紫竹、斑竹、红瑞木)等,观果的(如佛手、观赏西葫芦、碧冬茄等),观根的(如水杉的气生根、木棉的板根等)。其中,既有高等植物,也有低等植物;既有水生植物,也有陆生植物、气生植物;既有匍匐矮小的,也有直立高大的;既有草本的,也有木本的,木本中有乔木,灌木和藤本等等,种类繁多。

观赏植物种类繁多,习性各异。常见的分类方法有以下几种:气候分类法,形态分类法,实用分类法。

(1)气候分类法

即依据花卉原产地的气候特征进行分类,因为原产地的气候条件基本上决定了花卉的生态习性,从而也影响花卉的栽培管理方法等。这是最常见的一种分类方法,通常分为3类。

①热带花卉。包括热带雨林和季雨林花卉、热带高原花卉和热带沙漠花卉。这类花卉因原产地的气候条件是四季高温无寒,因而其耐寒性较弱,耐热性强。

②副热带花卉。这类花卉包括4个亚类型:地中海气候花卉,如非洲菊、唐菖蒲、香豌豆等,都要求有温和的冬天和凉爽的夏天,在暑热地区入夏即出生长缓慢或停止。副热带季风气候花卉,如翠菊、山茶、杜鹃等较能适应暑热,但不耐严寒。副热带高山花卉,如报春花、龙胆、高山杜

鹃等喜凉爽的夏季,忌夏季高温高湿。高原花卉和副热带沙漠花卉,如芦荟、仙人掌等多浆植物,其突出特点是耐热耐旱,但耐寒性较差。

③暖温带花卉。这类花卉分两个亚类型:欧洲气候型花卉,如三色堇、雏菊、紫罗兰等,喜夏季凉爽、冬季温暖的气候。中国气候型花卉,如牡丹、菊花、一串红等,比较适应冬寒夏热,年温差较大的气候。冷温带花卉包括我国东北、西北高寒地区和北美气候以及中欧、北欧、东欧等地原产的花卉,如百合、黄刺玫、丁香等,这类花卉耐寒性较强,但忌高温高湿,尤其是百合等在高温高湿的气候条件下生长开花不良,极易染病。

(2)形态分类法

直接分为草本花卉和木本花卉两种类型。

①草本花卉:即从外形上看没有主茎或虽有主茎但是主茎没有木质化或仅有基部木质化的花卉,这类花卉按其生命周期的长短又分为多年生草本花卉和一二年生草本花卉两类。

②木本花卉:指植株茎木质化程度相当高的一类花卉。根据其茎干形态及其生态习性分为:乔木、灌木、竹类。

(3)实用分类法

依据用途和栽培管理方式进行分类:露地花卉、温室花卉、切花及切叶栽培花卉、干花栽培花卉。

边坡防护中常见使用的花卉植物见表8-8。

常见花卉护坡植物表　　表8-8

分类	植物名(学名)	高度(cm)	气候类型	适应性								特性	分布
				喜光	耐阴	耐寒	耐湿	耐贫瘠	耐旱	耐酸性	耐盐碱性		
花卉植物	虞美人(*Papaver rhoeas*)	40~60		◎	×	◎	△	○	○	△	△	耐寒,怕暑热,喜阳光充足的环境,喜排水良好、肥沃的沙壤土。不耐移栽,能自播	
	天人菊(*Gaillardia pulchella*)	20~60		◎	△	×	△	○	◎	○	○	原产北美,耐干旱炎热,不耐寒,喜阳光,也耐半阴,宜排水良好的疏松土壤。它耐风、抗潮、生性强韧,具耐旱特性是良好的防风定砂植物,播种繁殖	
	万寿菊(*Tagetes erecta*)	5~10		◎	○	◎	○	○	△	△	△	多年生植物,花色以金黄为基调,是亚洲很常见的花种。长势强,不耐高温酷暑,耐寒性好,对土壤要求不严,耐移栽,兼具观赏性和实用性	
	波斯菊(*Cosmos biginnatus*)	10	冷季型过渡型	◎	×	×	×	◎	○	△	△	喜光,耐贫瘠土壤,忌肥,土壤过分肥沃,忌炎热,忌积水,对夏季高温不适应,不耐寒。需疏松肥沃和排水良好的壤土。波斯菊为短日照植物,春播苗往往叶茂花少,夏播苗植株矮小、整齐、开花不断	

注:耐性表现示意:耐性好◎,耐性较好○,一般△,不佳×。

8.1.3.2 不同地貌类型区公路边坡植被配置

1)植物配置原则

边坡植物配置应以“自然天成地就势,不待人力虚假设”为造景宗旨,讲究适地适树的配置原则,取得“崇山峻岭、水态林姿、芳草古木,物有天成之趣,人有忘尘世之怀”的景观效果。

边坡植物总体遵循以下几个原则:

①突出季相变化,春天花开之时香飘四野,夏暑则玲珑绿荫,时入秋季则落央缤纷,层林尽染,而当大雪纷飞时则树枝飘逸,始有枯木寒林的画意。一年四景,景色各异,人们的心灵感受亦随之沉淀升华。

②体现色相变化,以绿色为基调,适当增加色叶树种,给人在行车途中带来愉悦的视觉享受。缤纷的色彩,蔚蓝的天空,如黛的远山,原始野性的乡村风光带来的视觉冲击是无与伦比的。

③以乡土树种为主,挖掘和利用野生植物资源。

④植物的种植以群落式为主,与大自然融为一体,形成天成地就之势,达到生态、环保、美化为一体的功能。

2)平原区植被配置

平原区主要是路提填方边坡,即需要对土质边坡进行植被防护。土质边坡绿化是通过建植边坡草地植被,草本植物成坪后将土壤表面覆盖起来,其发达的匍匐茎、根状茎和根系互相交错成网状,固着住表土层,防止土沙移动、滑落,并借助草本植物密集的茎叶抵挡雨水对坡地的冲击,起到固土护坡的作用,所以土质边坡绿化是以水土保持即保护坡面地表土壤及保护坡地环境为主要目的。

土质边坡绿化主要方式为以整体式植物防护为主,骨架格构式植物防护为辅。

(1)整体式植物防护

①铺草皮护坡。适用于坡度较平缓的坡面。该技术是将草皮基地中培育出的草坪,用起草皮机铲起后人工铺植到坡面上,使坡面迅速形成草坪的一种绿化护坡技术。

②植生带护坡。植生带是采用专用机械设备,将草种、肥料、保水剂等按照一定的密度固定在可自然降解的无纺布或其他材料上而形成的一种产品。

③液压喷播植草护坡。液压喷播植草是将草灌种子、纤维(木纤维或纸纤维)、黏合剂、保水剂、肥料、染色剂等均匀地混合于水中,然后通过专用液体喷播设备均匀地喷洒到预定植草的区域。

④三维网植草护坡。三维网是以热塑性树脂为原料,经加工形成相互缠绕、在接点上相互融合的网包层、加上底部的基础层从而形成的三维立体结构网垫。三维网的网包层和基础层之间形成的空间,可以填充泥土,如此形成的坡面,具有较强的固土蓄水的作用,有利于植被的定植。

⑤挖沟植草护坡。挖沟植草护坡是指在坡面上按一定的行距人工开挖横向沟,然后进行液力喷播绿化的一种护坡技术。如坡面土质贫瘠,可考虑在横向沟中回填改良土壤。如坡度较大,则应在挖沟后回填营养土并覆盖三维网,然后再进行喷播作业。

⑥喷混植草护坡。喷混植草护坡是一种难度较大的护坡技术,该技术对坡面进行贴挂铁丝网后用锚杆或钢钉进行固定,然后用混凝土喷射机把基质和草灌种子等按照设计厚度均匀喷射到所需绿化的坡面上。高陡土质边坡的喷混植草护坡,一般用钢钉进行铁丝网的固定。

(2)骨架格构式植物防护

一般采用浆砌石骨架植草护坡，是指用浆砌石在坡面上砌筑成框架，然后在框架内植草或植树的一种护坡技术。与整体性植物护坡方式相比，浆砌石骨架植草护坡方式使坡面更加稳固和持久，但施工成本要高。

3)丘陵区植被配置

丘陵区主要是半挖半填边坡，路堤与路堑边坡兼有，防护应采用整体植物措施与嵌入式框架防护结合，即需要进行边坡绿化。这里仅对石质边坡防护进行介绍。

石质边坡植被防护是采用工程的手段在石质坡面上固定植物生长条件，即客土，营造和覆盖草本、灌木等植被，并以这些植物作为初期植被，以促进植物演替和尽快恢复生态系统为最终目的，通过草本、灌木的建植，减轻坡面上砂岩的风化和移动，促使其他植物(包括野草)定居、附着，使坡面植被的物种多样性提高，群落演替加快，为恢复和重建荒废的生态系统创造条件。

(1)整体式植物防护

石质边坡因不具备灌溉条件，立地条件差，植被选择不当造成失败的教训不少。选择时应考虑当地土生土长的栽培草优于进口的草坪草，本地适宜绿化的野生草优于栽培草。护坡植物应适应当地的气候，能抵抗不良环境，根系发达(深根系)，生长迅速，短期内能达到一定的覆盖度，有多年生的习性，土壤固结能力强，分蘖多，茎叶茂盛，抗逆性强。

石质边坡绿化的目的主要是护坡，植物配置应遵循：一是灌草结合，这样可充分利用水、光、热条件，快速建植立体生态植被，保持坡面绿化的中长期效果，防止植被退化，延续和提高水土保持功能。二是豆科与禾本科植物配置，有利于发挥种间优势，互惠互利，以草养草(如红豆草＋其他禾草)，同时加入先锋或保护草种(如多年生黑麦草)。

(2)结构工程相结合的综合防护

与结构工程结合的植物防护主要有三维植被网护坡技术、挂网客土喷播方案和锚杆(索)＋格构与骨架植草加固坡体方案。

①三维植被网护坡技术。三维植被网的表层为一个起泡层，蓬松的网袋内有较大的容土空间，植草覆盖率高，这种三维结构保证草籽更好地与土壤结合。在边坡防护中使用三维植被网能有效地保护坡面不受风、雨、洪水的侵蚀。三维植被网的初始功能是有利于植被生长，随着植被的形成，它的主要功能是帮助草根系统增强其抵抗自然水土流失能力，具有固土性能优良，消能作用明显，网络加筋突出，保温功能良好等特点，适用于各种土质边坡和强风化石质边坡，常用坡度为1∶1.5，每级坡高≤10m的稳定边坡。

②挂网客土喷播方案。适用于石质边坡及风化石边坡，通过客土喷播机将高营养有机质喷射到岩石表面，为植物生长提供条件。客土喷播厚度一般为8～10cm，特殊坡面为12～15cm，再用普通喷播机将植物种子喷入客土表面，这样既固坡、护坡，又能绿化、美化环境。

③锚杆(索)＋格构与骨架植草加固坡体方案。通过锚杆(索)＋格构和植草皮方法对边坡进行加固防护处理，结构整体性好、强度高，对防止边坡滑移，岩块碎落效果可靠，质量容易控制对失稳区设置预应力锚索加固，加固防护的坡面范围设置截面为0.4m×0.3m的混凝土竖梁，横向为截面0.4m×0.3m钢筋混凝土横梁，格构顺坡设置。在欠稳定区则设置普通锚杆加固，加固防护的坡面范围设置截面0.3m×0.3m的混凝土竖梁，横向上为截面为0.30m×0.35m的浆砌片石横形骨架，格构顺坡设置。基本稳定区设置与欠稳定区基本相同，只是锚杆长度略短。

8.2 生态护坡工程设计指标体系

8.2.1 生态护坡因子遴选与量化分析

8.2.1.1 自然因素

1)水(环境)因子

(1)地下水

根据蕴藏地下水的位置是地层还是断裂(断层、裂隙、节理等)将地下水分别定义为地层水、裂隙水。

蕴藏地层水的部分叫做含水层。含水层根据其是否和通气层相连,又可以分为自由-无压含水层和承压含水层。自由—无压含水层所蕴藏量的地层水叫自由—无压地下水,承压含水层蕴藏的地层水叫承压地下水。

蕴藏裂隙水的部分为水脉(与蕴藏水的裂隙有关)。根据蕴藏在水脉中的地下水是否承压,又可将其划分为有压水和无压水两种。滞留于洞穴的地下水即为无压水的一个例子。

承压地下水、有压地下水的"压"字,表示具有一定水压的意思,该水压用置于此类地下水内的水压计的水位高度来度量。当水压计的水位高度大于承压地下水层的层面(隔水顶板),或含裂隙水之裂隙系统的上端时,将其叫做承压水或有压水。

地层水和裂隙水的最大区别在于,地层水在各个方向水体都呈连续态,而裂隙水则只流通于断裂系统之内,或者说只是在断裂系统范围内才呈水体连续状态。因此,沿裂隙水的水面在横向并无直接关系,这一点和承压地下水面相似。裂隙水和承压地下水的任一地下水面都是假想水面,水并不向沿该面的横向流动。这一点有异于自由地下水面(潜水面)。连接承压地下水或裂隙水之压头(压力水头)高度的面叫压力水头面,连接自由地下水水位高度(位置水头)的面叫潜水面或自由地下水面。在滑坡现场遇到的地下水,大多数为裂隙-岩隙水类型。

(2)降水

除了边坡自身因素影响,光照、气温、湿度、降水、风等气候条件都影响着边坡植物的生长发育,但是在选择边坡生态防护措施和护坡植物时主要应考虑的气候因素是降水。按照我国对干旱及湿润地区的降水标准划分,在我国半湿润地区是指干燥度在1~1.49之间的地区,降水量一般在400~800mm之间,包括东北平原大部、华北平原、黄土高原东南部以及青藏高原东南部。半干旱地区是指干燥度在1.50~3.99之间的地区,降水量一般在200~400mm,蒸发量明显超过降雨量,包括内蒙古高原的中部和东部,黄土高原和青藏高原的大部。同时,根据在边坡条件下的有效降水计算方法,半湿润和半干旱地区均可认为是半干旱条件,山东省高速公路路堑边坡就属于典型半干旱类型。

2)土(地质)因子

这里的土因子并不只指土壤,而是指边坡存在类型,以及包括岩土类型、坡位、坡度、坡向等其他立地条件。

(1)边坡类型

无论是土体还是岩体形式的边坡,都有不同的分类方式,当坡面有一定厚度表土存在时,恢复植被比较容易。但对于人工开挖出的整体结构、块状结构、层状结构、顺层等类型的岩质边坡,其坡面不具备植物生长的条件,要使坡面自然长出植被,几乎是不可能的。因此,必须采取工程措施,提供植物生长所需的条件,如客土喷播是目前国内外应用最广的方式。不同边坡类型决定了边坡植被恢复的难易程度，在高速公路路堑边坡生态防护设计中，应首先确定边坡的岩土类型，再根据边坡的其他立地条件参数进一步细化和优化方案。

（2）边坡基本要素

如前文所述，按照边坡岩性不同将边坡划分为石质边坡、土质边坡、土石边坡。土质坡体由于基质强度小，土壤里储存了一定量的养分和水分，一般情况下能满足大多数当地物种的生长需求，加上适当的人工干预，在力学性能稳定的前提下，土质坡面生态系统比较稳定。石质边坡可分为硬岩、软岩，以及程度不同的风化岩，其中软岩及风化岩可根据不同情况进行客土喷播工程，而硬质岩坡面自然生态条件恶劣，生态防护较为困难。相对而言，石质边坡的力学稳定性较好，但由于坡面上生物种类太少甚至没有，所以生态系统不稳定。土石边坡一般指石夹土或土夹石边坡，这类边坡同样比较缺少植被生长所需要的土壤和养分条件，相对于土质和石质边坡，力学稳定性更为复杂。

同时，无论是土质边坡、土石边坡，还是石质边坡，其坡面土体（岩石）强度、含水率、坡度、坡向都影响到生态防护的各项设计参数，从而综合决定边坡生态防护设计方案，表8-9是山东省高速公路典型生态防护形式调查结果。

山东省高速公路路堑边坡典型防护形式　　表8-9

边坡类型 \ 坡比	急坡 1:0～1:0.5	陡坡 1:0.5～1:0.75	较陡坡 1:0.75～1:1.0	中等坡 1:1.0～1:1.5	缓坡 1:1.5～1:2.0
土质边坡	—		液力喷播 骨架梁内植草		植生带 撒播
土石边坡	—	客土喷播	客土喷播	浆砌片石 骨架植草	植生带 覆土＋撒播
石质边坡	客土喷播＋藤蔓植物		客土喷播		简易喷播

3）生（植物）因子

半干旱区护坡植物均应具有如下特点：具有较强的抗旱抗寒能力，又有良好的抗湿抗热能力，能够充分适应当地气候及地质条件；混播生命力强的灌木弥补只用草种的弊端，灌木根系发达，能起到较好的护坡和水土保持效果，而且春夏两季开花，可美化高速公路景观。通过多种灌草种子混播，可以实现高速公路边坡全年绿色期达到半年以上，而且2～3年后还能逐步演替为以灌木为主的自然生态植被。依照上述边坡类型和植物因素，以山东省的地形、气候特点为例，选择以下植物作为山东省高速公路路堑边坡生态防护的植被：紫穗槐、马棘、刺槐、沙棘、胡枝子、沙打旺、高羊茅、黑麦草、无芒雀麦、小冠花、紫花苜蓿、冰草、野牛草、结缕草、红豆草、紫羊茅、羊草、鸡矢藤、爬山虎、五叶地锦等。

8.2.1.2　人为因素

公路边坡生态防护除了与自然因素有关，还与地形再造、植物品种选择、养护等人为因素相关。

1）设计因素

在道路施工中会形成开挖坡面，边坡高度一般几米到几十米，最高者可达百米，坡面为台阶形，这些边坡与原地形比，最大变化是坡度。公路施工破坏了原有地貌的自然平衡，工程建设形成的坡度很多都大于原坡度，一般都在1:1.5以上，砾岩路堑边坡最陡的达到了1:0.3。坡度的增加使边坡稳定性下降，特别是较陡的路堑边坡，遭遇暴雨时极易产生崩塌、滑塌、滑坡等，危害严重。公路路基填筑形成路堤边坡，一般坡度比挖方形成的路堑边坡缓。路堤是土、石在原地面填筑而成的路基，如果没有采取工程或植物措施防护，遇到降雨很容易遭到冲刷，影响主体路基安全。

2）施工因素

施工是边坡生态防护重要影响因素之一。

对于不同立地条件，配方中的植物品种、种子用量、肥料、保水剂种类的选择都是决定高速公路路堑边坡生态防护工程成功的关键。例如济莱高速石质路堑边坡的喷播基质就应选择适合于当地生长，具有抗旱性、抗寒性、耐瘠薄、耐高温等特性的植物，并且针对其半干旱区特点选择高倍短期速放及高倍长期缓放两种保水剂，同时保障近期和长期的植物需水。

3）养护管理

养护管理是生态护坡工程的重要环节之一。生态护坡工程施工完毕后如果放任不管，将可能导致两方面的后果，一是植被衰退、坡面崩塌甚至出现裸地；二是具有强大繁殖能力的大型杂草乘机侵入，特别是石质边坡植被护坡工程，引种植物易发生枯萎、退化，不易形成目标植物群落，而且，一旦形成裸地，将加速坡面侵蚀。因此，为了营造目标植物群落和发挥其功能，必须对植被护坡工程根据目标植物群落的要求进行必要的养护管理，如浇水、追肥、病害防治、虫害防治、杂草防治等。

8.2.2 典型生态护坡设计指标体系

生态护坡总体设计包括诸多方面，需要进行防护的边坡形态各异，地质情况不尽相同。本书主要根据山东省气候条件及边坡岩性、坡率等条件的不同进行分类。

依据边坡立地条件的不同，将山东省路堑边坡生态防护影响因素进行分类（图 8-2）。山东省各地年平均气温在 10～15°之间，在此只考虑一种情况 T_2；山东省多年平均降水量为 675mm，在此只考虑 P_1 情况；坡率分别为急坡、陡坡、较陡、较缓坡、缓坡 5 种；边坡类型共 4 种，分别为土质边坡、土石边坡、石质边坡（软岩）和石质边坡（硬岩）；坡率及边坡类型的组合后可进行生态防护的边坡类型共 12 种（表 8-10）；植被类型分别为草本型、草灌型和灌木型 3 种。

山东省高速公路路堑边坡类型　　表 8-10

边坡类型 \ 坡率	A_1	A_2	A_3	A_4	A_5
S_1	–	–	+	+	+
S_2	–	+	+	+	+
S_{3-1}	+	+	+	+	+
S_{3-2}	–*	–*	–	–	–

注：“+”表示山东省可能存在的边坡类型；
“–”表示山东省不存在或不适宜进行生态防护的边坡类型；
“*”已于 2010 年引入国外最新技术，并实施高陡硬质石质生态护坡试验工程，在此暂不计入指标体系，8.3.5 将对此作详细介绍。

根据上述划分方法，山东省边坡防护模式为各因素的排列组合，即：

$$M = N_T \times N_P \times N_{AS} \times N_G = 1 \times 1 \times 12 \times 3 = 36 \tag{8-1}$$

式中：M——山东省边坡防护模式总数；

N_T——气温因素的个数；

N_P——降雨因素的个数；

N_{AS}——坡率及边坡类型组合的个数；

N_G——防护类型因素的个数。

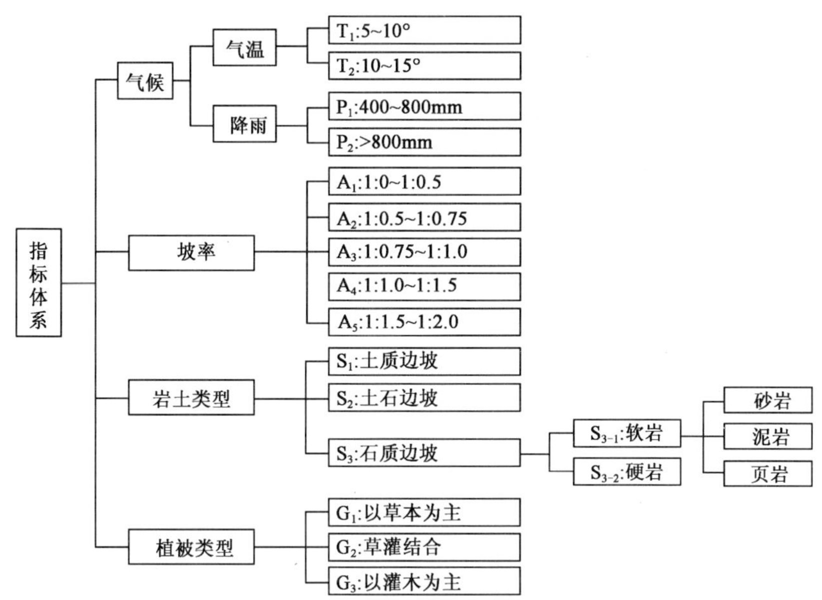

图 8-2　边坡生态防护影响因素分类

软岩：指强度低、孔隙度大、胶结程度差、受构造面切割及风化影响显著或含有大量膨胀性黏土矿物的松、散、软、弱岩层，多为泥岩、页岩、粉砂岩和泥质砂岩等单轴抗压强度小于25MPa的岩石。

硬岩：指强度大、孔隙度小，一般不含夹层，坡面多为整体或平板结构，单轴抗压强度大于25MPa的岩石。

最终可以得出，适合山东省边坡防护的模式共36种，详见表8-11。

边坡生态防护类型及模式汇总　　表8-11

编号	边坡生态防护类型	防护模式
N_1	半干旱较陡坡贫瘠土质草丛坡	$T_2P_1A_3S_1G_1$
N_2	半干旱较陡坡贫瘠土质草灌边坡	$T_2P_1A_3S_1G_2$
N_3	半干旱较陡坡贫瘠土质灌丛坡	$T_2P_1A_3S_1G_3$
N_4	半干旱较缓坡贫瘠土质草丛坡	$T_2P_1A_4S_1G_1$
N_5	半干旱较缓坡贫瘠土质草灌边坡	$T_2P_1A_4S_1G_2$
N_6	半干旱较缓坡贫瘠土质灌丛坡	$T_2P_1A_4S_1G_3$
N_7	半干旱缓坡贫瘠土质草丛坡	$T_2P_1A_5S_1G_1$
N_8	半干旱缓坡贫瘠土质草灌边坡	$T_2P_1A_5S_1G_2$
N_9	半干旱缓坡贫瘠土质灌丛坡	$T_2P_1A_5S_1G_3$
N_{10}	半干旱陡坡土石草丛坡	$T_2P_1A_2S_2G_1$
N_{11}	半干旱陡坡土石草灌边坡	$T_2P_1A_2S_2G_2$
N_{12}	半干旱陡坡土石灌丛坡	$T_2P_1A_2S_2G_3$
N_{13}	半干旱较陡坡土石草丛坡	$T_2P_1A_3S_2G_1$
N_{14}	半干旱较陡坡土石草灌边坡	$T_2P_1A_3S_2G_2$
N_{15}	半干旱较陡坡土石灌丛坡	$T_2P_1A_3S_2G_3$
N_{16}	半干旱较缓坡土石草丛坡	$T_2P_1A_4S_2G_1$

续上表

编号	边坡生态防护类型	防护模式
N_{17}	半干旱较缓坡土石草灌边坡	$T_2P_1A_4S_2G_2$
N_{18}	半干旱较缓坡土石灌丛坡	$T_2P_1A_4S_2G_3$
N_{19}	半干旱缓坡土石草丛坡	$T_2P_1A_5S_2G_1$
N_{20}	半干旱缓坡土石草灌边坡	$T_2P_1A_5S_2G_2$
N_{21}	半干旱缓坡土石灌丛坡	$T_2P_1A_5S_2G_3$
N_{22}	半干旱急坡软岩草丛坡	$T_2P_1A_1S_{3-1}G_1$
N_{23}	半干旱急坡软岩草灌边坡	$T_2P_1A_1S_{3-1}G_2$
N_{24}	半干旱急坡软岩灌丛坡	$T_2P_1A_1S_{3-1}G_3$
N_{25}	半干旱陡坡软岩草丛坡	$T_2P_1A_2S_{3-1}G_1$
N_{26}	半干旱陡坡软岩草灌边坡	$T_2P_1A_2S_{3-1}G_2$
N_{27}	半干旱陡坡软岩灌丛坡	$T_2P_1A_2S_{3-1}G_3$
N_{28}	半干旱较陡坡软岩草丛坡	$T_2P_1A_3S_{3-1}G_1$
N_{29}	半干旱较陡坡软岩草灌边坡	$T_2P_1A_3S_{3-1}G_2$
N_{30}	半干旱较陡坡软岩灌丛坡	$T_2P_1A_3S_{3-1}G_3$
N_{31}	半干旱较缓坡软岩草丛坡	$T_2P_1A_4S_{3-1}G_1$
N_{32}	半干旱较缓坡软岩草灌边坡	$T_2P_1A_4S_{3-1}G_2$
N_{33}	半干旱较缓坡软岩灌丛坡	$T_2P_1A_4S_{3-1}G_3$
N_{34}	半干旱缓坡软岩草丛坡	$T_2P_1A_5S_{3-1}G_1$
N_{35}	半干旱缓坡软岩草灌边坡	$T_2P_1A_5S_{3-1}G_2$
N_{36}	半干旱缓坡软岩灌丛坡	$T_2P_1A_5S_{3-1}G_3$

各种模式应用的护坡方法及植物配比(其中种子、肥料等均为每 $1m^2$ 用量),例如:

N_1 半干旱较陡坡贫瘠土质草丛坡

护坡方法:液力喷播或客土喷播。

①液力喷播

草种:15 ~ 20g;

纸浆:110 ~ 130g;

植物配置:高羊茅、紫花苜蓿、沙打旺、草木樨、结缕草等。

②客土喷播

种子:25 ~ 35g;

草种:灌木种 1:1.0 ~ 1.5;

保水剂:20 ~ 30g;

复合肥:60 ~ 90g;

植物配置:沙打旺、高羊茅、紫花苜蓿、草木樨、二月兰等。

N_{10} 半干旱陡坡土石草丛坡

护坡方法:客土喷播;

种子:35 ~ 45g;

草种:灌木种 1:1.0 ~ 1.5;

保水剂:25～35g;

复合肥:60～90g;

植物配置:紫穗槐、草木樨、沙打旺、高羊茅、紫花苜蓿等。

N_{20}半干旱缓坡土石草灌边坡

护坡方法:植生带、撒播。

①植生带

种子:20～30g;

草种:灌木种1∶1.0～1.5;

保水剂:20～30g;

肥料:3～6kg/m^3;

植物配置:马棘、紫穗槐、沙打旺、胡枝子、刺槐、高羊茅、黑麦草、紫花苜蓿等。

②覆土+撒播

种子:10～20g;

草种:灌木种1∶1.0～1.3,如需栽植灌木,灌木行距1m左右;

植物配置:紫穗槐、沙打旺、高羊茅、黑麦草、紫花苜蓿、红豆草、结缕草、紫羊茅等。

N_{30}半干旱较陡坡石质灌丛坡

护坡方法:客土喷播

种子:30～35g;

草种:灌木种1∶1.5～2.0;

保水剂:25～40g;

复合肥:60～90g;

速效肥料:4～8kg/m^3;

植物配置:马棘、刺槐、紫穗槐、沙打旺、高羊茅、黑麦草、小冠花、紫花苜蓿、五叶地锦等。

N_{36}半干旱缓坡软岩灌丛坡

护坡方法:植生带绿化。

种子:30～40g;

草种:灌木种1∶1.0～1.5;

黏合剂:3～6g;

保水剂:20～30g;

复合肥:60～90g;

植物配置:马棘、紫穗槐、刺槐、沙打旺、胡枝子、荆条、高羊茅、紫花苜蓿等。

8.3 生态护坡工程规划设计实例

8.3.1 风化花岗岩边坡客土喷播工程

1)基质配方

2007年3月对济莱高速第四合同试验段(K18+075～K18+375(右侧)等区域)岩石裸露区实施客土喷播和水保型植生带防护。试验区概况见表8-12。根据该试验段的降雨量、温度、立地条件等选择半干旱急坡花岗岩草灌边坡模式($T_2P_1A_1S_{3-1}G_2$),配方如下:

护坡方法:客土喷播。

种子:30～40g;

草种:灌木种 1∶1.0～1.5;

黏合剂:5～10g;

保水剂:30～50g;

复合肥:60～90g;

植物配置:紫花苜蓿、沙打旺、高羊茅、多年生黑麦草、紫穗槐、刺槐、马棘、五叶地锦等。

花岗岩路堑边坡基本参数 表 8-12

参数因子	K18+075～K18+375(右侧)	参数因子	K18+075～K18+375(右侧)
高度(m)	21～33	朝向	阴坡
坡度(°)	60	边坡岩性	花岗岩
降雨量(mm)	675		

2)效果分析

2007 年 5 月至 2008 年初对该生态护坡试验段植被生长状况进行观测,结果表明,喷播实施后三天左右植物开始出苗,两个月左右植被即覆盖坡面,刺槐、紫穗槐、苜蓿、沙打旺、高羊茅等灌草植物长势较好。2007 年 10 月 30 日通过验收植被覆盖度高达 93.82%。虽然目前灌木植物数量略少,但生长良好,植物群落结构比较理想。部分试验段因 2007 年济南"7.18"洪水造成大面积损毁(图 8-3),补喷后植被恢复较好(图 8-4、图 8-5)。

图 8-3 洪水损毁情况

图 8-4 补喷

图 8-5 补喷后植被生长情况

通过"7.18"洪水可以看出高陡硬质花岗岩石路堑边坡客土喷播后遇大雨、暴雨易发生垮塌。因此,客土喷播施工前应对此类高陡边坡应进行削坡、分级,并作好坡面排水沟等措施,结合柔性防护网尽可能地保证坡体和坡面土层稳定。

8.3.2 花岗岩边坡柔性防护网基础上植被再造工程

1)基质配方

2007 年 4 月对济莱高速第七合同试验段(K49 +860 ~ K50 +240(右侧)、K49 +860 ~ K49 +940(左侧)等区域)在已有柔性防护网的基础上实施客土喷播防护。试验区参数见表 8-13。

花岗岩路堑边坡参数 表 8-13

参数因子	K49 +860 ~ K50 +240(右侧)	K49 +860 ~ K49 +940(左侧)
高度(m)	40	18
坡度(°)	55 ~ 75	50 ~ 70
降雨量(mm)	675	675
坡向	阴坡	阳坡
边坡岩性	花岗岩	花岗岩

根据该试验段的降雨量、温度、立地条件等选择半干旱陡坡软岩草灌边坡模式,即半干旱陡坡花岗岩草灌边坡($T_2P_1A_2S_{3-1}G_2$),配方如下:

护坡方法:客土喷播。

种子:30 ~ 40g;

草种:灌木种 1∶1.0 ~ 1.5;

黏合剂:3 ~ 6g;

保水剂:30 ~ 45g;

复合肥:60 ~ 90g;

植物配置:紫花苜蓿、沙打旺、高羊茅、黑麦草、刺槐、马棘、胡枝子、荆条、五叶地锦等。

2)效果分析

通过 2009 年 5 月第七合同路段的调查数据可知,客土喷播生态护坡工程后的边坡植物种类迅速上升,共出现22种植物(表8-14),隶属于10科、22属。其中,木本植物除当地次生荆条外,主要分布有刺槐、马棘、沙棘、紫穗槐五种低灌木和亚乔木植物,其中以紫穗槐、马棘和刺槐长势最好,其次为草本植物,紫花苜蓿等豆科植物约占所有草本植物达80%以上。

植物种类调查名目(2009年5月) 表8-14

扁穗莎草 *compressus Linn.*	马棘 *pseudotinctoria Mats.*
多年生黑麦草 *LoliumperenneL.*	牵牛 *nil (Linn.) Choisy*
狗尾草 *viridis (Linn.) Beauv.*	结缕草 *japonica Steud.*
鸡矢藤 *scandens (Lour.) Merr.*	紫花苜蓿 *sativa Linn.*
葎草 *Humulus scandens (Lour.) Merr.*	球穗苔草 *globularis Linn.*
地锦 *humifusa Willd.*	马唐 *sanguinalis (Linn.) Scop.*
沙打旺 *Astragalus adsurgens Pall.*	黄花蒿 *annua Linn.*
野古草 *anomala Stend.*	荆条 *var. heterophylla (Franch.) Rehd.*
紫穗槐 *fruticosa Linn.*	胡枝子 *bicolor Turcz.*
刺槐 *Robinia pseudoacacia L.*	竹节草 *aciculatus (Retz.) Trin.*
高羊茅 *elata Keng.*	沙棘 *rhamnoides Linn.*

至2009年8月的样方调查,该路段路堑边坡平均草本植被高度为10~15cm,灌木平均高度为20~30cm,刺槐乔木高度达到50~100cm以上,总体植被盖度大于95%(图8-6)。

图8-6 柔性防护网基础上植被再造恢复效果(2009年8月)

8.3.3 石灰岩路堑边坡客土喷播工程

1)基质配方

2007年12月对济莱高速第四合同试验段(K26+500~K26+850(左侧),K26+460~K26+880(右侧)等区域)在已有柔性防护网的基础上实施客土喷播,试验区参数见表8-15。

高陡石灰岩路堑边坡参数 表8-15

参数因子	K26+500~K26+850(左侧)	K26+460~K26+880(右侧)
高度(m)	15	18
坡度(°)	40~50	40~50
降雨量(mm)	675	675
坡向	阳坡	阴坡
边坡岩性	石灰岩、砂岩	石灰岩、砂岩

根据该试验段的降雨量、温度、立地条件等选择半干旱较陡坡石灰岩草灌边坡模式，即半干旱较陡坡软岩草灌边坡($T_2P_1A_3S_{3-1}G_2$)，配方如下：

护坡方法：客土喷播。

种子：30～40g；

草种：灌木种1∶1.0～1.5；

黏合剂：3～6g；

保水剂：25～40g；

复合肥：60～90g；

植物配置：紫花苜蓿、沙打旺、高羊茅、草木樨、紫穗槐、马棘等。

2)效果分析

至2009年8月的样方调查，该路段路堑边坡平均草本植被高度为10～15cm，灌木平均高度为20～30cm，总体植被盖度大于98%。软岩路堑边坡植被恢复情况如图8-7所示。

图8-7　软岩路堑边坡植被恢复情况

8.3.4　土石混合路堑边坡客土喷播工程

1)基质配方

2007年12月对济莱高速第九合同试验段(K70+975～K71+250(左侧)，K71+060～K71+240(右侧)等区域)在已有柔性防护网的基础上实施客土喷播，试验区参数见表8-16。

土石混合路堑边坡参数　　表8-16

参数因子	K70+975～K71+250(左侧)	K71+060～K71+240(右侧)
高度(m)	10	8
坡度(°)	50～65	40
降雨量(mm)	675	675
坡向	阳坡	阴坡
边坡类型	土夹石	土夹石

根据该试验段的降雨量、温度、立地条件等选择半干旱较陡坡土石草灌边坡模式，即半干旱较陡坡土石草灌边坡($T_2P_1A_3S_2G_2$)，配方如下：

护坡方法：客土喷播。

种子：30～40g；

草种：灌木种1∶1.0～1.5；

黏合剂:3～6g;

保水剂:20～40g;

复合肥:60～90g;

植物配置:草木樨、沙打旺、高羊茅、紫花苜蓿、紫穗槐、沙棘、刺槐等。

2)效果分析

至2009年8月的样方调查,该路段路堑边坡平均草本植被高度为10cm,灌木平均高度为30～50cm,部分沙棘苗已高达2m,总体植被盖度大于93%。土石混合路堑边坡植被恢复效果如图8-8所示。

图8-8 土石混合路堑边坡植被恢复效果

8.3.5 高陡石质路堑边坡综合防护工程

8.3.5.1 高陡硬质碎岩路堑边坡客土喷播工程

1)工程概况及立地条件

2010年6月对济莱高速第四合同试验段(K17+700～K18+015左侧)高陡硬质石灰岩路堑边坡实施挂立体钢筋网后进行厚层客土喷播。该试验段参数见表8-17。

高陡石灰岩路堑边坡参数 表8-17

参数因子	K17+700～K18+015(左侧)	参数因子	K17+700～K18+015(左侧)
高度(m)	15～20	坡向	阳坡
坡度(°)	70～80	边坡岩性	石灰岩、砂岩
降雨量(mm)	675		

2)基本构造

该植物护坡构造主要由锚杆、立体钢丝网及客土基材混合物等三大部分组成,其基本构造如图8-9所示。

(1)锚杆

采用16mm螺纹钢,长度一般为60～100cm,以固定立体钢丝防护网为原则,其作用在于将立体钢丝防护网固定于坡面上,适用于稳定的边坡。

(2)立体钢丝网

采用网丝直径3.2mm、孔径40mm×60mm、高度30～40mm的镀锌钢丝网(热镀),其作用在于防止坡面碎石滑落,并为喷射客土基材和植物生长提供稳定的基础。与普通菱形镀锌铁丝网相比,该钢丝网具备更强大的固定表土,防止水土流失的作用(图8-10、图8-11)。

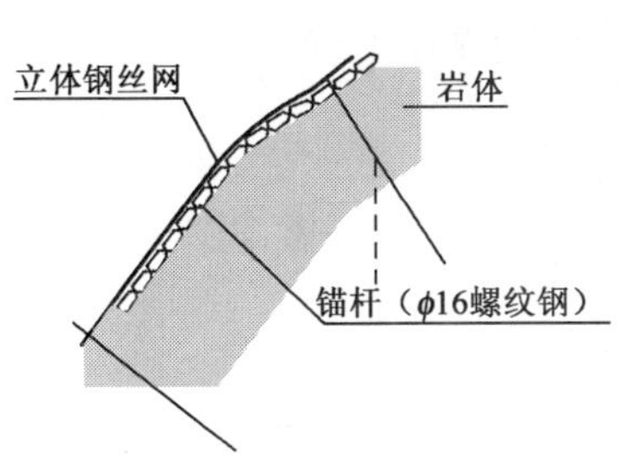

图 8-9　锚固系统侧面图

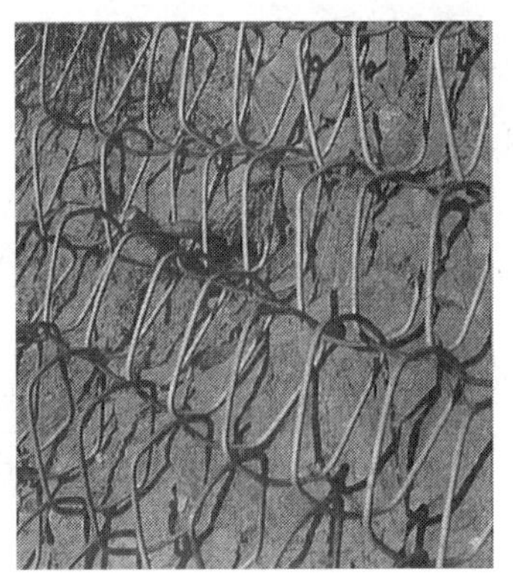

图 8-10　立体钢丝网实景图

(3)客土基材混合物

由有机腐殖土、复合肥、种植土、特殊绿化添加剂等客土基材与植物种子按照一定比例混合而成。其中绿化添加剂是客土喷播绿化护坡技术的核心,除综合了多种保水、长效养分的功能外,更添加了稳固土体和加速岩面风化,从而进一步加速硬质路堑边坡生态恢复的进程并保证恢复效果的长期稳定。其构造如图 8-12 所示。

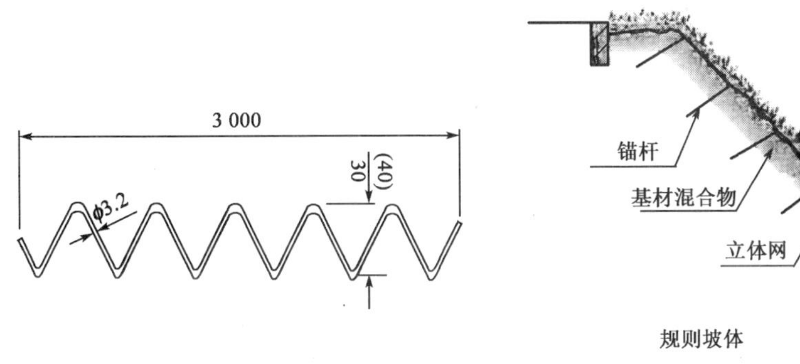

图 8-11　立体钢丝网尺寸图(尺寸单位:mm)

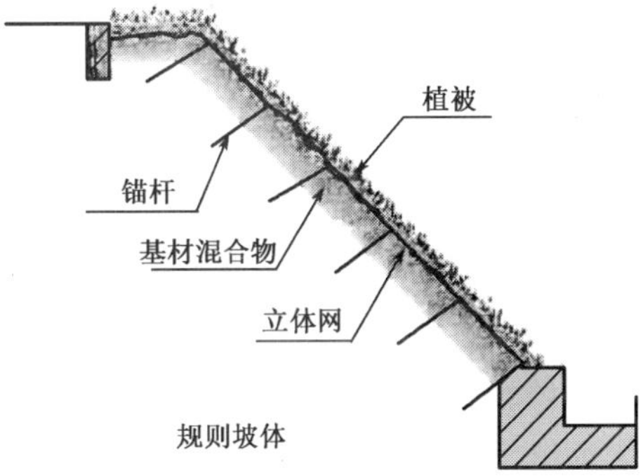

图 8-12　立体网客土喷播基本构造图

3)施工顺序

立体钢丝网 + 客土喷播绿化护坡工程施工顺序如图 8-13 所示。

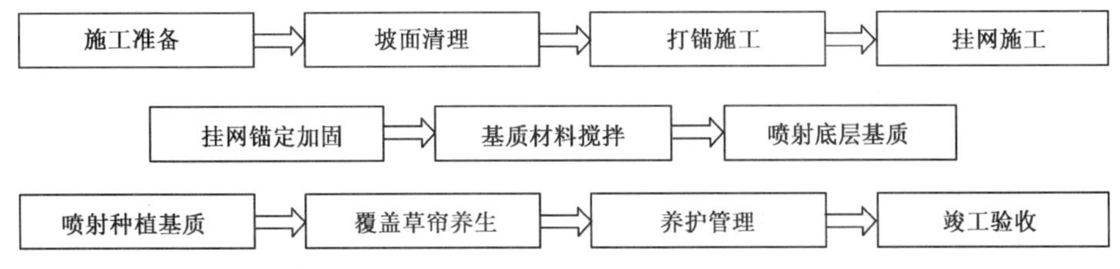

图 8-13　立体钢丝网 + 客土喷播绿化护坡工程施工顺序

4)效果分析

至 2010 年 9 月的样方调查,该路段路堑边坡生态恢复试验工程仅一个月时间内,平均草本植被高度为 5 ~ 15cm,灌木平均高度为 5 ~ 13cm,总体植被盖度达到 95% 以上,生态恢复效果极为明显(图 8-14)。

图 8-14 K17 +700 ~ K18 +015 路堑边坡植被恢复情况

8.3.5.2 高陡硬质板岩路堑边坡客土喷播工程

1)工程概况及立地条件

2010 年 7 月对济莱高速第四合同试验段(K18 +015 ~ K18 +035 左侧)高陡硬质石灰岩路堑边坡实施岩体凿穴后,栽植藤灌植物。该试验段参数见表 8-18。

高陡石灰岩路堑边坡参数 表 8-18

参 数 因 子	K18 +015 ~ K18 +035(左侧)	参 数 因 子	K18 +015 ~ K18 +035(左侧)
高度(m)	15 ~ 20	坡向	阳坡
坡度(°)	70 ~ 80	边坡岩性	石灰岩、砂岩
降雨量(mm)	675		

2)基本构造

该植物护坡构造主要由通过岩体凿穴后在硬质路堑边坡坡体上创造植物的生存空间,通过填充优质的植物生长基材,注水沉降后,进行人工栽植藤灌植物,其基本构造如图 8-15 和图8-16 所示。

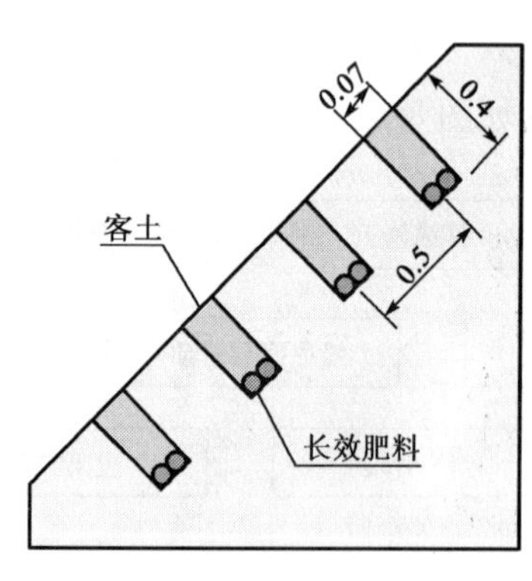

图 8-15 岩石凿穴正面图(尺寸单位:m)

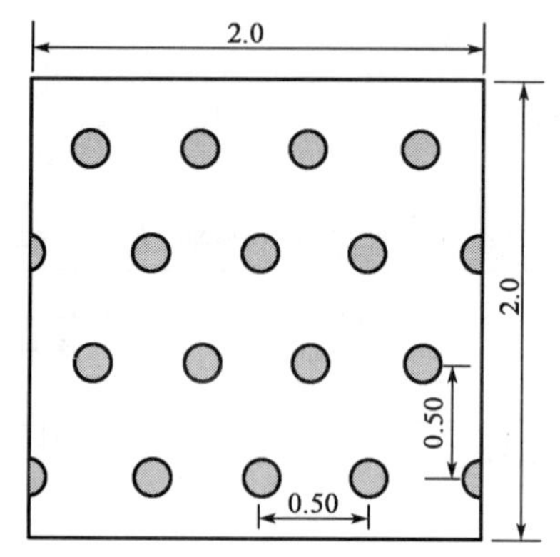

图 8-16 岩石凿穴侧面图(尺寸单位:m)

(1)穴孔

采用 φ7mm 的风钻钻头,以横纵间距 30 ~ 60cm 在路堑边坡岩体上进行凿穴打孔,深度不低于 40cm,凿孔方法尽量保证垂直于坡面,必要时可略偏于竖直方向,以利于后续的土料填充和植物栽植。

(2)填充基材

填充基材由有机腐殖土、复合肥、种植土、特殊植苗剂等客土基材与植物种子按照一定比例混合而成。土、肥、植苗剂应分层填充,填充过程中可适应灌浇水分促其沉降,同时可保证基材的水分含量以充分满足植物栽植后的生长需求。植苗剂是本技术的核心,其保水性能至为重要,具有2~3年重复吸水释水的功效。

(3)栽植苗木

苗木选择在本试验工程中非常重要,植物本身应具备极强的越冬性,多年生,同时应能控制植株高度在1m以内,以藤灌植物配以少量花卉植物为宜。除需要有较强的抗旱性、耐贫瘠能力外,还应具有较好的易栽植性和较高的成活率,易生根等特性。

3)施工顺序

岩面凿穴+栽植灌藤植物绿化护坡工程施工顺序如图8-17所示。

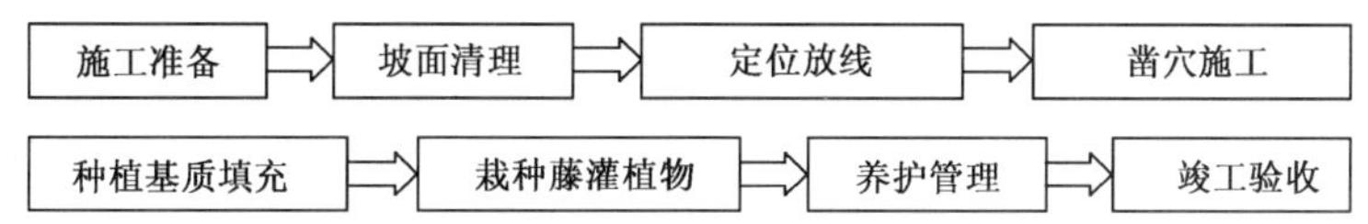

图8-17 岩面凿穴+栽植灌藤植物绿化护坡工程施工顺序

4)效果分析

于2010年9月的样方调查,该路段路堑边坡生态恢复试验工程仅在一个月时间内,所有穴孔范围内存有成活植物,目前成功率达到100%,生态恢复达到初步效果(图8-18)。

图8-18 K18+015~K18+035路堑边坡植被恢复情况

8.3.5.3 极陡石质路堑边坡穴植绿化工程

1)工程概况及立地条件

2010年7月对济莱高速第四合同试验段(K18+035~K18+055左侧)高陡硬质石灰岩路堑边坡实施岩体凿穴后挂立体钢丝网,并进行厚层客土喷播。高陡石灰岩路堑边坡参数见表8-19。

高陡石灰岩路堑边坡参数 表 8-19

参数因子	K18 +035 ~ K18 +055(左侧)	参数因子	K18 +035 ~ K18 +055(左侧)
高度(m)	15 ~ 20	坡向	阳坡
坡度(°)	70 ~ 80	边坡岩性	石灰岩、砂岩
降雨量(mm)	675		

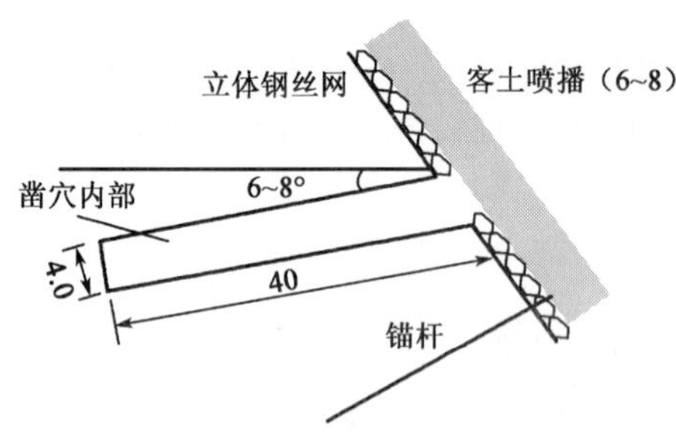

图 8-19 岩面凿穴 + 立体钢丝网 + 客土喷播系统侧面图(尺寸单位:cm)

2)基本构造

该植物护坡构造主要由钻凿洞穴、锚杆、立体钢丝网及客土基材混合物等四大部分组成(图 8-19)。其中,锚杆、立体钢丝网、基质配比、种子配比与 8.3.5.1 方案基本相同,不同之处在于增加了坡面凿穴操作,从而增强了植物在低风化石质边坡上的立地条件,为藤灌植物在坡面上定植、生长创造更加适宜的条件。

岩面凿穴规格:直径约 4cm,深度 40cm,密度 6 孔/m^2。孔间距竖向 50cm,横向 33.3cm。

3)施工顺序

岩面凿穴 + 立体钢丝网 + 客土喷播绿化护坡工程主要分布 K18 +035 ~ K18 +055 左侧区域,施工面积约 460m^2,施工顺序如图 8-20 所示。

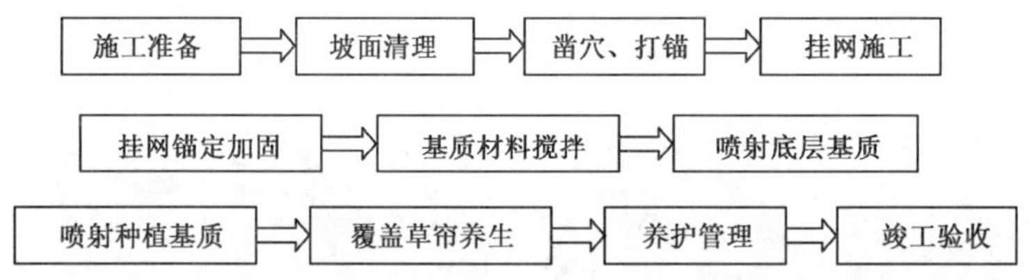

图 8-20 岩面凿穴 + 立体钢丝网 + 客土喷播绿化护坡工程施工顺序

4)效果分析

根据 2010 年 9 月的样方调查,该路段路堑边坡生态恢复试验工程仅一个月时间内,平均草本植被高度为6 ~ 20cm,灌木平均高度为 8 ~ 15cm,总体植被盖度达到 98% 以上,生态恢复效果极为明显(图 8-21)。

图 8-21 K18 +035 ~ K18 +055 路堑边坡植被恢复情况

第9章　生态护坡技术应用及效益评估

生态植被护坡技术不仅降低路基工程中边坡防护的造价成本，还可以创造出减少碳排放、涵养水源、保持肥力、制造氧气、净化环境等明显的生态效益。本章以济莱高速公路路堑边坡实生态护坡技术应用实例为主要内容，介绍半干旱区生态护坡工程的养护管理方法和植被恢复差别标准，并讨论计算半干旱区高速公路生态护坡工程的生态、社会和经济效益。

9.1　生态护坡技术的应用

山东高速公路股份有限公司应用多样性植物种子优化配置技术、多层次保水涵水技术和长效绿化基质配方技术三项关键技术，于2009年6月20日至2010年7月26日在济南—莱芜高速公路(K0+997.987~K76+468.683)沿线70余个路堑石质边坡推广实施包括挂网客土绿化施工技术、柔性防护网基础上植被再造施工技术，并在K17~K18高陡石质路堑边坡实施了立体网客土喷播绿化防护，共计完成边坡生态防护工程面积16余万平方米，取得良好的生态护坡效果。

9.1.1　施工前调查

1)边坡勘测

根据济莱高速路堑边坡的特点，在边坡勘查工作中对可进行生态防护的边坡进行详细参数测量，包括坡位、坡度、坡长、坡面面积等。

坡位(P):指边坡的具体位置。实际是以边坡所对应的路桩号为标准，将由济南至莱芜方向确定为正方向，右侧边坡标记为RK，左侧边坡标记为LK。

坡形(V):指边坡坡面的存在形状。通常将立面形状确定为近似三角形、近似梯形或近似矩形三种，坡面起伏确定为平板形、上凸形和下凹形三种。

坡级(G):指边坡的分级数目。工程中通常以垂直高度10~20m为一级，上下两级之间作平台处理，即能方便施工，也能起稳定边坡的作用。

坡度(α):通常把坡面的铅直高度和水平宽度的比值叫做坡度(或坡比)，工程中常以比值表示。实际以边坡坡面与水平面的夹角，即坡面的倾斜角度作为记录值，单位为度(°)。

坡长(L):指边坡沿公路方向的最大长度，通常为边坡坡脚的长度，单位为米(m)。

坡面面积(S):指边坡倾斜坡面的几何面积，单位为平方米(m^2)。实际是以边坡的坡形，并测定坡长(L)、坡面垂直高度(H)和坡度(α)计算得出，取值范围为$\left[\frac{1}{2}\times L\times H\times \csc\alpha, L\times H\times \csc\alpha\right]$。

2)边坡类型划分

根据济莱高速的上边坡的具体特点，在边坡勘查工作中对可进行生态防护的边坡进行详细边坡类型划分，划分标准包括岩土类型、坡面倾斜程度两种类型。

岩土类型：根据上边坡的岩土性质，其开挖后形成的裸露坡面可分为三种类型，即石质边坡、土石混合边坡和土质边坡。其中，石质包括板块状、分层状和碎石状三种类型，土石混合边坡包括堆积紧实和堆积松散两种类型，土质边坡根据含土量和土层厚度分为多土边坡和少土边坡。

坡面倾斜程度：根据边坡坡率的不同情况划分为五种类型，即急坡（1∶0～1∶0.5）、陡坡（1∶0.5～1∶0.75）、较陡坡（1∶0.75～1∶1.0）、中等坡（1∶1.0～1∶1.5）、缓坡（1∶1.5～1∶2.0）。为方便起见，将五种类型换算为坡面的倾斜角度，近似结果为：急坡（>65°）、陡坡（55°～65°）、较陡坡（45°～55°）、中等坡（35°～45°）、缓坡（<35°）。

3）施工难度推定

根据边坡的岩土类型和坡面倾斜程度等，将边坡生态防护施工困难程度划分为三级，即一般（Ⅰ）、较大（Ⅱ）、很大（Ⅲ）。具体划分标准见表9-1。

施工难度划分标准表　　表9-1

坡　度	急　坡	陡　坡	较陡坡	中等坡	缓　坡
	>65°	55°～65°	45°～55°	35°～45°	<35°
石质	Ⅲ	Ⅱ	Ⅱ	Ⅰ	Ⅰ
土石混合	Ⅲ	Ⅲ	Ⅱ	Ⅰ	Ⅰ
土质	Ⅲ	Ⅲ	Ⅱ	Ⅱ	Ⅰ

9.1.2　典型边坡应用案例

1）RK17+800～RK18+100

桩号为RK17+800～RK18+100裸露灰岩边坡区域，地处低山丘陵区，地形起伏大，山间沟谷、冲沟、河谷阶地密布。该路段位于玉龙屯东1km处，地貌为丘陵，地形总体趋势是中间鞍部高，两侧沟谷低。由山体鞍部向东西两侧倾斜，地面标高一般在297.50～318.30m，高差20.50m。该试验段地处石灰岩分布区，植被稀疏，山体纵向自然边坡坡度西侧为4°，东侧为8°，横向自然边坡坡度西段9°左右，东段13°～10°左右，出露地层是奥陶系灰岩（图9-1）。

图9-1　RK17+800～RK18+100路堑边坡原貌

该路堑边坡施工内容包括坡面清理、打锚、挂普通钢筋网、基质客土喷射、生态防护物料喷播机械施工、1年养护等全套施工工序。

2) RK48 +000 ~ RK48 +100、LK47 +965 ~ LK48 +080

桩号为 RK48 +000 ~ RK48 +100、LK47 +965 ~ LK48 +080 等布设花岗岩防护网边坡区域，路线所经区域地貌以丘陵为主山涧沟谷及冲沟发育，丘陵呈浑圆形，地形总体上呈东北高西南低，高程一般在 210 ~ 330m，由东北向西南倾斜。岩性为早元古代傲徕山期花岗岩。该试验段位于花峪村 1.1km 处，地貌为丘陵，地形呈丘陵状起伏，其上冲沟及树枝状沟谷发育。沟谷呈东北西南向展布，以"V"字形谷为主，地形总的趋势西南高，东北低，深挖方段地面高程在 293.15 ~ 304.15m，高差 11.00m。该试验段地处花岗岩分布区，地表岩石裸露，植被稀疏。山体纵向自然坡度南北两侧均为 2° ~ 11°，横向自然坡度 7° ~ 15°，地表风化强烈，多位强风化，局部为全风化（图 9-2、图 9-3）。

图 9-2　RK48 +000 ~ RK48 +100 路堑边坡原貌

图 9-3　LK47 +965 ~ LK48 +080 路堑边坡原貌

该路堑边坡施工前除需进行坡面清理外，由于已经挂主动防护网就不再进行打锚和挂钢丝网等，直接进行基质客土喷射、生态防护物料喷播机械施工，1 年养护等全套施工工序。

9.1.3　实施过程

1) 客土喷播（挂普通钢筋网）

适用于坡比缓于 1 : 0.75 且施工前未挂柔性防护网的边坡。其施工工艺如图 9-4 所示。

(1) 清坡及加糙处理

①清坡。清坡的主要任务是清除边坡上的浮石、浮根等。

边坡特别凸的地方需用榔头进行修理，特别凹的地方需用石块或土袋填补，陡急的凹陷处则需用水泥砂浆将石块黏结砌平。把凹凸不平的地方大致整平，使其有利于喷射基质和坡面的自然结合,并使种植基材厚薄均匀。对于松散的岩石用水泥砂浆抹缝黏结。

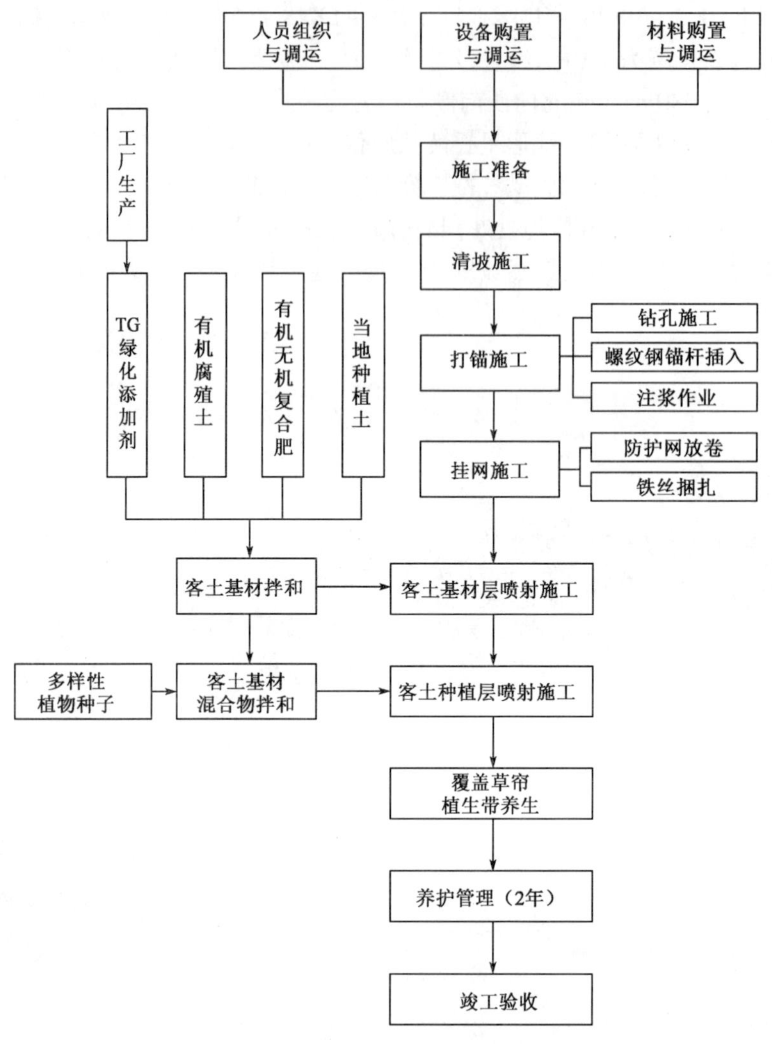

图9-4　客土喷播(挂普通钢筋网)施工工艺

②加糙处理。对于较为陡峭且表层光滑的岩石坡面,要进行加糙处理,即在岩面上凿出横向沟槽,以增加喷播混合料在岩面的黏附能力,增强抗侵蚀能力。沟槽深度、横向间距依坡面具体情况而定,平均间距30cm。

(2)锚杆施工

喷混植生技术采用镀锌铁丝网和锚杆锚固,抗拉强度大,可有效地防止崩塌和碎石掉落,确保山体和道路长期稳定。

①测量放线。从防护区域下沿中部开始向上和两侧放线测量确定锚杆孔位。锚杆孔位置应准确测量放线在坡面上,孔位误差不得超过50mm。

②凿锚杆孔(图9-5)。

锚杆及加工:锚杆采用平均ϕ16mm螺纹钢,长30~100cm,场外加工好后运输至施工现场,切割锚杆时,一端斜切成尖状,另一端弯成钩状以便于压固铁丝网。

凿孔间距:用风钻或电钻钻凿锚杆孔,横、纵向间距按照设计要求均为1m,中间布置一根,呈梅花形分布,方向应垂直于坡面。实际操作中,可根据坡度和坡面平整情况,增加或降低锚杆密度,具体以能够牢固悬挂铁丝网为标准。

凿孔深度：钻孔孔径、孔深要求不得小于设计值。为确保锚杆孔直径和深度，要求实际使用钻头直径不得小于设计孔径，实际钻孔深度大于设计深度 0.2m 以上。

图 9-5　凿锚杆孔

辅助锚杆：根据铁丝网与坡面的接触情况，对坡面不平整处，适当打入长 20～30cm、直径 12mm 的螺纹钢作为辅助锚杆，以使镀锌网贴近坡面。锚杆伸出坡面 6～8cm，以方便挂网。

③注浆。用注浆机往锚杆孔中注浆并插入锚杆，采用强度等级不低于 M20 的水泥砂浆，宜用灰砂比 1∶1～1∶1.2，水灰比 0.45～0.50 的水泥砂浆，水泥宜用 32.5 强度的普通硅酸盐水泥，优先选用粒径不大于 3mm 的中细砂，确保浆液饱满。

人工缓缓将锚杆体放入孔内，用钢尺量出孔外露出的钢杆长度，确保锚固长度。在进行下一道工序前注浆体养护不少于 3 天。

④锚杆防腐。注浆完成后，应及时在锚筋尾端采用刷漆、涂油等防腐措施处理。

(3)挂镀锌铁丝网

锚固砂浆达到设计强度后开始挂网作业。

挂网施工时自上而下放卷。相邻两卷镀锌铁丝网应通过绑扎铁丝连接固定，两网交接处要求有 5～10cm 的重叠。铁丝网应与锚杆间紧密捆扎，并牢固地贴紧坡面。应特别注意网与岩石之间的距离约为种植基材厚度的一半，挂网的目的是让种植基材在岩石表层形成一个持久的整体板块。

对于过于平滑坡面，挂网完成后，在铁丝网外侧捆绑树枝或木条等材料，进行加糙处理。

锚固和挂网施工时，坡面操作人员要配备安全带、安全绳、戴安全帽，并配备安全员。

(4)喷射底层基质(不含种子)

分层喷播有利于提高出苗率、成苗率，缩短见绿与覆盖时间，降低生产成本和养护成本。

首先喷底层营养基质，应自上而下进行。平均厚度 6～8cm，在岩性破碎、岩质坚硬坡段可适当增加喷层厚度。

①喷射过程。将空压机等机器预热后，即可开始基质喷射工作。用专用的客土喷播机在大马力空气压缩机的风压下，将标准混合料均匀地输出，在喷口附近通过输水管注入少量水，在强大风压的作用下，标准混合料和水的混合物便牢固地贴附在岩石表层。

其中施工用水通过潜水泵从移动储水罐中吸入并泵送到喷枪口，用水应符合《农田灌溉水质标准》(GB 5084—1992)的要求。

客土喷播机由发电机提供动力。

②技术安全要求。喷射工作有很高的技术要求和安全意识要求，必须由经验丰富的喷射手进行操作。喷射时尽可能从正面进行，凹凸部分和死角部分要充分注意，避免漏喷，喷射厚度要达到设计要求。喷射时控制出水量，太干将降低基质强度，增加遗洒量；太湿则给后续工作造成

麻烦。喷射时,每位喷射手配备一名安全员。严禁喷射手将喷枪对准人员和除坡面之外的其他方向,避免安全事故。

③检测喷射厚度。喷射厚度是后期植物生长的关键所在,不可过厚或过薄,基质过厚不仅浪费材料,还容易导致持水后自重过大而滑塌,基质过薄则难以满足植物生长条件。此环节应有专人随时检查,不合格处应在基质干燥前及时补喷,以保证施工质量。

(5)喷射表层基质(含种子)

待底层基质达到一定强度(10~20min)后,紧接着喷射表层种植基质和种子混合物,平均厚度1~2cm(图9-6)。

部分灌木种子应再搅拌前经过催芽处理以提高发芽率。根据坡向、坡度实际情况,应提前调整混合种子用量,陡坡、阳坡适量提高种子用量,缓坡、阴坡适量减少种子用量。

根据当地夏季降水集中的实际情况,雨季施工时可采用客土喷播和液压喷播相结合的方法进行种子层喷射。即底层基质喷射仍采用客土喷播法,厚度增加为8cm,表层由液压喷播机喷射,将底层基质中的黏合剂集中于表层,并在表层中添加木纤维等增加黏合力的材料,以增强表层抗冲刷能力和防止土层开裂。

(6)覆盖及固定

喷射工作完成后立即进行覆盖作业。覆盖物包括草帘(图9-7)、植生带和无纺布等。

覆盖时自上而下放卷,相邻两片覆盖物重合5~10cm。覆盖后随即用加工成的U形铁丝件进行固定以防被大风吹落。覆盖的目的:一是防止雨水冲刷;二是保湿,防止水分蒸发过快;三是保温(如春季和秋季),以利于种子发芽。操作时施工人员要配备安全绳、安全带和安全帽,并配备安全员。

图9-6　喷射表层基质

图9-7　覆盖草帘

(7)竣工清理

济莱高速南线已正常通车,喷播完工后必须进行全面的现场清理工作。

施工完毕后,将施工机器设备和剩余施工材料有序地移送到下一个工地或退出场外。对施工区路面和排水沟造成的遗洒土料等污染物进行彻底清扫或冲刷,除完工坡面外,施工区内其他部分恢复到施工前水平。

2)客土喷播(已挂柔性防护网)

适用于坡比缓于1:0.75且施工前已挂柔性防护网的边坡。

(1)坡面选择性修整

现场踏查结果显示,约70%已挂柔性防护网的坡面满足客土喷播对坡面平整度的要求,可直接进行喷播操作。客土喷播(已挂柔性防护网)施工工艺如图9-8所示。

约30%已挂柔性防护网的坡面,存在平整度差、局部尖锐突起或有较大凹陷等情况。如不处理,将使铁丝网失去对绿化基质、植物根系的附着和承载作用,容易导致基质的开裂、脱落,最终导致植被死亡。因此,针对坡面的局部特殊地形,采用特殊的植被护坡方案。

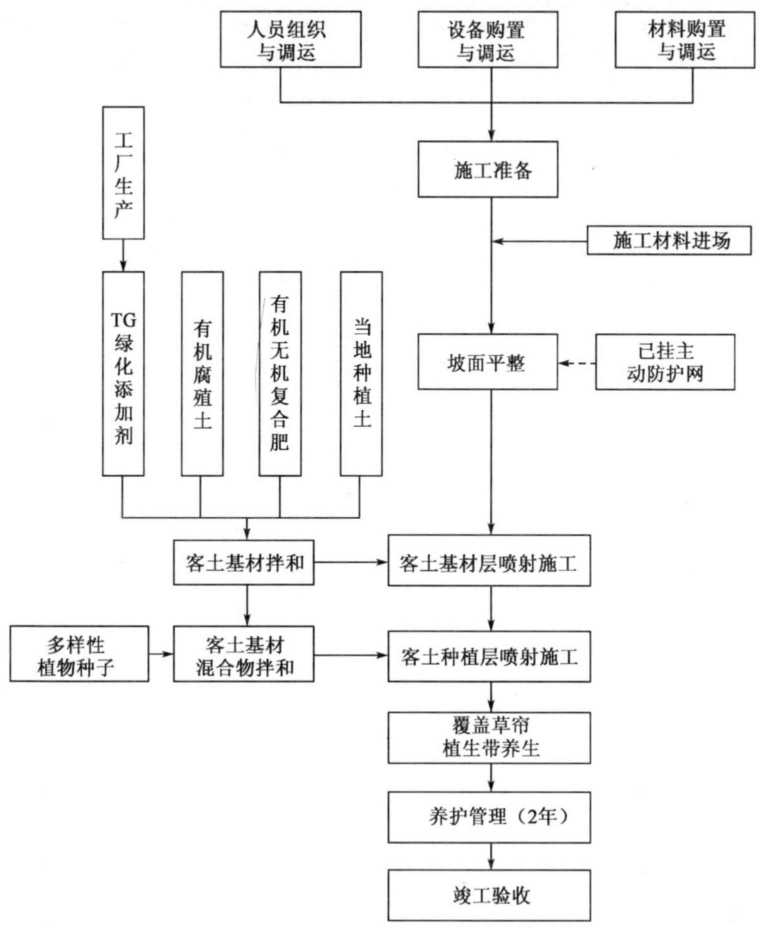

图9-8 客土喷播(已挂柔性防护网)施工工艺

坡面有较大洼陷处,可采用网下压土袋移栽灌木苗法。该方法适用于铁丝网与坡面距离较大的地方,拟形成灌木定植点,具体方法为:把营养土装入到绿化袋,把土袋压入到网下,划开土袋,做好标记,喷混盖布后在此处移栽灌木苗。

(2)其他工序

加糙处理、喷射底层基质、覆盖及固定、竣工清理等与挂普通钢筋网的喷播施工方案相同。

9.1.4 生态护坡效果动态观测与评估

1)2009 年观测情况

2009 年 11 月 18 日对济南—莱芜高速公路已实施完成客土喷播工程的路堑边坡进行调查,通过对植被生长情况的观测发现(图 9-9),客土喷播后 3 ~ 8d 左右植物开始出苗,两个月左右植被即覆盖坡面,平均覆盖率达到 70% ~ 90% ,所有坡面的植物出苗、生长情况良好,尤其是以灌木为主的草本植物、灌木植物相结合的综合优势护坡植被配比情况良好,这为后期坡面植物正常生长和植被群落演替过程创造了良好条件。另外,大部分坡面形成了良好的群落结构,禾草、豆科植物和小灌木的根系在地下深处有明显的土壤加强作用,禾草的根系在土壤中盘根错节,草根起到加筋作用,使土体强度提高。

图 9-9　2009 年 11 月 18 日观测效果

2)2010 年观测情况

(1)上半年观测情况

2010 年 06 月 22 日对济南—莱芜高速公路已实施完成客土喷播工程的路堑边坡进行调查，通过对植被生长情况的观测发现(图 9-10)，所有坡面的植物越冬后返青正常，坡面复绿程度较高，平均覆盖率一般均能达到 75% 以上，表 9-2 为随机样方调查结果。

2010 年 06 月 22 日样方调查　　表 9-2

样　方	植物名称	数量(株)	盖度(%)	高度(cm)
样方一 位于陡坡	紫花苜蓿	24	20	10
	沙打旺	1	6	16
	高羊茅	若干	85	20
样方二 位于陡坡	刺槐幼苗	2	10	25
	苜蓿	6	10	10
	高羊茅	若干	75	20
样方三 位于坡间	沙打旺	14	10	30
	紫穗槐	20	25	80
	刺槐	2	3	20
	高羊茅	若干	82	70

图 9-10　2010 年 06 月 22 日观测效果

(2)下半年观测情况

2010 年 11 月 13 日对济南—莱芜高速公路已实施完成客土喷播工程的路堑边坡进行调查，通过对植被生长情况的观测发现(图 9-11)，坡面植物经过近一年半的生长期后，几近全部覆盖坡面，部分灌木植物已经突出并形成优势护坡植物，如紫穗槐、马棘等，但在平缓的区域主要以草本植物生长良好，如高羊茅、草木樨等，表 9-3 为随机样方调查结果。

2010 年 11 月 13 日样方调查　　表 9-3

样　方	植 物 名 称	数量(株)	盖度(%)	高度(cm)
样方四 位于坡间平台	紫穗槐	23	10	17
	刺槐	1	1	40
	紫花苜蓿	30	10	30
	高羊茅	若干	87	62
样方五 位于陡坡	沙打旺	7	5	10
	苜蓿	70	10	5
	紫穗槐	11	10	15
	高羊茅	若干	85	15
样方六 位于陡坡	紫穗槐	14	10	17
	高羊茅	若干	75	15

图9-11　2010年11月13日观测效果

通过2010年11月13日对济莱高速公路客土喷播路堑边坡的植物生长情况分析可知：刺槐、紫穗槐、苜蓿、沙打旺、高羊茅等灌草长势较好，边坡陡坡位置灌木平均高度为20cm，边坡平台位置灌木平均高度60cm，最高可达80cm。沙棘、胡枝子等出苗率低。总体来说，植被生长达到预期效果，特别是灌木类绿化效果极佳，一般在边坡下部适当栽植灌木，以增加固坡作用，坡面栽植灌木可以实现边坡长期变绿目标。

由植被调查结果可知，济莱高速客土喷播试验段植被生长与当地的原生植被相互和谐共存，如刺槐等植物品种。

9.2 生态护坡工程的养护管理

养护管理是生态护坡工程的重要环节之一。为了营造目标植物群落和发挥其功能，必须对生态护坡工程根据目标植被群落的要求加强养护管理。另外，还应根据施工后养护管理的实际情况和需要，调整后续生态护坡工程设计方案。一般的，生态护坡工程的养护管理包括完工后的成品保护措施、竣工初期养护管理和日常养护管理三个阶段，如图9-12所示。

9.2.1　完工后的成品保护措施

由于刚施工完的坡面缺乏植被层的保护，容易受到降水、灌溉等外力作用导致表层绿化基质侵蚀。因此应在初期养护时重视成品保护工作。

①洒水作业采用高压洒水车，要求雾化良好，减少对坡面的直接冲击；

②随时关注天气预报，做到按需浇水，小雨之前少浇水，大雨之前严禁浇水；

③坡面植被达到应有的覆盖度之前，尽量避免或减少养护人员在坡面上直接进行养护作业，以减少人为对坡面造成损害；

④经常检查覆盖物的牢固程度，松动处及时固定，避免大风时覆盖物被吹落；

⑤由于草帘等覆盖物为易燃物，因此应特别注意现场防火，坚决杜绝火灾隐患；

⑥加强工人思想教育，提高成品保护意识，避免人为破坏。

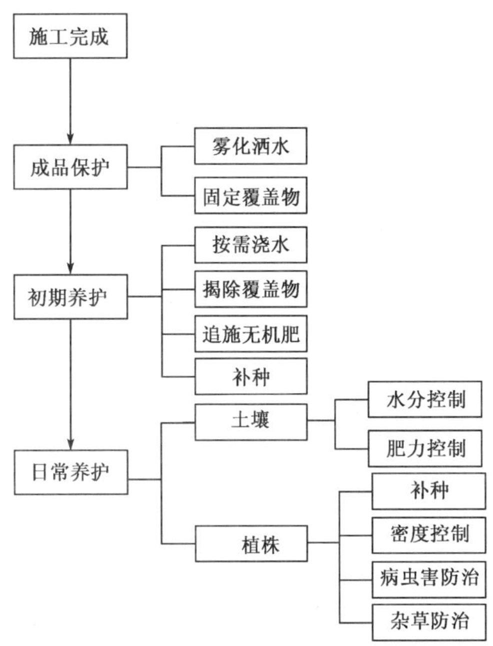

图 9-12 高速公路植被护坡工程养护流程

9.2.2 初期养护

种子出苗后的三个月内为初期养护期。由于工程所在地具有典型的半干旱区水热条件和生长基质较薄的石质边坡立地条件，初期养护要加强水肥管理等措施。

1）浇水管理

仅靠自然降水很难保证理想的植被覆盖效果，应视天气情况用洒水车进行少量多次的坡面洒水作业。在养护期间应随时观察坡面的需水情况，水分主要是看根系土壤的湿润程度。既要保证草灌种子萌发所需要的水分，又不能形成地表径流，避免造成部分草灌种子的冲刷和肥料的淋失。浇灌深度控制在 3 ~ 5cm。

2）施肥管理

根据温湿度和植被发芽、生长状况，合理追加缓释肥或无机肥，其中无机肥可溶解于水中通过洒水作业完成。

3）揭除覆盖物

幼苗生长到一定高度后，应及时揭除覆盖物，以免影响植株正常生长。视生长季节和水热条件可在禾本科植物三叶期左右揭除覆盖物。

4）不同播种时期的管理

春季完成施工的坡面，应视天气情况适时洒水，以使幼苗在雨季来临前形成较高的植被覆盖度，提高抗冲蚀能力。

秋季完成施工的坡面，可在次年春季开始洒水，否则如果秋季出苗，幼苗难以越冬。

雨季尽量减少施工，必须施工的，应随时关注天气预报，并注意新完工坡面的保护工作。

5）建立养护巡视制度

由专人进行初期幼苗萌芽、生长记录，并及时将相关情况反馈给养护队，保证养护工作的及时和高效。

9.2.3 日常养护

初期养护结束后，坡面植被已形成较高的覆盖度，植被层对土壤中的水分散失已具有一定的保护性，可逐渐减少包括浇水、追肥、病虫害及杂草防治的日常养护频次，直至一年以后，坡面上已基本形成较为稳固的植被群落和生态环境，系统对气候变化、自然条件变化已具有较强的适应性，并具有一定的自我调节能力。此时可逐渐停止日常养护，仅在极端气候或突发事件时进行特别养护或修补。

9.2.3.1 浇水

1）土壤水分调节与控制

水是植物生长必需的物质，对生态护坡草本植物而言，水分占植物本身质量的70%～95%，如果含水量下降则会引起萎蔫，当含水量下降至40%～50%时，草就会死亡。植物所需的水分主要由大气降水和土壤供给，大气降水具有间隙性，在半干旱区春旱最为严重的季节，因此保证土壤水分供给是必要的养护措施，即浇水。

2）植物的耗水量

植物对水分的消耗主要表现在地表的蒸发、植物蒸腾和土壤大孔隙排水三个方面。植物对水分的消耗量取决于太阳辐射的强弱。当盛夏太阳辐射最强时，植物蒸发蒸腾水分损失以最大速度进行。以山东省济莱高速第四合同路段二期客土喷播生态护坡工程为例，由于阴阳坡受光时长不同，使得阴坡水分含量往往比阳坡较多，土壤硬度值也相对偏小。另外，植物根系的深浅不同，对水分的要求也不同，根较深的灌木植物需水量少，而根系浅的草本植物对土壤水分要求较高，因此以灌木为主，草本与灌木植物相结合的多样性植被类型，可以在一定程度上提高植被的抗旱性能。

3）浇水量和浇水时间

浇水量通常利用检查土壤水的深度来判定。在实际中，也可通过测定水分渗入土壤深度所需时间来控制浇水时间的长短，从而确定浇水量，工程中往往以将生态护坡的表层土体透湿为准，即5～10cm。浇水量的确定还取决于土壤的性质，黏土和粉沙土含水量大于沙土。一般来说，考虑高速公路路堑边坡的交通运营安全因素，因尽量减少浇水次数。在生态护坡工程初期，在连续干旱10d左右就必须进行浇水，随着坡面植被覆盖度提高，浇水频率可以逐渐减少。另外，通常在早晨对植物进行浇水，一般避免在中午和晚上浇水，中午浇水易引起植物灼烧，晚上浇水容易使植物发生病害。

9.2.3.2 追肥

严格意义来讲，基质材料本身具有较为丰富的养分，完全满足生态护坡的植物生长需求，但在现场施工时拌料不均匀等特殊情况下有可能会出现局部区域养分缺少的现象，后期则可适当进行追肥养护。

肥料类型可以选取天然有机肥和速效肥。天然有机肥是一种完全肥料，养分元素丰富，但释放缓慢，用量不必严格控制，但使用前必须进行熟化处理。速效肥不含有机质，肥料成分较浓，盐分含量高,可溶于水,能被植物迅速吸收利用,由于成分较浓,容易造成植物的灼烧(如尿素),使用时一定要注意用量控制。

在路堑边坡上追肥中,不能采取人工撒肥的方式,可以采用将肥料混入洒水车里,通过浇水的方式进行叶面喷施,可以保证施肥量少,施肥均匀,提高效益,一般在早春和晚秋进行。

9.2.3.3 病虫害及杂草防治

通常情况下,生态护坡工程无需进行病虫害及杂草防护措施,但若遇特殊季候或病虫害条件严重影响生态护坡工程质量时,可根据情况采取以下措施进行防治。

1)病害防治

在生态护坡工程中,当坡面植物受到不适宜的环境条件的影响,或者受到其他有害生物的侵染时,植物就不能进行正常的生长和发育,有可能会发生病害现象,严重时会造成大量植物的死亡。常用速效化学防治的方式治理病害,化学药剂有杀菌剂、杀线虫剂、杀虫剂及熏蒸剂,主要通过喷雾和喷粉使用,尤其是喷雾最常用,大面积除病害时可用洒水车进行。

2)虫害防治

生态护坡上常见的病害有锈病、叶斑病、叶疫病等,可在发病初期施用百菌清、多菌灵、代森锌等杀菌剂进行防治;常见的虫害有灰翅夜蛾(Spodoptera mauritia)、黑边黄脊飞虱(Toya propingua)、棉蚜(Eriosoma sp.)、吹棉蚧(1cerya putchasi)、螨类等,可用三唑磷水剂、多来盅悬浮剂、扑虱灵、三氯三螨醇等杀虫剂进行防治。

3)杂草防治

生态护坡工程初期的杂草,不仅影响美观,同时与护坡植物争光、争水、争肥和争夺空间,影响护坡植物的正常生长和发育,甚至造成局部死亡,尤其是植物发芽初期。一般公路生态护坡上的主要杂草为狗尾草、葎草、马唐、蓠打碗、香附子、小飞蓬、看麦娘、白茅、鬼针草等。可用物理机械灭除法和化学除莠法进行防除。物理机械灭除法对一二年生的杂草,在未开花前进行刈割效果较好。此外,对一些高大散生的单株杂草,可人工加以挖除。如果面积过太或杂草较多,可用除莠剂杀除。在实际应用中,如将物理机械灭除法和化学除莠法配合使用,效果最好。

9.3 植被恢复效果判别标准

9.3.1 植被覆盖率

这里所指的植被覆盖率是指在生态防护工程中坡面植被的覆盖程度,是植被恢复效果判别中主要采用的直观标准。通常采用垂直盖度值,即单位面积内植物覆盖地表的百分数,盖度值也能客观的反映植物的地上部分生物量,它对防止坡面侵蚀和降低地表径流有直接的作用,主要表现在以下三个方面。降雨截留:一部分降雨在到达路堑坡面之前就被植被茎叶截留并暂时贮存在其中,以后再重新蒸发到大气中或落到坡面;削弱溅蚀:降雨溅起的土粒落在路堑边坡时会使土粒坡下移动,从而造成大量的土粒流失,植被覆盖后能够拦截高速落下的雨滴,通过地上茎叶的缓冲作用,明显削弱甚至消除雨滴的溅蚀;抑制地表径流:生态防护路堑边坡的植被多以丛状生长的灌木和草本植物为主,能够有效地分散、减弱径流,增加雨水入渗时间,抑制地表径流。

在半干旱地区,由于气候雨水条件的影响,路堑边坡植被恢复比南方湿润地区困难,在遭遇一些连续干旱、暴雨等不可预知的恶劣气候或其他因素时易造成生态护坡的植被恢复效果欠佳甚至失败。其中植被覆盖率就是衡量成功与否的重要指标，详见表9-4。

植被覆盖率与恢复效果评价 表9-4

植被覆盖率	<30%	30%~60%	60%~80%	80%~95%	>95%
恢复效果	极差	差	一般	好	极好

9.3.2 "两大"演替规律

"两大"演替规律是根据前文提出的观点总结的结论，即在半干旱区路堑边坡生态护坡工程中，植被类型会具有两种演替趋势，即由单一的以草本植物为主的植被类型或以灌木植物为主的植被类型向以灌木植物为主，草本植物和灌木植物相结合的综合植被类型演替，以及由外来型物种向乡土型物种演替，因此可以作为恢复植被效果的判别标准。

第一种演替属于边坡恢复植被的变化规律，主要体现在植被多样性在逐步提高，丰富度也进一步加强。单一的草本植物或灌木植物由于品种单一化，不同生长季节内植物覆盖率明显不同，当某个季节处于弱势时，容易受到本地野生植物的入侵，如狗尾草、葎草、马唐、蔺打碗等。但草本和灌木结合的植被结构较为合理，层次分明，对光、热、水、气等环境条件配置和运用较为均匀，是一种较为理想的植被类型，可形成对杂草的限制作用，促使恢复植被的成功演替，保证路堑边坡生态防护的成功。

第二种演替属于边坡恢复植物的变化规律，主要体现在植物对环境的适应性提高，与原生植物的协调性增强。一般而言，恢复植被可通过增加植物种子种类的方式设计为多样性植被，但随着自然淘汰后，大多数植被会逐步退化或死亡，最后保留下适应当地气候条件下的植物类型，即乡土植物。这里所指的乡土植物并不是只指本地植物，也包括与本地植物生长性能相近，对环境适应能力相似的护坡植物类型，如在京沪K108路段路堑边坡客土喷播经历10年演替后，最终形成了紫穗槐和荆条两种优势灌木护坡的植被类型。

9.3.3 优势物种的长期稳定

优势物种是护坡植被在自然选择过程中，表现为路堑边坡恢复植被中分布较多的植物品种，这一类型的植物物种对坡面植被的贡献率最大，在植被恢复的初期往往表现季节性更替和转换。

以山东省济莱高速公路路堑边坡生态防护试验工程第九合同路段为例，自2007年12月施工完成后，到次年4月植物返春复绿时，主要植物都是草本，如紫花苜蓿、高羊茅等，有少量的灌木小苗表现并不显著，因此在这段时期里紫花苜蓿、高羊茅为主要优势物种。在2008年4月到9月，灌木逐渐生长加快，马棘和紫穗槐最为明显，但并没有改变草本植被的优势，紫花苜蓿、高羊茅仍然为优势品种，草木樨也逐渐表现明显，在5~6月时期里是优势品种。2008年9月到2009年春，由于入秋和越冬的影响，大量的草本植物地上植株枯黄，因而多表现为灌木植物，如紫穗槐、马棘、刺槐、胡枝子等。2009年返春以来，紫花苜蓿和高羊茅返青后成为主要地被草本植物，但已经不再是明显的护坡植被，紫穗槐、刺槐等灌木仍然一直占据着绝对的优势。因此，植被恢复过程中，优势物种会在初期更替最为频繁，但仍然符合季节性变化，紫花苜蓿和高羊茅仍是优势草本植物，而灌木逐渐表现出优势性，主要为紫穗槐、刺槐，其次为马棘、胡枝子、沙棘等，整体趋势表现为长期稳定。因此，优势物种的长期稳定也是恢复植被效果的判别标准。

9.4 生态效益评估方法

生态护坡工程从根本上起到保护环境的作用，美化环境和路容，降低公路工程施工所造成的不协调性，将公路融入当地景观中，提升了公路的景观特色和审美价值。尤其是客土喷播技术的应用，使得路堑边坡将从原来较常见的禾本科植物群落，发展成草、灌、花合理搭配的多样化、复杂的植被群落，与当地原有的自然景观有机融合，达到三季有花、四季常绿的景观效果。

2010 年 10 月对山东省济莱高速公路路堑边坡生态防护试验工程现场调查时发现，草本植物密度已达到每 20cm × 20cm 的面积 20 ~ 30 株，灌木植物量较为适中，每 $1m^2$ 约有 1 ~ 2 株，且长势良好，植物群落结构非常理想，已成为以草、灌结合的植物群落，实现了坡面植物的长期繁衍（植被自生繁衍）和植被群落稳定。

由此可见，高速公路创造了减少碳排放、涵养水源、净化环境等明显的生态效益，本书以济青南线（包括济南—莱芜高速公路和青岛—莱芜高速公路）所发挥的生态效益进行评估计算。

9.4.1 景观效益估算

景观美学效益包括绿化、美化路容促进身心健康和快感，提供公路安全性及增加生物多样性等方面获得的效应。日本学者通过对本国高速公路生态植被休憩功能评估为生态效益的 20%，但由于我国的公路建设发展水平以及半干旱区的具体情况，取值应偏低，本书取生态效益的 15% 为景观美学效益。

参照表 9-10 中的计算结果，济莱高速公路生态恢复工程的景观美学效益计算结果为：第四合同段 1 期 98.79 万元，第四合同段 2 期 126.94 万元，第七合同段 144.19 万元，第九合同段 67.15 万元，济莱高速全路段景观美学效益 2 407.15 万元，青莱高速全路段景观美学效益 1 805.36万元（表 9-5）。

济莱高速公路生态恢复工程的景观美学效益计算　　表 9-5

实验地	济南—莱芜段					青岛—莱芜段
	第四合同段 1 期	第四合同段 2 期	第七合同段	第九合同段	全路段	全路段
边坡面积（m^2）	8 208	10 547	11 980	5 579	200 000	15 000
效益（万元）	98.79	126.94	144.19	67.15	2 407.15	1 805.36

9.4.2 涵养水源价值估算

植被涵养水源价值主要采用替代工程法把林草涵养水源功能等效于一个蓄水工程，若计算该工程林草涵养水源的价值，则可用该工程的修建费用或者造价来替代林草涵养水源的价值，其具体的计算公式参考《中国典型生态区生态破坏经济损失分析研究》中的计算公式。

$$M = E \times D \times P \times S \times (Q - R)/T \tag{9-1}$$

式中：M——林草植被涵养水源的价值；

E——修造 $1m^3$ 农林水库工程投资费用，元/m^3；

D——林草面积，hm^2；

P——林草根系平均深度,m;

Q——林草土壤含水量,%;

R——裸地土壤含水量,%;

S——土壤容重,t/m^3;

T——水的密度,$1t/m^3$。

则济莱高速公路植被涵养水源价值为:第四合同段1期52.20万元,第四合同段2期67.08万元,第七合同段76.19万元,第九合同段35.48万元,济莱高速全路段植被涵养水源价值1 272.00万元,青莱高速全路段植被涵养水源价值954.00万元(表9-6)。

济莱高速公路植被涵养水源价值计算 表9-6

实验地	济南—莱芜段					青岛—莱芜段
	第四合同段1期	第四合同段2期	第七合同段	第九合同段	全路段	全路段
边坡面积(m^2)	8 208	10 547	11 980	5 579	200 000	15 000
效益(万元)	52.20	67.08	76.19	35.48	1 272.00	954.00

9.4.3 减少水土流失价值估算

采用潜在土壤侵蚀损失法计算林草植被保肥价值。林草的保土量(潜在土壤侵蚀量)等于裸地的土壤侵蚀量与林草的土壤侵蚀量之差。土壤侵蚀带走大量土壤营养物质,主要是土壤有机质氮、磷、钾等养分含量,通过林草减少的土壤损失量,可以估算出林草每年减少的养分损失量。

由于土壤有机质的损失一般应通过增加有机质肥料或畜粪加以补充,而这又等于增加农场薪材的负担。所以,林草植被减少有机质的损失价值如下:

$$Y = D \times O \times (P - Q) \times B \times J \tag{9-2}$$

式中:Y——林草植被每年减少损失有机质的价值;

D——林草面积;

O——有机质含量,取3%;

P——荒地侵蚀模数,$t/(akm^2)$;

Q——林草地侵蚀模数,$t/(akm^2)$;

B——薪材转换成土壤有机质的比例,取2:1;

J——薪材的机会成本价格51.3元/t。

则济莱高速公路植被保持土壤肥力价值为:第四合同段1期589.50万元,第四合同段2期757.49万元,第七合同段860.40万元,第九合同段400.68万元,济莱高速全路段边坡保持土壤肥力价值14 364万元,青莱高速全路段边坡保持土壤肥力价值10 773万元(表9-7)。

济莱高速公路植被保持土壤肥力价值计算 表9-7

实验地	济南—莱芜段					青岛—莱芜段
	第四合同段1期	第四合同段2期	第七合同段	第九合同段	全路段	全路段
边坡面积(m^2)	8 208	10 547	11 980	5 579	200 000	15 000
效益(万元)	589.50	757.49	860.40	400.68	14 364.00	10 773.00

9.4.4 减少碳排放效益估算

通过林草植被吸收二氧化碳制造氧气的效益来估算植被的减少碳排放和供氧功能，对生态环境都具有重要的意义。有关资料表明，每得到1g植物干物质，需要1.62g二氧化碳，同时释放1.2g氧气。在此过程中，植物还将太阳能转化为化学能存在碳水化合物中。据专业人员测定，落叶林每年释放氧气13.6t/hm^2，针叶林每年释放氧气30t/hm^2，而草地的释放量约为森林的20%～50%，本文取落叶林和针叶林之和43.6t/hm^{2}的35%进行计算，每吨氧气的价格取1 400元。

则济莱高速公路植被减少碳排放、制造氧气价值为：第四合同段1期1.75万元，第四合同段2期2.25万元，第七合同段2.56万元，第九合同段1.19万元，济莱高速全路段边坡植被减少碳排放制造氧气价值42.73万元，青莱高速全路段边坡植被减少碳排放、制造氧气价值32.05万元（表9-8）。

济莱高速公路植被减少碳排放、制造氧气价值计算　　表9-8

实验地	济南—莱芜段					青岛—莱芜段
	第四合同段1期	第四合同段2期	第七合同段	第九合同段	全路段	全路段
边坡面积（m^2）	8 208	10 547	11 980	5 579	200 000	15 000
效益（万元）	1.75	2.25	2.56	1.19	42.73	32.05

9.4.5 净化环境价值估算

林草植被是自然界的防疫员，其主要机能是：吸收污染物、阻滞粉尘、杀除细菌、降低噪声及释放负离子等。

1）植被对二氧化硫的吸收

据国家环境保护总局南京科学研究所的研究数据，森林对二氧化硫的吸收能力为：针叶林、柏林、杉类为215.6kg/hm^2，阔叶林为88.65kg/hm^2。另据我国环境科学研究所生态研究所的测量资料，树木吸收二氧化硫的能力平均为120.8kg/hm^2，草地吸收二氧化硫的能力平均为15kg/hm^{2}根据《中国生物多样性国情研究报告》我国每削减100t二氧化硫的治理费用为：投资额5万元，每年运行费1万元，合计6万元，即二氧化硫的治理费用为0.6元/kg。

则济莱高速公路边坡植被吸收二氧化硫价值为：第四合同段1期7.39元，第四合同段2期9.49元，第七合同段10.78元，第九合同段5.02元，济莱高速全路段植被吸收二氧化硫180元，青莱高速全路段植被吸收二氧化硫135元，见表9-9。

2）林草植被对氮氧化物的吸收

国内对林草吸收氮氧化物的研究比较少。这里采用韩国监测的数据做类比。据韩国科学技术处的测定，当氮氧化物的发生量为6.0kg时，每公顷森林的吸收量为6.0kg，可能的吸收率为3.5%。林草吸收的氮氧化物的价值，采用中国大气污染物排放收费标准的平均值，为1.34元/kg。

则济莱高速公路边坡吸收氮氧化物价值为：第四合同段1期6.60万元，第四合同段2期8.48万元，第七合同段9.63万元，第九合同段4.49万元，济莱高速全路段植被吸收氮氧化物160.80万元，青莱高速全路段植被吸收氮氧化物120.60万元，见表9-9。

3）林草植被阻滞降尘的价值核算据测定

阔叶林的滞尘能力为10.11t/hm²，针叶林为33.2t/hm²，本文中草地取落叶林和针叶林之和43.31/2t/hm² 的35%，阻滞降尘的价格采用燃煤炉窑窖大气污染物排放收费标准的平均值，即0.56元/kg。

则济莱高速公路边坡植被净化环境价值为：第四合同段1期15.14万元，第四合同段2期19.46万元，第七合同段22.10万元，第九合同段10.29万元，济莱高速全路段边坡植被净化环境价值368.95万元，青莱高速全路段边坡植被净化环境价值276.71万元。见表9-9。

林草植被净化环境价值核算 表9-9

实验地	济南—莱芜段					青岛—莱芜段
	第四合同段1期	第四合同段2期	第七合同段	第九合同段	全路段	全路段
边坡面积（m^2）	8 208	10 547	11 980	5 579	200 000	15 000
SO_2 吸收效益（万元）	7.39	9.49	10.78	5.02	180.00	135.00
NO 化合物吸收效益（万元）	6.60	8.48	9.63	4.49	160.80	120.60
阻滞降尘效益（元）	11 551.94	14 843.85	16 860.65	7 851.88	281 480.00	211 110.00
净化环境总效益（万元）	15.14	19.46	22.10	10.29	368.95	276.71

综上所述，通过对济莱高速公路生态效益计算并汇总得表9-10，则济莱高速公路边坡植被生态价值预计为：第四合同段1期658.59万元，第四合同段2期846.28万元，第七合同段961.25万元，第九合同段447.64万元，济莱高速全路段边坡植被生态效益16 047.68万元，济莱高速全路段边坡植被生态效益12 035.76万元。

济莱高速公路生态效益汇总 表9-10

实验地	济南—莱芜段					青岛—莱芜段
	第四合同段1期	第四合同段2期	第七合同段	第九合同段	全路段	全路段
边坡面积（m^2）	8 208	10 547	11 980	5 579	200 000	15 000
涵养水源效益（万元）	52.20	67.08	76.19	35.48	1 272.00	954.00
保持肥力效益（万元）	589.50	757.49	860.40	400.68	14 364.00	10 773.00
制造氧气效益（万元）	1.75	2.25	2.56	1.19	42.73	32.05
净化环境效益（万元）	15.14	19.46	22.1	10.29	368.95	276.71
生态总效益（万元）	658.59	846.28	961.25	447.64	16 047.68	12 035.76

9.5 社会及经济效益评估方法

9.5.1 社会效益

实施边坡生态防护技术，不仅可以稳定路基边坡，减少水土流失危害，有力保障公路主体工程的安全，而且减轻水土流失对农业生产的影响，保障农民生活水平的提高。不但起到了美化绿化公路的作用，还有助于调节沿途过往驾乘人员和当地居民的视觉感受与心理情绪，对减少交通意外的发生起到重要作用。同时，边坡绿化措施的布设满足山东省生态建设的要求，公路沿线形象的改善对吸引外来投资，促进地方经济发展也具有重要意义。

高速公路具有快速度、大负荷、远辐射、高效益的运输特性，拥有其他运输方式无可比拟的优势，相应的其社会效益也有许多与技术经济性质相联系而区别于其他运输方式的鲜明特点，主要表现在如下几方面：

①宏观性：高速公路社会效益多发生于沿线区域非运输领域的产业部门，因而评价中应着眼于全局，考察高速公路对沿线区域社会经济发展的作用及其在国民经济发展中的地位，注重效益宏观性。

②区域性：高速公路效益特点按点—轴扩散规律对沿线区域社会经济发展提供了良好的交通运输环境，实现了区域资源的优化配置，有利于加强区域的专业化分工与协作。

③间接性：高速公路社会效益是通过它与国民经济各部门和社会再生产各环节之间的技术经济联系和交互作用来实现的，这其中有直接效益，也有间接效益，但更多的是通过波及效应产生的间接效益。

④隐蔽性：高速公路社会效益和费用往往不能直接体现出来，有些效益不是有形的，而是无形的，即存在隐蔽性。

⑤缺乏共度性：高速公路社会效益多是难以用货币单位或市场价格计量的，因而难以量化。

⑥长期性：高速公路建设周期长，投资额巨大，要求配套设施多，因此，其社会效益的充分发挥通常有一个较长的滞后期，具有长期性特点。

9.5.2 经济效益

生态护坡的经济效益一般体现在公路生物工程替代效益，公路生物工程替代效益表现为公路边坡生物防护替代工程防护的数量和质量，反映公路路域生态建设满足交通需要的程度。它包括公路边坡生物防护替代或与土木工程结合减少工程的总费用，表9-11为半干旱区高速公路路堑边坡防护形式的综合单价（2009年）。

这里根据综合单价的中间价为经济效益评比标准，浆砌片石防护100～120元/m^2；柔性防护网防护120～180元/m^2；坡面喷浆防护50～150元/m^2；客土喷播60～100元/m^2；土工格室绿化70～90元/m^2；六棱砖植草防护工程60～120元/m^2。这里按以客土喷播与浆砌片石防护均价差值作为替代防护成本节支。

$$节支总额 = 面积 \times 单价 \tag{9-3}$$

不同防护措施综合单价(2009 年)　　表 9-11

防护类型	工程措施	综合单价
坡面工程防护	浆砌片石防护	100 ~ 120 元/m^2
	柔性防护网防护	120 ~ 180 元/m^2
	坡面喷浆防护	50 ~ 150 元/m^2
生态防护	客土喷播	60 ~ 100 元/m^2
	土工格室绿化	70 ~ 90 元/m^2
	六棱砖植草防护工程	60 ~ 120 元/m^2
工程与生态综合防护	柔性防护网 + 客土喷播工程	150 ~ 210 元/m^2

如果客土喷播工程代替浆砌片石防护的造价低约 20 元/m^2,代替坡面水泥喷浆防护的造价低约 30 元/m^2。另外,采用柔性防护网防护后的基础上进行植被恢复,仅客土喷播单项造价可降低 40 元/m^2。表 9-12 是济莱高速公路路堑边坡实施客土喷播工程代替浆砌片石工程后的工程降低价。

济莱高速公路客土喷播工程替代浆砌片石的工程降低价　　表 9-12

实验地	济南—莱芜段					青岛—莱芜段
	第四合同段 1 期	第四合同段 2 期	第七合同段	第九合同段	全路段	全路段
边坡面积(m^2)	8 208	10 547	11 980	5 579	200 000	15 000
减少工程投资(万元)	24.62	31.64	35.94	16.74	600.00	450.00

则济莱高速公路客土喷播工程替代浆砌片石的工程降低价为:第四合同段 1 期 24.62 万元,第四合同段 2 期 31.64 万元,第七合同段 35.94 万元,第九合同段 16.74 万元,按试验工程客土喷播方法进行施工可减少工程投资 108.94 万元,济莱高速全路段生物工程替代效益约为 600 万元,青莱高速全路段生物工程替代效益约为 450 万元。

第10章 结　语

本书以山东省交通厅科技计划项目《半干旱区高速公路路堑边坡生态防护技术研究》(编号为2009Y25)研究成果为主要内容,并结合现有生态护坡技术有关成果,阐述了半干旱区高速公路生态护坡的"水、土、生"三大关键技术、生态护坡稳定性评估方法和生态效益评估方法、边坡生态护坡优化设计参数体系等半干旱区高速公路生态护坡技术的主要内容,为实现半干旱区高速公路边坡生态恢复提供技术支撑。

1)半干旱区高速公路生态护坡技术的适用性与可行性

坡面有效受雨量少、蒸发速率大是半干旱区高速公路生态护坡的限制性因子,坡面土壤为母岩风化较弱,缺失必要的土体结构和养分,这些条件都可通过人为的生态防护技术进行改良,利用优选的抗旱性强护坡植物品种快速形成较好的植被护坡效果,并经历多年恢复演替后逐渐趋近于原生态,因此半干旱区兴建高速公路,在现有生态护坡技术的基础上研发适用于半干旱区高速公路生态护坡技术是可行的。

2)基于生态防护的路堑边坡稳定性评估方法

基于现有边坡稳定性理论与模型,结合高速公路路堑边坡生态防护特点,遴选主要影响因子,通过模拟计算坡面植物根系与土体结构的相互作用,首次提出不同植被类型的稳定性模型,并通过济莱高速生态护坡试验工程进行经验参数确定和验证,计算确定不同立地条件下半干旱区生态护坡的客土厚度及其他关键参数,提出了生态护坡稳定性综合评估方法。

3)多层次保水涵水技术

采用客土层内和客土层外双重保水涵水技术缓解土壤水分不同季节性的供给压力,保障并满足坡面植物生长需求。客土层内主要通过使用高倍短效速放保水剂和高倍长期缓放保水剂,并在坡面施工完成后根据情况采取生物材料和水土保持型植生带进行覆盖养生,解决了半干旱区坡面因水分缺少无法恢复生态的技术难题,最大限度地实现路堑边坡的生态恢复。

4)长效绿化基质配方技术

针对半干旱区路堑边坡存在着土质边坡、土石混合边坡、石质边坡等三种形式,通过试验工程效果监测分析各自长效绿化基质配方的类型,并确定缓释有机肥、土壤改良剂、多功能复合肥等关键配方成分组成与比例,可实现施工后促进植物快速覆盖坡面,保持土壤良性结构和稳定性,确保养分衰减后的自然恢复过程,以及保证基质材料安全渡过养分最低的拐点、确保坡面生态植被长期稳定生长的关键所在。

5)多样性植物优化配置技术

高速公路路堑边坡生态防护的以草本植物为主、草灌植物相结合、以灌木植物为主的三种护坡植被类型,并筛选不同边坡立地条件下能长期稳定的优势物种,特别开发了适用于半干旱区的以灌木植物为主的多样性植物配方技术,并实现2～3年内路堑石质边坡快速多样性植被恢复,并完成外来型—乡土型、草本型—草灌型的两大演替过程,5～10年最终真正实现坡面生态恢复、构建完整的植被生态系统。

6）边坡生态防护优化设计参数体系

对生态护坡的自然（水、土、生）和人为因子进行分类，并结合生态护坡工程技术的适应性分析，建立并量化相关参数设计指标，采用最优判别法，最终构建了半干旱区高速公路边坡生态防护优化设计参数体系。

7）生态护坡综合效益评估方法

实施边坡生态防护技术，不仅稳定了路基边坡，减少水土流失危害，有力保障公路主体工程安全，而且美化绿化公路，有助于调节驾乘人员的视觉感受和心理情绪，减少交通意外的发生，改善公路沿线形象和促进地方经济。同时，生态防护可创造包括减少碳排放、涵养水源、保持肥力、制造氧气、净化环境等生态效益，采用生态补偿的替代方法，提出恢复半干旱区高速公路路堑边坡生态植被效果判别标准和生态护坡效果及经济、社会及生态等三大综合效益评价方法。

8）生态护坡技术的推广应用

基于现有高速公路边坡在工程防护和生态植被防护技术有关成果，以济莱高速公路路堑边坡生态防护为例，系统研发并提出了半干旱区高速公路生态护坡的"三个关键技术"、"两个评估方法"、"一个指标体系"，通过试验工程采样监测与测试进一步改进完善，并在济青南线济南—莱芜和青岛—莱芜两段高速公路进行了推广应用，并取得了良好生态护坡效果，表明研发的生态护坡技术切实可行，养护管理粗放，生态与经济效益显著。

诚然，由于半干旱区高速公路生态护坡技术以济莱高速公路为主要对象进行研发和推广应用，建议在半干旱区其他高速公路生态护坡工程中进一步试验和应用，以检验该生态护坡技术的实用性，不断深化关键技术的内涵，使之在高速公路建设中发挥更大的作用。

附录 半干旱区高速公路生态护坡主要植物名目

(1)刺槐

刺槐(*Robinia pseudoacacia L.*)是豆科刺槐属,落叶乔木,高10～20m。原产北美的树种,1601年就引入欧洲,1877年后引入中国,在国内已遍及华北、西北、东北南部的广大地区。

生态习性:刺槐木材坚硬,耐水湿、适应性强、生长快、易繁殖。尤其是在立地条件差,环境污染重的地区绿化,这是不可缺少的园林绿化树种。

园林用途:多以水土保持林、防护林、薪炭林、矿柱林树种应用。

(2)沙打旺

沙打旺(*Astragalus adsurgens Pall.*)是豆科黄芪属多年生草地植物,因抵御风沙能力强而得名,尚有地丁、麻豆秧、薄地翠、沙大王等俗名。沙打旺原产我国黄河故道地区,是我国特产的草种。人工栽培至今约近百年。目前黑龙江、吉林、辽宁、河北、山东、河南、江苏、安徽、内蒙古、山西、陕西、宁夏、甘肃、新疆等省(区)都有种植。

生态习性:沙打旺抗逆性强,适应性广,具有抗寒、抗旱、杭风沙、耐瘠薄等特性,且较耐盐碱,但不耐涝。

园林用途:种植沙打旺是治理沙化的有效措施之一。山东省菏泽县胡集大队地处黄河故道地区,20世纪50年代前林木稀少,风灾频繁,土壤越来越沙,越沙越薄,粮食亩产30多斤。建国后他们大量种植沙打旺,1957～1962年每年都种3 000多亩,固定了流沙,改良了沙地,经10余年时间便使荒滩变绿洲、沙地变良田,1970年粮食亩产比建国前提高10倍。1957年以来,中国科学院西北水土保持研究所与有关单位协作,在陕西省半干旱的吴旗及半湿润的宜川县试验飞机播种沙打旺获得成功,为治理黄土高原,搞好水土保持开辟了新途径。据调查,飞机播种沙打旺,第二年便形成茂密草地,减少水土流失量达55.6%,减少土的冲刷量达96.7%。

(3)高羊茅

高羊茅(*Festuca arundinacea*)别名苇状羊茅,禾本科羊茅属,冷季型狭叶草坪。

形态特征:秆成疏丛,直立,粗糙,幼叶折叠;叶舌呈膜状,长0.4～1.2mm,平截形;叶耳短而钝,有短柔毛;茎基部宽,分裂的边缘有茸毛;叶片条形,扁平,挺直,近轴面有背且光滑,具龙骨,

稍粗糙，边缘有鳞，长 15 ~ 25cm，宽 4 ~ 7mm。收缩的圆锥花序。

生态习性：性喜寒冷潮湿、温暖的气候，在肥沃、潮湿、富含有机质、pH 值为 4.7 ~ 8.5 的细土壤中生长良好。对高温有一定的抗性，最耐旱和践踏；喜光，耐半阴，对肥料反应敏感，抗逆性强，耐酸、耐瘠薄，抗病性强。适宜于温暖湿润的中亚热带至中温带地区栽种。

繁殖培育：种子繁殖。耐粗放管理，修剪高度为 4.3 ~ 5.6cm，干旱时浇灌，施肥有利于生长。易染褐斑病和稻赤霉病。

园林用途：大量应用于运动场草坪和防护草坪。

(4)黑麦草

黑麦草（*L. muttiflorum*）为草坪草，别名多年生黑麦草、宿根黑麦草，禾本科。黑麦草属（*Lolium L.*）为多年生和越年生或一年生禾木科牧草。此属全世界有 20 多种，其中有经济价值的为多年生黑麦草（*Lolium perenne L.*）。又称宿根黑麦草，和意大利黑麦草（*Lolium multiblorum lam.*）又称多花黑麦草。多年生黑麦草原产于欧洲地中海沿崖、北非及亚洲西南等地。它是欧洲最古老的牧草之一。现在世界各地的温带地区均有广泛分布，它是最早的草坪栽培种之一。我国北方大部分地区均可种植，我国南方各省的山区和丘陵区也能种植。我国从 20 世纪 40 年代中期引进多年生黑麦草，开始在华东、华中及西北等地区试种，50 年代初江苏省盐城地区在滨海盐土上试种，结果表明多年生黑麦草耐瘠、耐盐、耐湿、适应性强。在江苏省北部滨海盐渍土地区种植面积最大，秋播用黑麦草与豆科绿肥混播的面积达 50 万亩以上，近年并向黄淮海盐碱土区扩展，利用黑麦草发达的根系团聚沙粒，茎秆的机械支撑作用，以及抗盐，耐寒等特点，与耐盐性弱的豆科植物苕子、金花菜、箭、豌豆等混播，可克服这些豆科植物在盐土上种植出苗、全苗困难，以及后期下部通风透光不良等问题。

生态习性：喜冬季温暖湿润、夏季较凉爽的环境，生长适温为 20 ~ 27℃，抗寒、抗霜，在气温低于 -15℃时才会产生冻害，甚至部分死亡。但不耐炎热、温度 35℃以上时生长势变弱。喜阳，耐阴能力稍差，阴处生长时易出现病害。耐湿但不耐干旱，在水分少而瘠薄的沙土中生长不良，适宜在肥沃、湿润和排水良好的土壤中生长。适宜的 pH 值为 6 ~ 7。耐践踏。寿命不长，一般 4 ~ 6年。

繁殖培育：春秋均可播种。多年生黑麦草早期生长较其他多年生牧草为快，秋播后如天气温暖，在初冬和早春即可生产相当鲜草。以其生长较快，播后两年可达最盛时期，杂草亦难侵入。混种皆以在秋季同时播种为佳。混种时如能对豆科草施行根瘤菌接种，不仅有助于豆科牧草的生长，也有利于多年生黑麦草的生长。

园林用途：可用于家庭草坪、公园、墓地、公共场地、高尔夫球道、高草区，或公路旁、机场和其他公用草坪的建植，也可与其他种子如草地早熟禾混播用于这些场地的建植，还可用作快速建坪和土壤防固及暖季型草坪冬季交播。由于多年生黑麦草能抗二氧化硫等有害气体，可把它作为冶炼工业地区周围的净化草坪应用。多年生黑麦草除了作草坪栽培外，还可用作保土植物，它不仅可以单播，还可与白三叶等其他护坡植物混合播种，一般都能获得较好效果。

(5)小冠花

小冠花(*Coronilla varia L.*)是豆科小冠花属的多年生草本植物,它匍匐地丛生,枝叶茂密,抗逆性强。

小冠花在1964年、1973年、1974年、1977年先后从欧洲及美国少量引入我国,分别在南京、陕西省武功、山西省太谷等地试种。近年全国各地均引种观察。小冠花在我国基本上能适应在长江以北,长城以南广大地区,并能在一定范围内越过长江。

生态习性:小冠花适应性广,抗逆性强,既耐寒又耐高温,越冬期可耐-28℃的低温。小冠花适宜中性偏碱的土壤,也能适应pH6以上的微酸性土,不耐强酸,耐盐力也不高,据南京植物园试验,小冠花幼苗耐盐量为0.5%(培养液含盐量)。由于根的穿透力强,在板结黏重的土壤里能穿过坚硬土层。小冠花在飞沙地甚至粉煤灰上育苗移栽也能生长。

(6)紫穗槐

紫穗槐(*Amorpha fruficosa L.*),又称绵槐、荻、紫花槐、紫翠槐、穗花槐等,是多年生豆科木本植物。为紫穗槐属(*Amorpha L.*),该属多为落叶灌木或亚灌木,少有草木。紫穗槐原产北美洲,主要分布美国东南部、中部和大西洋沿岸,南至墨西哥一带。我国除东北、西北和西藏等的北部及华南少数地区外,其他各地均有分布,尤以黄河、淮河、海河、辽河、汾河、渭河等流域生长较好,发展较快。

生态习性:紫穗槐耐盐性较强,据各地试验表明,紫穗槐苗际土含盐量在0.3%左右能正常生长,达0.5%时则明显受害,一年生以上苗木耐盐可超过0.5%。其耐盐程度稍次于柽柳、沙枣、而强于胡杨、栓、洋槐、杨、柳等树种。紫穗槐具有较强耐旱性,其根系发达,能充分利用土壤水分。陕北黄土丘陵沟壑区,年降雨量在400mm左右,且多暴雨,土壤含水量少,在干旱的梁峁和梁坡地上也能生长,造林成活率一般在80%以上,是这些地区优良的水土保持树种。紫穗槐较耐水淹,适宜沟渠河旁、坑洼、短期积水地种植。紫穗槐适应性强,分布范围广,自然垂直分布上已达海拔1 800m以上。在湖南、江西、浙江的酸性土壤,黄河沙碱地,以及东北、西北沙荒盐滩均能生长。其耐寒、耐沙压、耐阴抗虫的能力也很强。紫穗槐也较耐阴,适宜与各种乔木栽植混交林,且抗病虫能力强。紫穗槐有较强的耐寒性,当紫穗槐初引进时,在北纬43°以北地区产生冻害,经多年种植后,耐寒力有所增强,在零下30℃,短期冻土达1m深的情况下,枝梢虽冻死,但次春植株下部仍可萌发新茎条。

繁殖培育:紫穗槐茎条萌发力强,耐沙压。沙压不超过三分之一时仍能正常生长,如超过三分之二,则生长不良。紫穗槐生长势强,一年种植多年受益,14~15年生紫穗槐茎条仍能正常生长。

园林用途:经初步研究,肯定了紫穗槐是防止水土流失的优良灌木树种,是较好的防护林下层林木。目前华北、西北黄土丘陵沟壑区及东北丘陵区已广泛应用于营造水土保持防风固沙林带。

(7)胡枝子

胡枝子(*Lespedeza bicolor*)豆科,胡枝子属产中国东北、华北地区和陕西、甘肃、内蒙古、山东、浙江、安徽、河南、湖北等省;日本、朝鲜半岛也有分布。

形态特征:为落叶灌木。小枝有棱,幼时有柔毛。小叶3枚,宽椭圆形,先端圆钝或凹,下面灰绿色,两面疏被平伏毛。总状花序腋生,全部成为顶生圆锥花序状,有长的总花梗。花疏,花冠紫色或玫瑰红色。花期8~9月。

生长习性:喜光稍耐阴,耐寒,耐干旱,瘠薄,也耐水湿。萌蘖力强,根系发达,并具根瘤,有固氮作用。

园林用途:枝条披垂,花期较晚,淡雅秀丽,园林中常栽培观赏。是保持水土和改良土壤的优良树种。嫩叶可代茶,花为蜜源,根可药用。

繁殖培育:播种法繁殖,果熟后采下取出种子,阴干后储藏,于翌年3~4月播种。秋季或次年春季进行移植。成活后只需一般管理。

(8)紫花苜蓿

紫花苜蓿(*Medicago Sativa L.*)又名苜蓿或牧蓿(本草纲目),是一种古老的栽培牧草。它的草质优良,营养丰富,产草量高,被誉为"牧草之王;又因其培肥改土效果好,也是重要的作物。紫花苜蓿(以下简称苜蓿)原产于亚细亚高原干燥地区,主要分布在西北、华北和东北,淮河以南仅有零星分布,年雨量在1 000mm以上的地区都生长不良。

生态习性:苜蓿喜温暖的半干旱气候,地温达到5~6℃的低温,成株能在零下30℃的条件下越冬;在有雪覆盖的情况下能耐零下4℃的严寒。苜蓿从返青到开花需有800~850℃的积温;到种子成熟需要1 200℃积温。苜蓿耗水量较大,由于其根系发达,能吸收土壤深层水分,因而有较强的抗旱力,在年降雨200~300mm的地方都能生长。苜蓿耗水量虽大,但最适年雨量为650~900mm,超过1 000mm雨量地区生长不良。苜蓿对土壤选择不严,但不耐强酸和强碱,适合的pH值在6.5~8.0之间,在含盐量0.3%的土壤上能良好生长,最喜含钙质多、排水较好、土体深厚的砂质壤土。苜蓿不耐积水,如浸水两昼夜就会死亡,地下水位在2m以下能良好生长。

园林用途:种植牧草是保持水土的有效措施之一。苜蓿枝叶繁茂,对地面覆盖度大;据山西右玉水土保持试验站观察,二年生苜蓿在返青后40天其覆盖度可达95%。苜蓿又是多年生深根作物,在改良土壤、增加透水性、拦阻径流、防止冲刷、保护坡面减少水土流失的作用是十分显著的。据天水水保试验站试验,同样的坡地上种植一般作物与苜蓿相比,每年每亩水的流失量要大16倍;土的流失量要大9倍,如将苜蓿与棉花带状间作对水土保持的作用也很显著。

(9)冰草

冰草(*Agropyron cristatum* (*Linn.*) *Gaertn.*),别名野麦子、扁穗冰草、羽状小麦草,禾本科。冰草在我国主要分布在黑龙江、吉林、辽宁、河北、山西、陕西、甘肃、青海、新疆和内蒙古等省(区)干旱草原地带,在国外分布于欧洲、苏联的西伯利亚及中亚地区和蒙古。

形态特征：多年生草本。须状根，密生，外具砂套；疏丛型。秆直立，基部的节微呈膝曲状，高30～50cm，具2～3节。叶长5～10cm，宽2～5mm，边缘内卷。穗状花序直立，长2.5～5.5cm，宽8～15mm，小穗水平排列呈篦齿状，含4～7花，长10～13mm，颖舟形，常具2脊或1脊，被短刺毛，外稃长6～7mm，舟形，被短刺毛，顶端具长2～4mm的芒，内稃与外稃等长。

生态习性：冰草是草原区旱生植物，具有很强的抗旱性和抗寒性，适于在干燥寒冷地区生长，特别是喜生干草原区的栗钙土壤上，有时在黏质土壤上也能生长，但不耐盐碱，也不耐涝，在酸性或沼泽、潮湿的土壤上也极少见。

繁殖培育：冰草往往是草原植物群落的主要伴生种。在平地，丘陵和山坡排水良好，干燥的地区也经常见到。冰草分蘖能力很强，当年分蘖可达25～55个，并很快形成丛状。种子自然落地，可以自生。根系发达，入土较深，达1m，一般能活10～15年。冰草返青早，在北方各省（区）4月中旬开始返青，5月末抽穗，6月中下旬开花，7月中下旬种子成熟，9月下旬～10月上旬植株枯黄。一般生育期为110～120天左右。

（10）野牛草

野牛草（*Buchloe dactyloides L.*）又名水牛草，属于禾本科，野牛草属。原产于北美洲，适应于美国干旱、半干旱的平原地区。早年引入我国，已成为我国北方地区的草坪草种。

形态特征：野牛草是禾本科野牛草属多年生草坪草植物。具根状茎或细长匍匐枝。秆高5～25cm，较细弱。叶片线形，长10～20cm，宽1～2mm，两面均疏生有细小柔毛，叶色绿中透白，色泽美丽。

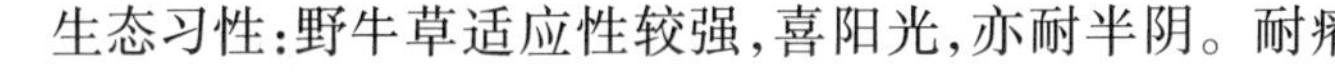

生态习性：野牛草适应性较强，喜阳光，亦耐半阴。耐瘠薄土壤。具有较强的耐寒性，我国北方的寒冷地带，野牛草在－34℃的低温情况下，仍能顺利地安全越冬。该草耐旱能力甚强，一般在2～3个月严重干旱情况下，仍能维持生命。与杂草的竞争力强，具一定的耐践踏性。能耐碱性土壤。此草虽然属于暖地型，但在气候潮湿的南方城市如广州、上海等地，引种后生长不够理想。

繁殖培育：野牛草被看做是“环境友好”的草种，因为它只需最低限度的水、肥和农药，因此在近年来引起了草坪育种家的极大兴趣，并培育出了一批品种，如Prairie、Buffalawn、609、NE315、Bison等。野牛草种子与营养繁殖均可，由于结实率低，一般采用分株繁殖或匍匐茎埋压。

园林用途：目前广泛用于我国北方，作为工矿企业、公园、机关、学校及住地的绿化植物。由于它抗二氧化硫、氟化氢等污染气体能力较强，也是冶炼、化式等工业区的环保绿化植物。

（11）结缕草

结缕草（*Zoysia japonica Steud.*）为禾本科结缕草属。原产亚洲东南部、主要分布在中国、朝鲜和日本等温暖地带。中国北起辽东半岛、南至海南岛，西至陕西关中等广大地区，均有野生，其中以胶东半岛、辽东半岛分布较多。

形态特征：多年生草坪植物。具直立茎，须根较深，一般可深入土层30cm以上，因此它的抗干旱能力特别强，能够在斜坡上顽强地生长。利用它的枝优势，容易形成单一成片的群落及纯

草层。

生态习性：结缕草适应性较强，喜温暖气候，尤其在四季气温变化不显著，昼夜温差小的地区生长最好。喜阳光，耐高温，抗干旱，不耐荫。适应范围广，具有一定的耐碱性。耐瘠薄，耐踩踏，并具有一定的韧度和弹性。除了春、秋季生长茂盛外，炎热的夏季亦能保持优美的绿色草层，冬季休眠越冬。

园林用途：耐磨耐践踏，广泛用于温暖潮湿和过渡地带的运动场草坪。也用于庭院、公路和铁路两侧的固土护坡草坪。结缕草目前在我国不仅是优良的草坪植物，还是良好的固土护坡植物。它的最大用途是用来铺建草坪足球场、运动场地、儿童活动场地。

(12)紫羊茅

紫羊茅(*Festuca rubra L.*)多年生草本植物，丛生型。紫羊茅又名红狐茅。原产欧洲，我国东北、华北、西南、西北、华中各省及北半球的寒温带都有分布。有三个亚种：弱匍匐型紫羊茅(*Festucarubrasubsp. trachophylla*)；强匍匐型紫羊茅(*Festucarubrasubsp. rubra*)；丛生型紫羊茅(*Festucarubrasubsp. commutata*)。

形态特征：多年生草本。具横根茎。秆基部斜升或膝曲，株高45~70cm，基部红色或紫色。可形成细致、植株密度高、

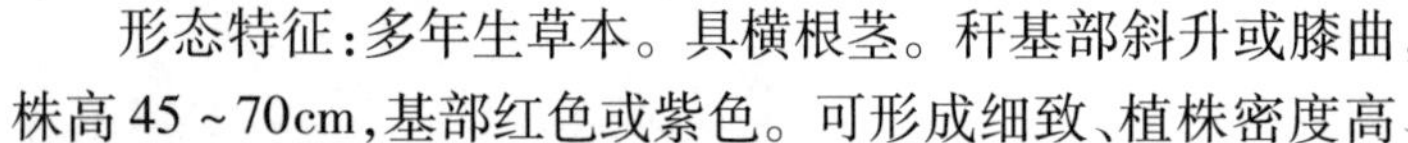

整齐的优质草坪。草坪草的颜色为中绿到暗绿色。它的垂直生长速度比大多数冷季型草坪草都慢。须根系稠密，与细羊茅和羊茅的最大区别在于它能匍匐生长。根茎的生长速度比草地早熟禾差。在我国的东北、西南等地有分布，是一种多年生草坪草。它的适应范围不如草地早熟禾和翦股颖那么广，也不如匍匐翦股颖和草地早熟禾那样抗低温。由于抗热性差，紫羊茅也不能生长在温暖潮湿地区。然而紫羊茅的耐阴性比大多数冷季型草坪草强，在较弱的光强度下，它比其他草坪草生长更快。但是，紫羊茅在遮阴条件下的质量和植株密度不如在全日光下生长得好。需水量要比其他草少得多，抗旱性要比草地早熟禾和匍匐翦股颖强。耐践踏性中等。

生态习性：须根发达，具有广泛的适应性，耐寒能力强，耐热性好，耐践踏性强，抗病性强，较耐低修剪。叶片较早熟禾宽，观赏效果中等，绿期长。

繁殖培育：种子繁殖，建坪速度较快，比草地早熟禾快，比多年生黑麦草慢。它能很好地适应于干旱、pH值为5.5~6.5的沙壤，它不能在水渍地或盐碱地上生长。

园林用途：广泛用于绿地、公园、墓地、广场、高尔夫球道、高草区、路旁、机场和其他一般用途的草坪。在寒冷潮湿地区，紫羊茅与草地早熟禾混合使用将大大提高草地早熟禾的建坪速度，而在建坪期间，又没有过分的竞争，能够共存。紫羊茅可用于温暖潮湿地区狗牙根占优势种的草坪的冬季交播材料。与多年生黑麦草和粗茎草地早熟禾相比，紫羊茅在秋季和春季的过渡时期内性状较好。

(13)爬山虎

爬山虎(*Parthenocissus tricuspidata*)别名爬墙虎、地锦，葡萄科植物。夏季开花，花小，黄绿色，浆果紫黑色。常攀缘在墙壁或岩石上，广见于我国各地。原产于亚洲东部、喜马拉雅山区及北美洲，在我国分布极广，日本也有分布。我国辽宁、河北、陕西、山东、江苏、安徽、浙江、江西、湖

南、湖北、广西、广东、四川、贵州、云南都有分布。

形态特征：多年生大型落叶木质藤本植物。树皮有皮孔，髓白色。枝条粗壮，卷须短，多分枝，顶端有吸盘。

生态习性：性喜阴湿环境，但不怕强光、耐寒、耐旱、耐贫瘠、耐修剪、怕积水，对土壤要求不严，但在阴湿、肥沃的土壤中生长最佳。爬山虎生性随和，适应性强，在一般土壤中都能生长。爬山虎占地少、生长快，绿化覆盖面积大。一根茎粗2cm的藤条，种植两年，墙面绿化覆盖面便可达30～$50m^2$。由于爬山虎的茎叶密集，覆盖在房屋墙面上，不仅可以遮挡强烈的阳光，而且由于叶片与墙面之间的空气流动，还可以降低室内温度。它作为屏障，既能吸收环境中的噪音，又能吸附飞扬的尘土。爬山虎的卷须式吸盘还能吸去墙上的水分，有助于使潮湿的房屋变得干燥；而干燥的季节，又可以增加湿度。

繁殖培育：爬山虎可种植在阴面和阳面，寒冷地区多种植在向阳地带。幼苗生长一年后即可粗放管理，在北方冬季能忍耐－20℃的低温，不需要防寒保护。爬山虎可采用播种法、扦插法及压条法繁殖。爬山虎耐寒耐旱，喜阴湿环境。对土壤要求不严，气候适应性广泛。

(14)五叶地锦

五叶地锦(*Parthenocissus quinquefolia*)别名美国地锦、五叶爬山虎，葡萄科爬山虎属，落叶木质藤本。

五叶地锦生长健壮、迅速，适应性强，既耐寒(在我国东北地区可露地越冬)，又耐热(在广东亦生长良好)，耐贫瘠、干旱，耐阴、抗性强。生长势旺盛，但攀缘力较差，在北方常被大风刮下。春夏碧绿可人，入秋后红叶色彩可观，是庭园墙面绿化的主要材料。通常用扦插繁殖，播种、压条也可。

参考文献

[1] 陈明德,李燕君,陈勇军.岩石边坡喷混植生护坡防护技术应用研究[J].路基工程.2003,4:67-70.

[2] 陈海波.高速公路石质边坡生态防护植物筛选及灌木建植技术研究[J].交通标准化,2009,(9):173-177.

[3] 陈海波,舒安平,李芮.山东省济莱高速生态护坡植被恢复过程分析[J].水土保持通报,2010,30(1):93-99.

[4] 陈永安,李轩,李伟民,等.高速公路岩质边坡生态防护技术评述[J].中国水土保持科学,2006,4(51):103-106.

[5] 陈祖煜.土质边坡稳定分析原理方法程序[M].北京:中国水利水电出版社,2003.

[6] 程洪,张新全.草本植物根系网固土原理的力学试验探究[J].水土保持通报,2002,22(5):20-23.

[7] 戴方喜,宋林旭.边坡生态防护与治理技术的研究及应用[J].中国水土保持,2007,(7):20-22.

[8] 丁青坡.矿区不同复垦年限土壤养分及有机碳特性研究[J].安徽农业科学,2006,34(17):4360-4363.

[9] 高速公路丛书编委会.高速公路环境保护与绿化[M].北京:人民交通出版社,2001.

[10] 高小虎.植生基材在喷射技术中的应用研究[D].北京林业大学,2007.

[11] 高雪松,邓良基,张世熔.不同利用方式与坡位土壤物理性质及养分特征分析[J].水土保持学报,2005,19(2):53-60.

[12] 韩同福.济青高速公路的绿化植物评价[J].山东省交通科技,1998,(2):51-54.

[13] 贺咏梅,成铭.柔性防护技术在泥石流防护中的应用及研究进展[J].水土保持研究,2007,14(3):292-299.

[14] 胡林,边秀举,阳筋铃.草坪科学与管理[M].北京:中国农业大学出版社,2001.

[15] 黄燕琴,廖舜亭.国内外高速公路的发展状况[J].黑龙江交通科技,2003(6):88-89.

[16] 霍明.山区高速公路勘察设计指南[M].北京:人民交通出版社,2003.

[17] 交通部.《公路工程技术标准》(JTJOI—B8).北京:人民交通出版社,1989.

[18] 解明曙.林木根系固坡力学机制研究[J].水土保持学报,1990,4(3):7-14.

[19] 李绍才,孙海龙.坡面岩体—基质—根系互用的力学特性[J].岩石力学与工程学报,2005,24(12):2074-2081.

[20] 李绍才,孙海龙.中国岩石边坡植被护坡技术现状及发展趋势[J].资源科学,2004,26(8):64-66.

[21] 李绍才,孙海龙,杨志荣,等.岩石边坡基质-植被系统的养分循环[J].北京林业大学学报,2006,28(2):85-90.

[22] 李轩,李科云,陈永安等.湖南草业产业化实用技术[M].长沙:湖南科学技术出版社,2002.

[23] 廖新辉,张阳.浅谈高速公路建设对环境的影响及保护措施[J].广西交通科技,1999,24(6):17-19.

[24] 刘振忠.路堑边坡防护技术研究[J].交通科技,2004,4:76-78.

[25] 鲁如坤,时正元,钱承梁. 磷在土壤中有效性的衰减[J]. 土壤学报,2000,37(3):323-329.

[26] 鲁如坤. 土壤农业化学分析方法[M]. 北京:中国农业科技出版社,1999.

[27] 罗恒,周铁士,赵海滨. 山岭重丘区公路路域植物护坡技术研究[J]. 岩石力学与工程学报. 2001,21(6):2181-2184.

[28] 马良,陈麦侠. 高等级公路植物防护篱的营造与管理[J]. 公路,1999(3):1-4.

[29] 马万权,沈康健,邓辅唐. 客土喷播技术对石质边坡防护的运用[J]. 云南交通科技,2003,19(3):7-11.

[30] 亓晓贵,闫宝杰. 柔性防护网在路堑边坡防护中的设计及施工[J]. 公路,2004,(4):59-61.

[31] 全国土壤普查办公室. 中国土壤[M]. 中国农业出版社,1998.

[32] 山寺喜成(日)著,罗晶译. 恢复自然环境绿化工程概论[M]. 北京:中国科学技术出版社,1997.

[33] 申润植(日)著,李妥德译. 滑坡整治理论和工程实践[M]. 北京:中国铁道出版社,1996.

[34] 史东梅,刘益军,陈晏等. 国家重点公路重庆奉云段高速公路水土保持措施的探讨[J]. 水土保持学报,2006,20(3):88-92.

[35] 舒翔,杜鹃,曹映泓,等. 生态工程在高速公路岩石边坡防护工程中的应用[J]. 公路,2001,(7):86-89.

[36] 舒安平,苏建明,冷剑,高小虎. 半干旱区生态护坡工程客土养分衰减特征与恢复趋势[J]. 水土保持学报,2008,22(5):82-90.

[37] 舒安平,成瑶,李芮,高小虎. 高速公路石质边坡不因受光坡面土壤与植被恢复的差异性[J]. 公路交通科技,2010,27(6):143-147.

[38] 方世杰. 山东济青南线济南至莱芜高速公路绿化景观格局的构建[J]. 交通建设与管理,2009,(08):107-110.

[39] 方世杰,舒安平. 半干旱区高速公路路域生态恢复工程植物多样性特征[J]. 公路交通科技,2009,26(6):153-158.

[40] 苏永中,赵哈林. 农田沙漠化过程中土壤有机碳和氮的衰减及其机理研究[J]. 中国农业科学,2003.36(8):928-934.

[41] 唐述虞,于泉,蒋自立. 高等级公路的绿化研究[A]. 江苏高速公路建设论文集[C]. 南京:江苏省高速路指挥部. 2003.

[42] 王可钧,李悼芬. 植物固坡的力学简析[J]. 岩石力学与工程学报,1998,17(6):687-691.

[43] 王肇慧,肖盛燮,刘文方. 边坡稳定性计算方法的对比分析[J]. 重庆交通学院学报,2005,24(6):99-103.

[44] 席旸宾. 高等级公路边坡牧草绿化混播试验的研究[J]. 甘肃农业大学学报,1997,32(3):271-275.

[45] 杨亚洲,莫永京,王芝芳等. 土壤—草本植被根系复合体抗水蚀强度与抗剪切强度的试验研究[J]. 中国农业大学学报,1996,1(2):31-33.

[46] 杨航宇,颜志平,朱赞凌,罗志聪. 公路边坡防护与治理[M]. 北京:人民交通出版社,2002.

[47] 叶建军,周明涛,许文年. 谈喷射护坡绿化技术[J]. 水土保持研究,2004,11(2):194-197.

[48] 张华君,吴曙光. 边坡生态防护方法和植物的选择[J]. 公路交通技术,2004,4(2):84-86.

[49] 张俊云,周德培,李绍才. 高速公路岩石边坡绿化方法探讨[J]. 岩石力学与工程学报,2002,21(9):1400-1403.

[50] 张俊云,周德培. 植被护坡工程技术[M]. 北京:人民交通出版,2003.

[51] 张俊云. 岩石边坡植被护坡技术[J]. 路基工程,2000,(5):1-4.

[52] 章梦涛,邱金淡,颜冬.客土喷播技术在边坡生态修复与防护中的应用[J].中国水土保持科学,2004,2(3):10-12.

[53] 赵剑强.公路交通与环境保护[M].北京:人民交通出版社,2002.

[54] 赵明阶,何光春,王多垠.边坡工程自治技术[M].北京:人民交通出版社,2003.

[55] 赵方莹,赵廷宁.边坡绿化与生态防护技术[M].北京:中国林业出版社,2009.

[56] 赵警卫,芦建国,王荣华.七种生态护坡在高速公路边坡的应用效果[J].公路,2006,1(1):201-204.

[57] 卓慕宁,李定强,郑煜基.高速公路生态护坡技术的水土保持效应研究[J].水土保持学报,2006,20(1):165-167.

[58] 邹维列,蒋英明,林晓玲.高速公路岩石边坡客土喷播生态防护技术的应用[J].国外建材科技,2004,25(5):40-42.

[59] Beand JB. Turfgrass: Science and Culture [M]. New Jersey:Prentice Hall. 1993.

[60] Coppin N J, Richarids I G(eds) . Use of Vegeta-tion in civil Engineering [M]. CIRIA: Butter-worths,1990,292.

[61] Gray D H, Sotir B R. Biotechnical and Soil Bio-engineering Slope Stabilization: a practical guidefor erosion control[M]. John Wiley & Son,Toronto,1996.

[62] Richard T. T. Forman. Road Ecology: Science and Solution [M]. Washington: Island Press, 2002.

[63] Spaccini R, Zena A,Igwe CA,et a1. Carbonhydrates in water—stable aggregates and particle size fractions of forested andcultivated soils in two contrasting tropical ecosystems[J]. Biochem., 2001,53:1-22.